2026년
제37회 공인중개사 시험대비

신바람

이상곤
부동산공법
그림책

이상곤, 메가랜드 부동산교육연구소 편

메가랜드

목 차

제1편 부동산공법 총론_ 5

제1장 행정법 통론_ 5
제2장 행정작용_ 6

공법 체계도_ 7

제2편 국토의 계획 및 이용에 관한 법률_ 8

제1장 용어 정의_ 10
- 필수지문 정리[빵구노트]_ 11

제2장 광역도시계획 등_ 13
제3장 도시·군 관리계획 – 내용_ 16
- 필수지문 정리[빵구노트]_ 20
- 기출지문 정리_ 22
- 기출문제[제36회]_ 25

제1절 용도지역 등_ 27
- 필수지문 정리[빵구노트]_ 37
- 기출지문 정리_ 39
- 기출문제[제36회]_ 43

제2절 지구단위계획_ 46
- 필수지문 정리[빵구노트]_ 48
- 기출지문 정리_ 50

제3절 기반시설 등_ 52
- 기출문제[제36회]_ 55
- 필수지문 정리[빵구노트]_ 58
- 기출지문 정리_ 60
- 기출문제[제36회]_ 63

제4장 개발행위허가_ 64
제5장 보칙 및 벌칙_ 70
- 필수지문 정리[빵구노트]_ 71
- 기출지문 정리_ 74

제3편 도시개발법_ 78

제1장 개발계획_ 79
- 필수지문 정리[빵구노트]_ 81
- 기출지문 정리_ 82
- 기출문제[제36회]_ 83

제2장 시행자 및 실시계획_ 84
- 필수지문 정리[빵구노트]_ 86
- 기출지문 정리_ 88
- 기출문제[제36회]_ 91

제3장 토지 등의 수용 사용방식_ 92
- 필수지문 정리[빵구노트]_ 94
- 기출지문 정리_ 95
- 기출문제[제36회]_ 97

제4장 환지방식_ 98
- 필수지문 정리[빵구노트]_ 100
- 기출지문 정리_ 101
- 기출문제[제36회]_ 103

제4편 도시 및 주거환경정비법_ 104

제1장 용어 정의_ 105
- 필수지문 정리[빵구노트]_ 106
- 기출지문 정리_ 107
- 기출문제[제36회]_ 108

제2장 계획 및 구역의 지정_ 109
- 필수지문 정리[빵구노트]_ 112
- 기출지문 정리_ 114
- 기출문제[제36회]_ 115

제3장 시행자 등_ 116
제1절 시행자_ 116

제2절 정비사업 조합_ 117
- 필수지문 정리[빵구노트]_ 120
- 기출지문 정리_ 122
- 기출문제[제36회]_ 125

제4장 사업시행계획_ 126
- 필수지문 정리[빵구노트]_ 128
- 기출지문 정리_ 130
- 기출문제[제36회]_ 131

제5장 관리처분계획_ 132
- 필수지문 정리[빵구노트]_ 136
- 기출지문 정리_ 138
- 기출문제[제36회]_ 140

제5편 건축법_ 141

제1장 용어 정의_ 142
- 필수지문 정리[빵구노트]_ 145
- 기출지문 정리_ 147
- 기출문제[제36회]_ 149

제2장 건축허가 등_ 150
- 필수지문 정리[빵구노트]_ 152
- 기출지문 정리_ 153
- 기출문제[제36회]_ 155

제3장 대지, 도로, 건축선 등_ 156
- 필수지문 정리[빵구노트]_ 158
- 기출지문 정리_ 159
- 기출문제[제36회]_ 161

제4장 건축제한_ 162
- 필수지문 정리[빵구노트]_ 166
- 기출지문 정리_ 168

제6편 주택법_ 171

제1장 용어 정의_ 172
- 필수지문 정리[빵구노트]_ 174
- 기출지문 정리_ 176
- 기출문제[제36회]_ 179

제2장 주택의 건설_ 180
- 제1절 사업주체_ 180
- 제2절 주택조합_ 180
- 제3절 주택자금_ 183
  - 필수지문 정리[빵구노트]_ 184
  - 기출지문 정리_ 186
  - 기출문제[제36회]_ 189

제4절 사업의 시행 (주택의 건설)_ 190
- 필수지문 정리[빵구노트]_ 193
- 기출지문 정리_ 194
- 기출문제[제36회]_ 196

제3장 주택의 공급_ 197

제4장 보칙 및 벌칙_ 199
- 필수지문 정리[빵구노트]_ 200
- 기출지문 정리_ 202
- 기출문제[제36회]_ 203

제7편 농지법_ 204

- 필수지문 정리[빵구노트]_ 209
- 기출지문 정리_ 211
- 기출문제[제36회]_ 214

이 책에 관하여

1. 방대한 기본서의 내용을 체계적인 그림으로 도시화하여 숲을 볼 수 있다.
2. 그림을 기본으로 전체 공법을 액자 형태로 이해 암기한다.
3. 각각의 법의 단원마다 필수 기출 지문을 수록하여 기출문제의 적응력을 높인다.
4. 자료공유 및 커뮤니티
   : 다음카페 [이상곤 공법], 인스타 [lsg_public_law], 유튜브 [이상곤 고니공법 TV]
   밴드 [이상곤 공법]

고니 공법 이상곤입니다.^^
여러분의 합격의 등대가
되겠습니다.!

	1순환	2순환	3순환	4순환	5순환	6순환
수업과정	11~12월	1~2월	3~4월	5~6월	7~8월	9~10월
	기초이론	기본이론	핵심요약	기출분석	기출응용	이론총정리
특강	-	-	-	: 비교테마 특강	: 과락탈출 특강	: 문제 100선 특강
교재		*그림책		*기출문제집	*예상문제집	*동형모의고사
	* 고니 공법 시리즈!	-	-	*비교특강집	*과락탈출집	*100선 집

* 모든 과정에서 그림책을 기본교재로 사용합니다. [가맹학원및 구입상품마다 일정이 다를 수 있습니다.]

제1편 부동산공법 총론

제1장 행정법 통론

1. 법률관계

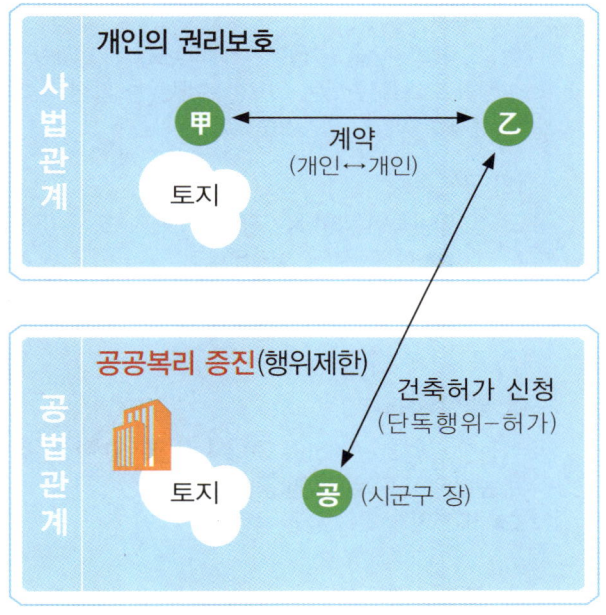

(1) 주체설
국가, 공공단체 등 행정주체를 일방쌍방 당사자로 하는 법률관계를 규율하는 법을 공법이고, 개인과 개인 간의 법률관계를 규율하는 법이 사법이라는 견해

(2) 종속설(판례)
법률관계가 지배 복종관계, 상하관계에 적용되는 법은 공법이고, 평등 대등관계에 적용되는 법이 사법이라는 견해

2. 부동산 공법(40문항)의 체계

헌법 제23조
① 모든 국민 재산권은 보장되며, 그 내용과 한계는 법률로 정한다.
② 재산권 행사는 공공복리에 적합 要.
③ 보상은 법률로 정하되 정당한 보상을 지급하여야 한다.

제2장 행정작용

1. 의의

행정주체	행정청 행정에 관한 의사를 결정하여 표시하는 국가 또는 지방자치단체의 기관				
국가	국토교통부장관, 농림축산식품부장관, 해양수산부장관, 행정안전부장관, 재정경제부 장관, 기후에너지환경부장관 등등 (19부 6처 19청)				
지방 자치단체		시			도지사	
	광역	특별시, 광역시	특별자치시	도지사	특별자치 도지사
	기초	자치구 구청장	× (1읍, 9면, 2동)	시장 ① 시 예 광명, 의정부시 등 ② 대도시(인구 50만 명 이상) 예 성남시, 고양시 등 군수	× (행정시)

2. 행정계획

(1) 의의

행정주체가 장래 일정기간 내에 도달하고자 하는 목표를 설정하고 그를 위하여 필요한 수단들을 조정·통합하는 작용의 결과로 설정된 활동기준

(2) 구분
① 일반국민 영향 × : 광역도시계획, 도시·군 기본계획
　예 행정소송 ×, 실효문제 ×
② 일반국민 영향 ○ : 도시·군 관리계획, 지구단위계획
　예 행정소송 ○, 실효문제 ○

3. 행정행위

행정청이 법에 근거하여 구체적 사실에 관한 법 집행으로 행하는 권력적 단독행위인 공법행위
예 허가, 인가, 특허, 승인 등등

4. 행정처분

(1) 적법(행정절차)
① 사인의 의무변동 예 작위, 부작위, 급부, 수인
② 실효성 확보수단 예 행정대집행, 강제징수, 과징금

(2) 위법, 부당 - 권리구제
① 이의신청 - 처분청에 재심사 청구
② 행정쟁송 - 행정심판, 행정소송

(3) 금전적 권리구제
① 손해배상 - 위법한 처분
② 손실보상 - 적법한 처분

공법 체계도

이상곤 교수의 신바람 부동산공법 그림책

2편 국토계획법 (12문)

(1) 광역도시계획

(2) 도시·군 계획

특광, 특시, 특도, 시군
- 1) 도시·군 기본계획
- 2) 도시·군 관리계획 ―

공간 재구조화 계획

(3) 개발행위허가 (성장관리계획구역)

특광, 특시, 특도, 시군
- 1) 허가제한
- 2) 개발밀도관리구역
  기반시설부담구역

① 용도지역, 지구의 지정 변경
② 개발제한, 수산자원보호, 시가화조정, 도시자연공원구역의 지정 변경
③ 기반시설의 설치 정비 개량
④ 도시개발사업 [도시개발법]
  정비사업 [도시정비법]
⑤ 지구단위계획구역 지정 변경 및 지구단위계획
⑥ 도시혁신구역의 지정 또는 변경에 관한 계획과 도시혁신계획
⑦ 복합용도구역의 지정 또는 변경에 관한 계획과 복합용도계획
⑧ 도시·군계획시설 입체복합구역의 지정 또는 변경에 관한 계획

3편 도시개발법 (6문)

개발계획
도시개발구역
↓
시행자 (조합)
실시계획
↓
사업시행
→ 토지 등 수용
  혼용방식
  환지방식

지정권자
- 원 시도, 대도시시장
- 예 국장

4편 도시 정비법 (6문)

정비기본방침(국장)
정비기본계획(특광, 특시, 특도, 시)

[추진위] 정비계획(구청장 등) / 지정권자→
정비구역(특광 / 특시, 특도, 시군)

[추진위] 시행자 (조합설립인가) → [시공자]
사업시행계획(시·군 등 인가)
↓
관리처분계획(시·군 등 인가) [철거]
↓
대지 건축물 이전고시

5편 건축법 (7문)

(1) 총설 (용어 주요구조부, 지하층, 건축, 용도변경)

(2) 본론
① 건축물 건축(건축허가)
   [특시, 특도, 시군구/특광]
② 대지 및 도로, 건축선
③ 건축제한(면적, 높이)

(3) 보칙 이행강제금, 건축협정 등

6편 주택법 (7문)

30호·세대 이상 주택단지

(1) 총설 (용어 주택, 도시형생활주택 등)

(2) 본론
[건설] 사업주체/주택자금/사업시행
  : 사업계획승인[시·도, 대도시/시·군↔국장]
[공급] 공급질서 교란금지
  전매제한: 투기과열지구, 조정대상지역
  분양가상한제
[관리] 리모델링

7편 농지법 (2문)

(1) 총설 (용어 농지, 농업인)

(2) 본론
[소유] 소유제한 및 상한
  농지취득자격증명(시·구·읍·면)
[이용] 대리경작(시·군·구), 임대차
[보전] 농업진흥지역(시·도)
  농지전용허가(농장)

제2편 국토의 계획 및 이용에 관한 법률 (12문제)

이상곤 교수의 신바람 부동산공법 그림책

서울시 도시·군 관리계획 – 내용 – 일반국민 영향 O : 소송 O, 효력(발생, 실효) O, 제안 O 36회

↳ 관할구역의 개발·정비·보전을 위해 수립하는 계획

*관할구역:
특별시 광역시(군 제외), 특별자치시, 특별자치도 시 또는 군

정비사업
- 주거환경개선사업
- 재개발사업
- 재건축사업

도시개발사업
단지 시가지 조성

시(市)

도시군 계획사업

기반시설 : 설치 정비 개량
↓
도시군 계획시설
↓
도시군 계획시설사업

지구단위계획구역 지구단위계획
(관할구역 일부)

공간 재구조화 계획
(결정권자) →

A
산 2-43
임

용도지역(4)
- 도시지역
- 관리지역
- 농림지역
- 자연환경보전지역

중복 ×

용도지구(9)
취락, 특정용도제한, 개발진흥(의), 보호, 고도(에 의하면),
경관, 복합(궁에), 방화, 방재(가 발생했답니다.)

용도구역(7) 29회
- 개발제한구역(국장)
- 수산자원보호구역(해장)
- 시가화조정구역(시·도) ↔ 국장   국가계획
- 도시자연공원구역(시·도, 대장)

도시혁신구역의 지정 또는 변경에 관한 계획과 도시혁신계획
복합용도구역의 지정 또는 변경에 관한 계획과 복합용도계획
도시·군계획시설 입체복합구역의 지정 또는 변경에 관한 계획
(함께 한정)

9

제1장 용어 정의

도시·군 관리계획

(1) 지구단위계획 [30회]

도시·군 계획 수립대상 지역의 일부에 대하여 토지이용을 합리화하고 그 기능을 증진시키며, 미관을 개선하고 양호한 환경을 확보하며, 그 지역을 체계적·계획적으로 관리하기 위하여 수립하는 도시·군 관리계획을 말한다.

(2) 공간 재구조화 계획

"공간재구조화계획"이란 토지의 이용 및 건축물이나 그 밖의 시설의 용도·건폐율·용적률·높이 등을 완화하는 용도구역의 효율적이고 계획적인 관리를 위하여 수립하는 계획을 말한다.

1) **"도시혁신계획"** 이란 창의적이고 혁신적인 도시공간의 개발을 목적으로 도시혁신구역에서의 토지의 이용 및 건축물의 용도·건폐율·용적률·높이 등의 제한에 관한 사항을 따로 정하기 위하여 공간재구조화계획으로 결정하는 도시·군관리계획을 말한다.

2) **"복합용도계획"** 이란 주거·상업·산업·교육·문화·의료 등 다양한 도시기능이 융복합된 공간의 조성을 목적으로 복합용도구역에서의 건축물의 용도별 구성비율 및 건폐율·용적률·높이 등의 제한에 관한 사항을 따로 정하기 위하여 공간재구조화계획으로 결정하는 도시·군관리계획을 말한다.

(2) 용도지역 등 [토지이용규제]

① **용도지역**: 서로 중복되지 아니하게 도시·군 관리계획 결정된 지역.
② **용도지구**: 용도지역의 제한을 강화 or 완화하여 적용하는 지역
③ **용도구역**: 용도지역 및 용도지구의 제한을 강화 or 완화하여 적용하는 지역

기반시설

(1) **교**통시설 – 도로, 철도, 궤도, 주차장, 항만, 공항, 자동차정류장, 차량검사 및 면허시설 등
(2) **공**간시설 – 광장, 공원, 녹지, 유원지 등
(3) **유**통 공급시설 – 수도, 전기, 가스, 공동구 등
(4) **공공**문화 체육시설 – 학교, 공공청사, 연구시설, 사회복지시설, 청소년 수련시설 등
(5) **방**재시설 – 하천, 유수지, 저수지 등
(6) **보**건위생시설 – 장사시설 등(도축장, 종합의료시설)
(7) **환**경기초시설 – 하수도, 폐기물처리 및 재활용 시설, 빗물저장 및 이용시설, 수질오염방지시설, 폐차장

* **공공시설**: 도로·공원·철도·수도, 그 밖에 대통령령(행정청이 설치하는 시설로서 주차장, 저수지, 운동장, 장사시설 중 화장장·공동묘지·봉안시설 등)으로 정하는 공공용 시설을 말한다. [35회]

도시·군 계획시설

기반시설 중 도시·군 관리계획으로 결정된 시설

도시·군 계획시설 사업

도시·군 계획시설을 설치 정비 개량하기 위한 사업을 말한다.

도시·군 계획사업 [29회]

① 도시·군 계획시설사업
② 도시개발사업
③ 정비사업

개발행위허가

(1) 의의

도시·군 계획사업에 의하지 않은 행위는 난개발 방지를 위하여 특광, 특시, 특도, 시·군의 허가를 받아야 한다.

(2) 성장관리계획(허가기준)

성장관리계획구역에서의 난개발을 방지하고, 계획적인 개발을 유도하기 위하여 수립하는 계획을 말한다.

(3) 구역

① **개발밀도관리구역** – 개발로 인하여 기반시설이 부족할 것으로 예상되나, 기반시설을 설치하기 곤란한 지역을 대상으로 건폐율이나 용적률을 강화하여 적용하기 위하여 지정하는 구역을 말한다.

② **기반시설부담구역** – 개발밀도관리구역 외의 지역으로서 개발로 인하여 도로 공원 녹지, 학교(고등교육법의 학교 제외), 수도 하수도 폐기물처리 및 재활용시설의 기반시설의 설치가 필요한 지역을 대상으로 기반시설 설치나 그에 필요한 용지를 확보하게 하기 위하여 지정·고시하는 구역을 말한다. (부대시설 및 편의시설 포함)

[필수지문 정리 빵구노트]

01 광역도시계획은 (　　　)의 장기발전방향을 제시하는 계획이며, 도시·군계획은 특별시·광역시·특별자치시·특별자치도·시 또는 군(광역시의 군 제외)의 (　　　)에 대하여 수립하는 공간구조와 발전방향에 대한 계획으로서 도시·군(　　)과 도시·군(　　)으로 구분한다.

02 (　　　)이란 도시·군 계획 수립 대상 지역의 일부에 대하여 토지이용을 합리화하고 그 기능을 증진시키며 미관을 개선하고 양호한 환경을 확보하며, 그 지역을 체계적 계획적으로 관리하기 위하여 수립하는 도시·군관리계획을 말한다.

03 도시·군 관리계획이란 관할구역의 개발 정비 및 보전을 위하여 수립하는 다음의 계획을 말한다.
　① (　　　)·용도지구의 지정 또는 변경에 관한 계획
　② 개발제한구역, 수산자원보호구역, (　　　　), 도시자연공원구역의 지정 또는 변경에 관한 계획
　③ (　　　)의 설치·정비 또는 개량에 관한 계획
　④ 도시개발사업이나 (　　　)에 관한 계획
　⑤ 지구단위계획구역의 지정 또는 변경에 관한 계획과 (　　　　)
　⑥ 도시혁신구역의 지정 또는 변경에 관한 계획과 (　　　)
　⑦ 복합용도구역의 지정 또는 변경에 관한 계획과 (　　　)
　⑧ 도시·군 계획시설 (　　　)의 지정 또는 변경에 관한 계획

04 (　　　)이란 토지의 이용 및 건축물이나 그 밖의 시설의 용도·건폐율·용적률·높이 등을 완화하는 용도구역의 효율적이고 계획적인 관리를 위하여 수립하는 계획을 말한다.

05 (　　　)이란 창의적이고 혁신적인 도시공간의 개발을 목적으로 도시혁신구역에서의 토지의 이용 및 건축물의 용도·건폐율·용적률·높이 등의 제한에 관한 사항을 따로 정하기 위하여 공간재구조화계획으로 결정하는 도시·군관리계획을 말한다.

06 (　　　)이란 주거·상업·산업·교육·문화·의료 등 다양한 도시기능이 융복합된 공간의 조성을 목적으로 복합용도구역에서의 건축물의 용도별 구성비율 및 건폐율·용적률·높이 등의 제한에 관한 사항을 따로 정하기 위하여 공간재구조화계획으로 결정하는 도시·군 관리계획을 말한다.

07 (　　　)이란 토지의 이용 및 건축물의 용도 등을 제한함으로써 토지를 경제적 효율적으로 이용하고 공공복리의 증진을 도모하기 위하여 서로 중복되지 아니하게 도시·군 관리계획으로 결정하는 지역을 말한다.

08 (　　　)란 토지의 이용 및 건축물의 용도, 건폐율 용적률 높이 등에 대한 용도지역의 제한을 강화하거나 완화하여 적용함으로써 용도지역의 기능을 증진시키고 경관 안전 등을 도모하기 위하여 도시·군 관리계획으로 결정하는 지역이다.

09 (　　　)이란 토지의 이용 및 건축물의 용도 등에 대한 용도지역 및 용도지구의 제한을 강화하거나 완화하여 따로 정함으로써 시가지의 무질서한 확산방지 등을 위하여 도시·군 관리계획으로 결정하는 지역을 말한다.

10 기반시설로서 하천·유수지·저수지는 (　　　　), 장사시설·도축장·종합의료시설은 (　　　　), 하수도·폐기물처리 및 재활용시설·폐차장은 (　　　)이다.

11	기반시설 중 도시·군 관리계획으로 결정된 시설은 (　　　)이며, 도시·군 계획시설을 설치 정비 또는 개량하는 사업은 (　　　)이다.	
12	(　　　)이란 도시·군 관리계획을 시행하기 위한 사업으로 "도시·군 계획시설사업, 도시개발사업, 정비사업"을 말한다.	
13	(　　　)이란 성장관리계획구역에서의 난개발을 방지하고, 계획적인 개발을 유도하기 위하여 수립하는 계획을 말한다.	
14	(　　　)이란 개발로 인하여 기반시설이 부족할 것으로 예상되나 기반시설을 설치하기 곤란한 지역을 대상으로 건폐율이나 용적률을 강화하여 적용하기 위하여 지정하는 구역을 말한다.	
15	(　　　)이란 개발밀도관리구역 외의 지역으로서 개발로 인하여 도로, 공원, 녹지 학교(고등교육법에 따른 학교 제외), 수도, 하수도, 폐기물 처리 및 재활용시설인 기반시설의 설치가 필요한 지역을 대상으로 기반시설을 설치하거나 그에 필요한 용지를 확보하게 하기 위하여 지정·고시하는 구역을 말한다.	
16	광역도시계획 및 도시·군 계획은 국가계획에 부합되어야 하며, 광역도시계획이나 도시·군 계획의 내용이 국가계획의 내용과 다를 때에는 (　　　)의 내용이 우선한다.	
17	광역도시계획이 수립되어 있는 지역에 수립하는 도시·군 기본계획은 그 광역도시계획에 부합하여야 하며, 도시·군 기본계획의 내용이 광역도시계획의 내용과 다를 때에는 (　　　)의 내용이 우선한다.	

정답 및 해설

01	광역계획권, 관할구역, 기본계획, 관리계획
02	지구단위계획
03	① 용도지역 ② 시가화조정구역 ③ 기반시설 ④ 정비사업 ⑤ 지구단위계획 ⑥ 도시혁신계획 ⑦ 복합용도계획 ⑧ 입체복합구역
04	공간재구조화계획
05	도시혁신계획
06	복합용도계획
07	용도지역
08	용도지구
09	용도구역
10	방재시설, 보건위생시설, 환경기초시설
11	도시·군 계획시설, 도시·군 계획시설사업
12	도시·군 계획사업
13	성장관리계획
14	개발밀도관리구역
15	기반시설부담구역
16	국가계획
17	광역도시계획

제2장 광역도시계획 등

광역시설 : 기반시설 중 광역적인 정비체계가 필요한 시설
① 2 이상의 특광, 특시, 특도, 시·군에 **걸쳐** 있는 시설 ex) 도로, 철도
② 2 이상의 특광, 특시, 특도, 시·군이 **공동으로** 이용하는 시설 ex) 항만, 공항

광역계획권 의의 – 둘 이상 "**특광, 특시, 특도, 시·군**"의 공간구조 및 기능을 상호연계 + 환경보전 + **광역시설**을 체계적으로 정비하기 위하여 지정할 수 있다.
(전부 또는 일부-구·군·읍·면)

지정요청 can
: 중앙·장
  시·도, 시·군

지정

광역계획권

"도지사" 지정
같은 도
성남시 / 안양시

도지사가 지정시는 관계
중앙행정기관장 포함

* **지정절차**
  의견청취 – 시·도, 시·군
  심의 – 중앙, 지방 "도"
  지정 변경 – 국, 도
  통보 – 시·도, 시·군

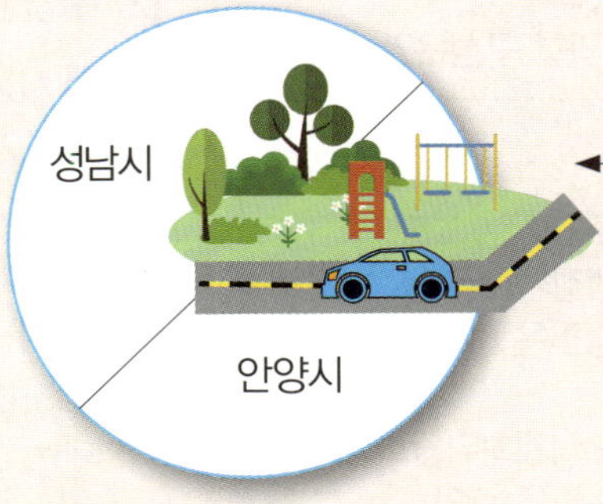

"국토교통부장관" 지정
다른 시도
서울특별시 / 인천광역시 / 경기도 성남시

[36회]
* **내용** : 교육시설 확충 등 ×
  ① 광역계획권의 공간구조
  ② 광역시설의 배치 등
  ③ 경관계획에 관한 사항
  ④ 광역계획권의 녹지관리체계

광역도시계획
광역계획권의
장기발전방향을
제시하는 계획

기 공 의
수립
협 심
승인

시장·군수 공동수립
요청 or 필요 시 (공동수립) | 협의하여 요청 시 도지사 단독수립

협의
: 불협의
단독(기한정해 협의권고)
or
공동으로 조정신청 can
[심의 거쳐 조정]

시·도지사 공동수립
요청 or 필요시 (공동수립)

도지사 승인
(도지사 수립 시 국장 승인 ×)

3년 내 승인신청 ×
직접 수립

국토교통부장관 승인
(국가계획 관련 국장 수립)

1. 광역계획권 33회

(1) 광역계획권이 둘 이상 시·도(특별시·광역시·특별자치시, 도 또는 특별자치도)의 관할구역에 걸치는 경우
: 국토교통부장관이 지정

(2) 광역계획권이 도의 관할구역에 속하여 있는 경우
: 도지사 지정

* **지정요청** : 중앙행정기관장, 시·도지사, 시장·군수는 국장·도지사에게 광역계획권의 지정변경을 요청할 수 있다.

2. 광역도시계획 절차 : 타당성 검토의무 없다.

- **기초조사** : 인구, 환경 등
  ↓
- **공청회(생략×)** : 주민, 관계전문가
  *구분 개최 가능
  14일 전까지 1회 이상 공고
  ↓
- **의견청취** : 시·도, 시·군의회 / 시·군
  (국장은 시도에 송부)
  * 30일 내 의견제시
  ↓
- **수립(변경)** : 국, 시·도, 시·군
  수립기준 - 국장 定
  (우측 동일)
  * 광역도시계획 협의회 구성운영 can

- **협의(30일 내)** : 관계행정기관장 등
  (국장 승인은 중앙)
  ↓
- **심의** : 지방도시계획위원회
  (국장 승인은 중앙)
  ↓
- **승인(보완요청)** : 도지사(시·군 수립 시)
  국장(시·도 수립 시)

- **송부 → 공고 → 열람**(30일 이상)
  * 국 장 → 시도 송부 31회
    도지사 → 시군 송부

(1) 기초조사 정보체계의 구축의무 32회

ex) 광역도시계획, 도시군 기본계획, 도시군 관리계획

① "국장, 시·도, 시·군"이 **기초조사**를 실시한 경우 체계적 효율적 활용을 위하여 기초조사 정보체계를 구축 운영 하여야 한다.

② "국장, 시·도, 시·군"은 등록된 현황을 **5년마다** 확인하고 변동사항을 반영하여야 한다. 세부기준은 국장이 정한다.

(2) 수립권자 32회

① 시장·군수 공동수립   ⑤ 시장·군수 + 도지사
② 도지사 수립   공동수립
   ㉠ 시장·군수 협의거쳐 요청
   ㉡ 3년 내 승인신청 없을 때
③ 시·도지사 공동수립   ⑥ 시·도지사 + 국장
④ 국토교통부장관 수립   공동수립
   ㉠ 국가계획 관련된 때
   ㉡ 3년 내 승인신청 없을 때

(3) 조정신청 등

① 시장·군수(단독 or 공동) → 도지사
   : 지방도시계획위원회 심의거쳐 조정can
② 시·도지사(단독 or 공동) → 국토교통부장관
   : 중앙도시계획위원회 심의거쳐 조정can
③ 단독신청
   : 기간 정해 다시 협의 권고

도시·군 기본계획 절차 : 5년마다 타당성 검토의무

: 여건변화 탄력적 대응할 수 있도록 포괄적·개략적 수립하여야 한다.

기초조사 : 토지적성평가, 재해취약성 분석 포함
- *5년 내 실시 경우 ×
- *다른 법률 이미검토 ×

↓

공청회(생략×) : 주민 및 관계전문가

↓

의견청취 : 지방의회 *30일 내 의견제시

↓

수립(변경) : 특광, 특시, 특도, 시군 (광역시 군수 제외)
국장, 도지사 ×

협의(30일 내) : 관계행정기관장 (국장 포함)

↓

심의 : 지방도시계획위원회

↓

승인(보완요청) : 시·군 → 도지사 [33회]
↔ 특광, 특시, 특도 승인 ×

송부 → 공고 → 열람(30일 이상)

1도심, 5부도심, 11지역중심
4대생활권, 9중생활권

(1) 수립 제외

시장·군수는 다음의 경우 도시·군 기본계획을 수립하지 아니할 수 있다.
① 수도권에 속하지 아니하고, 광역시와 경계를 같이하지 아니하는 시·군으로서 인구 10만 명 이하의 시·군
② 관할구역 전부에 대하여 광역도시계획이 수립되어 있는 시·군으로서 당해 광역도시계획에 도시·군 기본계획의 내용에 관한 사항이 모두 포함되어 있는 시·군

(2) 인접한 관할을 포함한 수립(협의)

특광, 특시, 특도, 시·군은 지역여건상 필요하다고 인정되면 인접한 관할구역의 전부 또는 일부를 포함하여 도시·군 기본계획을 수립할 수 있다. [도시·군 관리계획 동일]

(3) 내용

① 공간구조 및 인구 배분에 관한 사항 / 생활권 설정과 생활권역별 개발 정비 보전 등에 관한사항
② 기반시설에 관한 사항 / 경관에 관한 사항
③ 기후변화 대응에너지 절약에 관한 사항
④ 방재 방범 및 안전에 관한 사항
⑤ 토지 이용 및 개발에 관한 사항 등

(4) 생활권 계획 [35회]

[수립할 때 도시·군 기본계획의 절차를 준용한다.]
① 특별시장·광역시장·특별자치시장·특별자치도지사·시장 또는 군수는 생활권역별 개발·정비 및 보전 등에 필요한 경우 대통령령으로 정하는 바에 따라 생활권계획을 따로 수립할 수 있다.
② 생활권계획이 수립 또는 승인된 때에는 해당 계획이 수립된 생활권에 대해서는 도시·군기본계획이 수립 또는 변경된 것으로 본다.

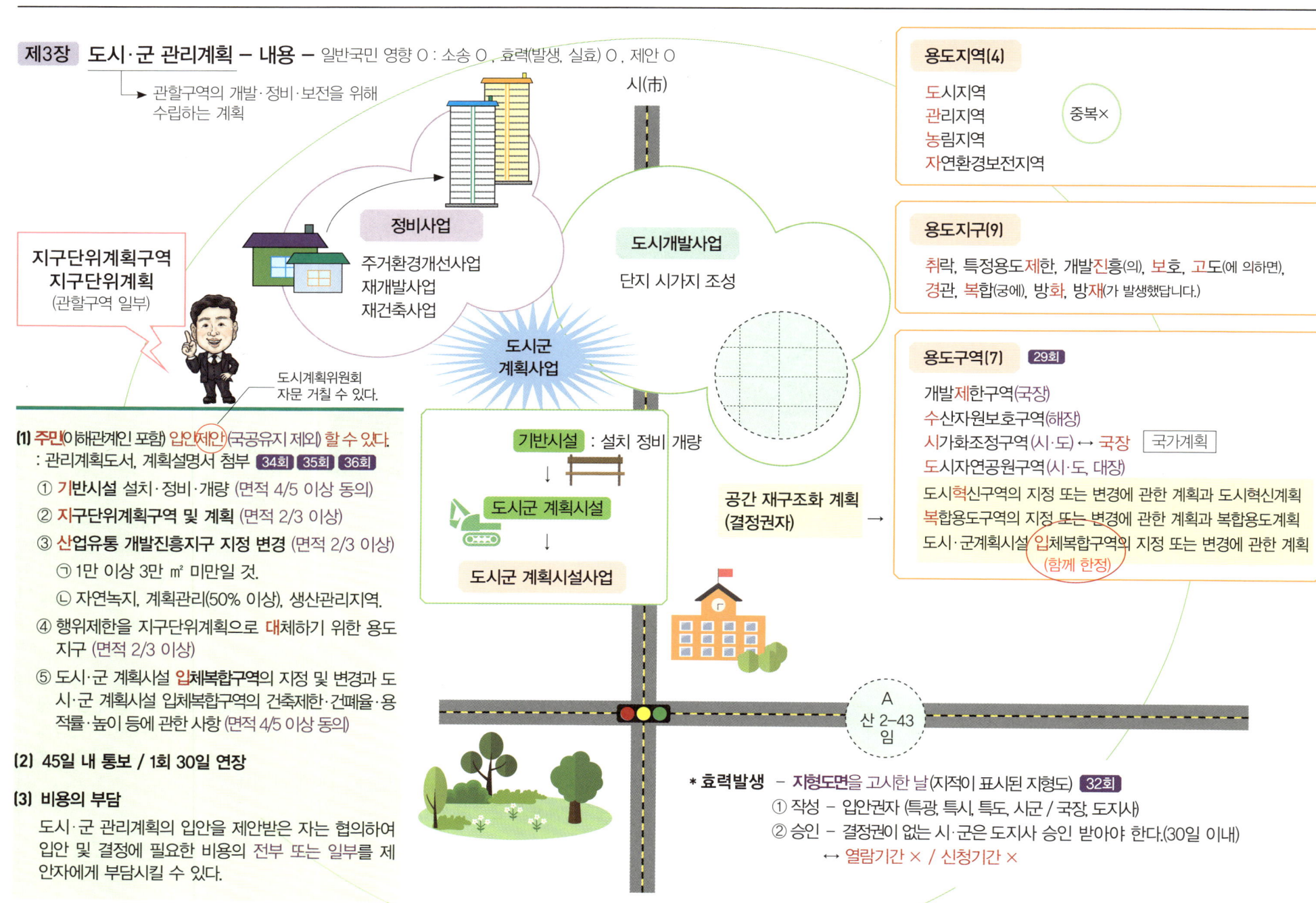

1. 도시·군 관리계획 절차 [5년마다 타당성 재검토의무]

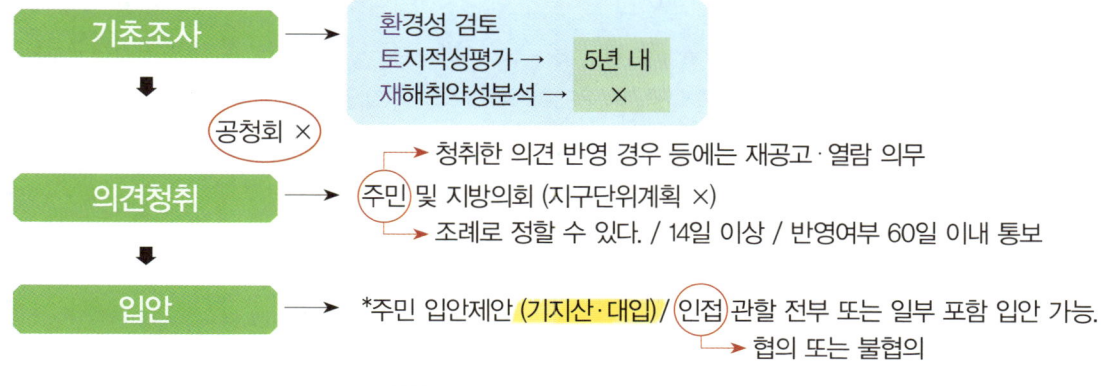

- 기초조사 → 환경성 검토 / 토지적성평가 → 5년 내 / 재해취약성분석 → ×
- 공청회 ×
- 의견청취 → 주민 및 지방의회 (지구단위계획 ×)
  - 청취한 의견 반영 경우 등에는 재공고·열람 의무
  - 조례로 정할 수 있다. / 14일 이상 / 반영여부 60일 이내 통보
- 입안 → *주민 입안제안 (기지산·대입) / 인접 관할 전부 또는 일부 포함 입안 가능.
  - 협의 또는 불협의
  - ①원칙 – 특별시장, 광역시장, 특별자치시장, 특별자치도지사, 시장·군수
  - ②예외 – 국장 (국가계획, 2 이상 시·도에 걸쳐 용도지역 등 지정)
  - 도지사 (2 이상 시·군에 걸쳐 용도지역 등 지정)

36회
* 생략 [기초조사 (환·토·재)]
① 지구단위계획구역이 도심지 (상업지역과 상업지역에 연접지역)에 위치
② 지구단위계획구역에서 나대지 2% 미달
③ 12m 이상 도로 설치계획이 없는 경우
④ 해당 도시·군 계획시설의 결정을 해제하려는 경우
⑤ 지구단위계획구역 or 도시계획시설부지가 다른 법률에 따라 지역, 지구등으로 지정
⑥ 지구단위 계획으로 행위제한을 대체하려는 지역

* 차등 입안
계획의 상세정도. 기반시설의 종류 등을 종합적으로 고려하여 차등을 두어 입안하여야 한다.

* 조속 입안
국, 시·도, 시·군은 조속히 입안할 필요가 있다고 인정되면 광역도시계획이나 도시·군 기본계획을 수립할 때 도시·군 관리계획을 함께 입안할 수 있다.

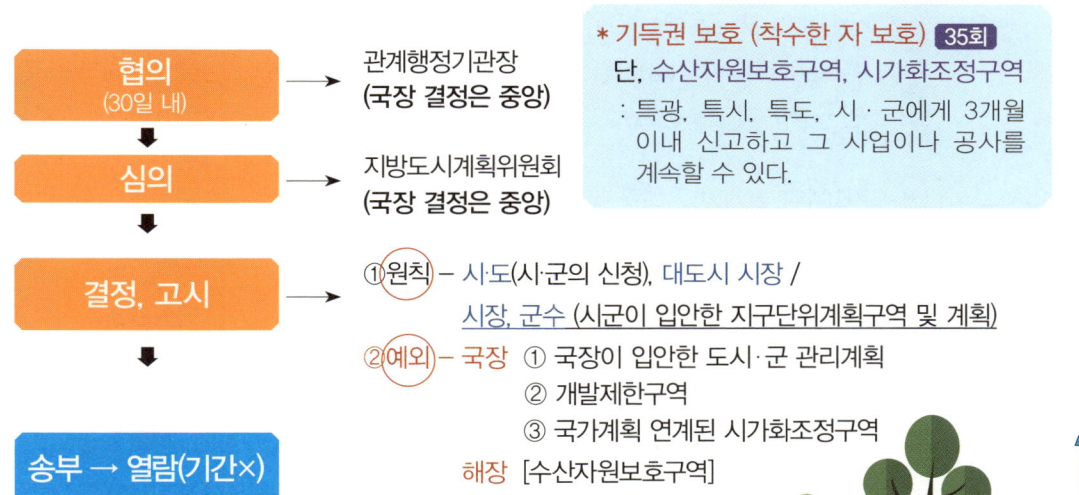

- 협의 (30일 내) → 관계행정기관장 (국장 결정은 중앙)
- 심의 → 지방도시계획위원회 (국장 결정은 중앙)
- 결정, 고시 →
  - ①원칙 – 시·도(시·군의 신청), 대도시 시장 / 시장, 군수 (시군이 입안한 지구단위계획구역 및 계획)
  - ②예외 – 국장 ① 국장이 입안한 도시·군 관리계획
    ② 개발제한구역
    ③ 국가계획 연계된 시가화조정구역
  - 해장 [수산자원보호구역]
- 송부 → 열람(기간×)

* 기득권 보호 (착수한 자 보호) **35회**
단, 수산자원보호구역, 시가화조정구역
: 특광, 특시, 특도, 시·군에게 3개월 이내 신고하고 그 사업이나 공사를 계속할 수 있다.

* [경미변경] 협의 심의생략
기초조사, 의견청취도 생략
① 단위 도시·군 계획시설 부지 면적의 5% 미만의 변경
② 지형사정으로 인한 도시·군 계획시설의 근소한 위치 변경
③ 도시지역의 축소에 따른 용도지역, 용도지구, 용도구역 또는 지구단위계획구역의 변경의 경우 등

* 공동 심의 **31회** **36회**
지구단위 계획은 건축위원회와 도시계획위원회 공동 심의를 거쳐야 한다.
→ 건축법등 다른 법령상 건폐율 완화내용등 위한 변경

* 협의 심의생략 **31회**
국방상 국가안전보장상 기밀 필요 인정하는 경우(관계 중앙행정기관장 요청할 때만 해당한다.)

2. 공간 재구조화 계획

(1) 공간재구조화계획의 입안(법 제35조의2)

① 특별시장·광역시장·특별자치시장·특별자치도지사·시장 또는 군수는 다음 각 호의 용도구역을 지정하고 해당 용도구역에 대한 계획을 수립하기 위하여 공간재구조화계획을 입안하여야 한다.

1. 제40조의3에 따른 도시혁신구역 및 도시혁신계획
2. 제40조의4에 따른 복합용도구역 및 복합용도계획
3. 제40조의5에 따른 도시·군계획시설입체복합구역(1호 또는 2호와 함께 구역을 지정하거나 계획을 입안하는 경우로 한정한다)

② 공간재구조화계획의 입안과 관련하여 제24조(도시군 관리계획 입안권자) 제2항부터 제6항까지를 준용한다. 이 경우 "도시·군관리계획"은 "공간재구조화계획"으로 본다.

③ 국토교통부장관은 위에도 불구하고 도시의 경쟁력 향상, 특화발전 및 지역 균형발전 등을 위하여 필요한 때에는 관할 특별시장·광역시장·특별자치시장·특별자치도지사·시장 또는 군수의 요청에 따라 공간재구조화계획을 입안할 수 있다.

(2) 공간재구조화계획 입안의 제안(법 제35조의3) – 45일 내 통보 / 1회 30일 연장

① 주민(이해관계자를 포함한다.)은 위 각 호의 용도구역 지정을 위하여 공간재구조화계획 입안권자에게 공간재구조화계획의 입안을 제안할 수 있다. 이 경우 제안서에는 공간재구조화계획도서와 계획설명서를 첨부하여야 한다.

> 공간재구조화계획의 입안을 제안하려는 자는 다음 각 호의 구분에 따라 토지소유자의 동의를 받아야 한다. 이 경우 동의 대상 토지면적에서 국유지 및 공유지는 제외한다.
> ㉠ 도시혁신구역 또는 복합용도구역의 지정을 제안하는 경우: 대상 토지면적의 3분의 2 이상
> ㉡ 입체복합구역의 지정을 제안하는 경우(도시혁신구역 또는 복합용도구역과 함께 입체복합구역을 지정하거나 도시혁신계획 또는 복합용도계획과 함께 입체복합구역 지정에 관한 공간재구조화계획을 입안하는 경우로 한정한다): 대상 토지면적의 5분의 4 이상

② 국유재산 및 공유재산 면적의 합이 공간재구조화계획으로 지정된 용도구역 면적의 100분의 50을 초과하는 경우에는 제안자 외의 제3자에 의한 제안이 가능하도록 제안 내용의 개요를 공고(90일 이상)하여야 한다.

(3) 공간재구조화계획의 내용 등(법 제35조의4)

공간재구조화계획에는 다음 각 호의 사항을 포함하여야 한다.

① 위 용도구역 지정 위치 및 용도구역에 대한 계획 등에 관한 사항

② 그 밖에 위 용도구역을 지정함에 따라 인근 지역의 주거·교통·기반시설 등에 미치는 영향 등 대통령령으로 정하는 사항 → 공간재구조화계획의 범위설정, 기본구상 및 토지이용계획/ 도시혁신구역 및 복합용도구역 내의 도시 군 기본계획 변경 및 도시 군 관리계획 결정 변경에 관한 사항/ 도시혁신구역 및 복합용도구역 외의 지역에 대한 주거 교통 기반시설 등에 미치는 영향 및 관리방안/ 환경관리계획 또는 경관계획 등

(4) 공간재구조화계획 수립을 위한 기초조사, 의견청취 등(법 제35조의5)

도시·군 관리계획의 절차를 준용한다. 기초조사, 환경성 검토, 토지적성평가 또는 재해취약성분석은 공간재구조화계획 입안일부터 5년 이내 기초조사를 실시한 경우 등 대통령령으로 정하는 바에 따라 생략할 수 있다.

(5) 공간재구조화계획의 결정(법 제35조의6)

① 공간재구조화계획은 시·도지사가 직접 또는 시장·군수의 신청에 따라 결정한다. 다만, 제35조의2에 따라 국토교통부장관이 입안한 공간재구조화계획은 국토교통부장관이 결정한다.

② 절차

```
협의 [30일 이내 의견제시, 단 도시혁신구역은 근무일 기준으로 10일 이내]
  ↓
심의 : 중앙도시계획위원회 [국장 결정, 시도지사가 결정하는 용도구역의 지정 등]
  ↓     지방도시계획위원회 [시·도지사가 결정하는 계획]
결정
```

(6) 공간재구조화계획 결정의 효력 등(법 제35조의7)

① 공간재구조화계획 결정의 효력은 지형도면을 고시한 날부터 발생한다. 다만, 지형도면이 필요 없는 경우에는 제35조의6(공간재구조화계획의 결정) 제3항에 따라 고시한 날부터 효력이 발생한다. → 도시·군 기본계획의 수립 변경(인구의 배분에 관한 계획을 전체 인구 규모의 5% 미만의 범위 변경)과 도시·군 관리계획의 결정(변경 결정 포함) 고시를 한 것으로 본다.

② 고시를 할 당시에 이미 사업이나 공사에 착수한 자(이 법 또는 다른 법률에 따라 허가·인가·승인 등을 받아야 하는 경우에는 그 허가·인가·승인 등을 받아 사업이나 공사에 착수한 자를 말한다)는 그 공간재구조화계획 결정과 관계없이 그 사업이나 공사를 계속할 수 있다.

③ 고시된 공간재구조화계획의 내용은 도시·군 계획으로 관리하여야 한다.

필수지문 정리 빵구노트

01 광역계획권이 둘 이상의 특별시·광역시·특별자치시·도 또는 특별자치도(시·도)의 관할구역에 걸쳐 있는 경우에는 (　　　)이 관할구역의 전부 또는 일부에 광역계획권을 지정할 수 있으며, 광역계획권이 도의 관할구역에 속하여 있는 경우에는 (　　)가 광역계획권을 지정할 수 있다.

02 광역계획권이 같은 도의 관할구역에 속하여 있는 경우에는 관할 (　　　)가 공동으로 광역도시계획을 수립하여야 하며, 광역계획권이 둘 이상의 시·도의 관할구역에 걸쳐 있는 경우에는 관할 (　　　)가 공동으로 광역도시계획을 수립하여야 한다.

03 광역계획권을 지정한 날부터 (　　)년이 지날 때까지, 관할 시장 또는 군수로부터 광역도시계획의 승인신청이 없는 경우에는 (　　　)가 광역도시계획을 수립하여야 하고, 관할 시·도지사로부터 광역도시계획의 승인신청이 없는 경우에는 (　　　)이 광역도시계획을 수립하여야 한다.

04 시·도지사는 광역도시계획을 수립하거나 변경하려면 (　　　)의 승인을 받아야 하며, 시장·군수는 광역도시계획을 수립하거나 변경하려면 (　　　)의 승인을 받아야 한다.

05 특별시장·광역시장·특별자치시장·특별자치도지사·시장 또는 군수는 관할 구역 및 생활권에 대하여 도시·군 기본계획을 수립하여야 한다. 다만, (　　　)에 속하지 아니하고 (　　　)와 경계를 같이하지 아니하는 시·군으로서 인구 (　　　)명 이하인 시 또는 군은 수립하지 아니할 수 있다.

06 특별시장·광역시장·특별자치시장·특별자치도지사·시장 또는 군수는 도시·군 기본계획의 내용 중 생활권역별 개발·정비 및 보전 등에 필요한 경우 (　　)을 따로 수립할 수 있다. 또한, (　　　)이 수립 또는 승인된 때에는 해당 계획이 수립된 생활권에 대해서는 도시·군 기본계획이 수립 또는 변경된 것으로 본다.

07 관할구역의 (　　　)에 대하여 광역도시계획이 수립되어 있는 시 또는 군으로서 해당 광역도시계획에 도시·군 기본계획에 포함될 사항이 (　　) 포함되어 있는 시 또는 군은 도시·군 기본계획을 수립하지 아니할 수 있다.

08 도시·군 기본계획의 입안일부터 (　　　)이내에 토지적성평가 또는 재해취약성분석을 실시한 경우에는 기초조사의 내용에 토지적성평가 또는 재해취약성 분석을 포함하지 아니할 수 있다.

09 시장·군수는 도시·군 기본계획을 수립하거나 변경하려면 (　　　)의 승인을 받아야 하며, 특별시장·광역시장·특별자치시장, 특별자치도지사는 도시·군 기본계획을 수립하거나 변경하려면 관계행정기관의 장과 (　　　)한 후 지방도시계획위원회의 (　　　)를 거쳐야 한다.

10 특별시장·광역시장·특별자치시장·특별자치도지사·시장 또는 군수는 (　　) 마다 관할 구역의 도시·군 기본계획 및 도시·군 관리계획에 대하여 타당성을 전반적으로 재검토하여 정비하여야 한다.

11 주민(이해관계자 포함)은 「기반시설의 설치 정비 개량에 관한 계획」을 대상 토지면적의 (　　　) 이상 토지소유자 동의(국·공유지 제외)를 받아 도시·군 관리계획의 입안권자에게 그 입안을 제안할 수 있다.

12 도시·군 관리계획은 시·도지사가 직접 또는 시장·군수의 신청에 따라 결정한다. 다만, (　　　)은 직접 결정하고, 시장·군수가 입안한 (　　　)의 지정 변경과 (　　　)의 수립 변경에 관한 도시·군 관리계획은 시장·군수가 직접 결정한다.

13 도시·군 계획시설 입체복합구역의 지정 및 변경에 관한 사항의 도시·군 관리계획 입안을 제안하려는 자는 대상 토지면적(국공유지 제외)의 (   ) 이상 토지소유자의 동의를 받아야 한다.

14 국가계획과 연계된 시가화 조정구역의 지정 또는 변경이 필요한 경우의 도시·군 관리계획은 (   )이 결정하고, 수산자원보호구역의 지정 또는 변경에 관한 도시·군 관리계획은 (   )이 결정한다.

15 (   )는 도시·군 관리계획 결정이 고시되면 지적이 표시된 지형도에 도시·군 관리계획 사항을 자세히 밝힌 도면을 작성하여야 하며, 도시·군 관리계획 결정의 효력은 (   )을 고시한 날부터 발생한다.

16 특별시장·광역시장·특별자치시장·특별자치도지사·시장 또는 군수는 다음 각 호의 용도구역을 지정하고 해당 용도구역에 대한 계획을 수립하기 위하여 공간재구조화계획을 입안하여야 한다.

1) (   ) 및 도시혁신계획

2) (   ) 및 복합용도계획

3) 도시·군계획시설 (   ) (제1호 또는 제2호와 함께 구역을 지정하거나 계획을 입안하는 경우로 한정한다)

17 공간재구조화계획은 (   )가 직접 또는 시장·군수의 신청에 따라 결정한다. 다만, 국토교통부장관이 입안한 공간재구조화계획은 (   )이 결정한다.

18 공간재구조화계획 결정의 효력은 (   )부터 발생한다. 다만, 지형도면이 필요 없는 경우에는 공간재구조화계획 결정을 고시한 날부터 효력이 발생한다.

정답 및 해설

01	국토교통부장관, 도지사
02	시장 또는 군수, 시·도지사
03	3, 도지사, 국토교통부장관
04	국토교통부장관, 도지사
05	수도권, 광역시, 10만
06	생활권 계획, 생활권 계획
07	전부, 모두
08	5년.
09	도지사, 협의, 심의
10	5년
11	5분의 4
12	대도시 시장, 지구단위계획구역, 지구단위계획
13	5분의 4
14	국토교통부장관, 해양수산부장관
15	입안권자, 지형도면
16	1) 도시혁신구역 2) 복합용도구역 3) 입체복합구역
17	시·도지사, 국토교통부장관
18	지형도면을 고시한 날

[기출지문 정리]

01 [15회] 도시·군 계획이라 함은 특별시, 광역시, 특별자치시, 특별자치도, 시 또는 광역시 관할 구역 안의 군에 대하여 수립하는 도시·군 기본계획과 도시·군 관리계획을 말한다. (O / X)

02 [29회] 기반시설의 정비에 관한 사항에 대하여 주민이 도시·군 관리계획 입안을 제안하려는 경우 대상 토지면적의 3분의 2 이상 토지소유자의 동의를 얻어야 한다. (O / X)

03 [29회] 도시·군 계획사업은 도시·군 계획시설사업, 도시개발사업, 정비사업을 말한다. (O / X)

04 [26회] 광역계획권은 광역시장이 지정할 수 있으며, 국토교통부장관은 시·도지사가 요청하는 경우에도 시·도지사와 공동으로 광역도시계획을 수립할 수 없다. (O / X)

05 [28회] 광역시설의 설치 및 관리는 공동구의 설치 관리규정에 따르며, 장사시설 도축장은 기반시설로서 광역시설이 될 수 없다. (O / X)

06 [29회] 광역계획권이 둘 이상의 시·도의 관할구역에 걸쳐 있는 경우에는 시·도지사가 광역계획권을 지정하여야 한다. (O / X)

07 [19회] 도시·군 기본계획의 수립기준은 시·도지사가 정하며, 인접한 관할의 전부를 포함하여 수립할 수는 없다. (O / X)

08 [21회] 수도권에 속하지 아니하고, 광역시와 경계를 같이하지 아니하는 인구 7만 명의 군은 도시·군 기본계획을 수립하지 아니할 수 있다. (O / X)

09 [27회] 지구단위계획구역 안의 나대지 면적이 구역면적의 (   )에 미달하는 경우에는 도시·군 관리계획 입안 시 환경성 검토를 실시하지 않아도 된다.

---

01 X 광역시 관할구역 안의 군을 제외한다.

02 X 5분의 4 이상 토지소유자의 동의를 얻어야 한다.

03 O

04 X 광역계획권은 국토교통부장관, 도지사가 지정할 수 있으며, 국토교통부장관은 시·도지사가 요청하는 경우 시·도지사와 공동으로 광역도시계획을 수립할 수 있다.

05 X 광역시설의 설치·관리는 도시계획시설의 설치·관리규정에 따르며, 장사시설 도축장은 기반시설로서 광역시설이 될 수 있다.

06 X 국토교통부장관이 광역계획권을 지정하여야 한다.

07 X 도시·군 기본계획의 수립기준은 국토교통부장관이 정하며, 인접한 관할의 전부 또는 일부를 포함하여 수립할 수도 있다.

08 O

09 2%

10 [21회]	주민은 개발제한구역의 변경에 대하여 입안권자에게 도시·군 관리계획의 입안을 제안할 수 있으며, 지형도면을 고시한 날 다음 날부터 그 효력이 발생한다. (O / ×)	**10** × 주민은 개발제한구역의 변경에 대하여 입안권자에게 도시·군 관리계획의 입안을 제안할 수 없으며, 도시·군 관리계획의 결정은 지형도면을 고시한 날에 그 효력이 발생한다.
11 [30회]	주민은 국·공유지를 제외하고 대상 토지면적의 3분의 2 이상 토지소유자 동의를 받아 산업 유통 개발진흥지구의 지정 및 변경에 관한 사항은 도시·군 관리계획 입안을 제안할 수 있으며, 제안에 필요한 비용의 전부 또는 일부를 제안자에게 부담시킬 수 있다. (O / ×)	**11** O
12 [24회]	시가화조정구역의 지정에 관한 도시·군 관리계획 결정이 있는 경우에는 결정 당시 이미 허가를 받아 사업을 하고 있는 자라도 허가를 받아야 한다. (O / ×)	**12** × 허가받아야 하는 것이 아니고, 3개월 이내에 신고하면 기존 사업을 계속할 수 있다.
13 [24회]	도시지역의 축소에 따른 용도지역의 변경을 내용으로 하는 도시·군 관리계획을 입안하는 경우에는 주민의 의견청취를 생략할 수 있다. (O / ×)	**13** O
14 [31회]	국토교통부장관은 광역도시계획을 수립하였을 때에는 직접 그 내용을 공고하고 일반이 열람할 수 있도록 하여야 한다. (O / ×)	**14** × 국토교통부장관은 직접 광역도시계획을 수립 또는 변경하거나 승인하였을 때에는 관계 중앙행정기관의 장과 시·도지사에게 관계 서류를 송부하여야 하며, 관계 서류를 받은 시·도지사는 그 내용을 공고하고 일반이 열람할 수 있도록 하여야 한다.
15 [31회]	시장·군수는 도시·군기본계획을 변경하려면 도지사와 협의한 후 지방도시계획위원회의 심의를 거쳐야 한다. (O / ×)	**15** × 시장·군수는 도시·군 기본계획을 수립하거나 변경하려면 도지사의 승인을 받아야 하며, 도지사는 도시·군 기본계획을 승인하려면 관계행정기관의 장과 협의한 후 지방도시계획위원회의 심의를 거쳐야 한다.
16 [31회]	국토교통부장관은 관계 중앙행정기관의 장의 요청이 없어도 국가안전보장상 기밀을 지켜야 할 필요가 있다고 인정되면 중앙도시계획위원회 심의를 거치지 않고 도시·군관리계획을 결정할 수 있다. (O / ×)	**16** × 국토교통부장관이나 시·도지사는 국방상 또는 국가안전보장상 기밀을 지켜야 할 필요가 있다고 인정되면(관계중앙행정기관의 장이 요청할 때만 해당한다.) 그 도시·군 관리계획의 전부 또는 일부에 대하여 협의 및 심의를 생략할 수 있다.

[기출지문 정리]

17 [33회] 광역계획권이 둘 이상의 도의 관할구역에 걸쳐 있는 경우, 해당 도지사들은 공동으로 광역계획권을 지정하여야 한다. (O / X)

18 [33회] 국토교통부장관이 광역계획권을 변경하려면 관계 시·도지사, 시장 또는 군수의 의견을 들은 후 지방도시계획위원회의 심의를 거쳐야 한다. (O / X)

19 [33회] 중앙행정기관의 장, 시·도지사, 시장 또는 군수는 국토교통부장관이나 도지사에게 광역계획권의 지정 또는 변경을 요청할 수 있다. (O / X)

20 [34회] 시가화 조정구역의 지정 및 변경에 관한 사항은 주민이 도시·군 관리계획 입안권자에게 그 입안을 제안할 수 있는 사항이다. (O / X)

21 [35회] 행정청이 설치하는 공동묘지는 공공시설에 해당한다. (O / X)

22 [35회] 성장관리계획구역에서의 난개발을 방지하고 계획적인 개발을 유도하기 위하여 수립하는 계획은 공간재구조화계획이다. (O / X)

23 [35회] 주민은 공공청사의 설치에 관한 사항에 대하여 도시·군 관리계획의 입안권자에게 그 계획의 입안을 제안할 수 있다. (O / X)

24 [35회] 도시·군 기본계획의 수립권자는 생활권 계획을 따로 수립한 때에는 해당 계획이 수립된 생활권에 대해서는 도시·군 관리계획이 수립된 것으로 본다. (O / X)

25 [35회] 시·도지사는 국가계획과 관련되어 국토교통부장관이 입안하여 결정한 도시·군 관리계획을 변경하려면 미리 국토교통부장관과 협의하여야 한다. (O / X)

26 [35회] 시장·군수가 입안한 지구단위계획의 수립에 관한 도시·군 관리계획은 시장·군수의 신청에 따라 도지사가 결정한다. (O / X)

27 [35회] 국토교통부장관이 도시·군 관리계획을 직접 입안한 경우에는 시·도지사가 지형도면을 작성하여야 한다. (O / X)

---

17 X 둘 이상의 도의 관할구역에 걸쳐 있는 경우이므로 광역계획권은 국토교통부장관이 지정할 수 있다.

18 X 국토교통부장관은 광역계획권을 지정하거나 변경하려면 관계 시·도지사, 시장 또는 군수의 의견을 들은 후 중앙도시계획위원회의 심의를 거쳐야 한다.

19 O

20 X 시가화 조정구역의 지정변경에 관한 사항은 제안할 수 없다.

21 O

22 X 성장관리계획이다.

23 O

24 X 도시·군 기본계획이 수립된 것으로 본다.

25 O

26 X 시장·군수가 직접 결정한다.

27 X 국토교통부장관이 직접 지형도면을 작성할 수 있다.

[제36회 기출문제]

정답 및 해설

01 국토의 계획 및 이용에 관한 법령상 광역도시계획의 내용에 해당하지 않는 것은?

① 광역계획권의 교통 및 물류유통체계에 관한 사항

② 광역계획권의 문화·여가공간 및 방재에 관한 사항

③ 광역계획권의 교육시설 확충 및 부동산가격 안정화에 관한 사항

④ 경관계획에 관한 사항

⑤ 광역계획권의 녹지관리체계와 환경 보전에 관한 사항

01 ③ 규정없다.

02 주민 甲은 기반시설의 설치에 관한 사항에 대해서, 주민 乙은 지구단위계획구역의 지정에 관한 사항에 대해서 각각 도시·군관리계획의 입안을 제안하려고 한다. 국토의 계획 및 이용에 관한 법령상 甲과 乙의 제안에 필요한 토지소유자의 동의 요건의 기준으로 옳은 것은? (단, 동의 대상 토지 면적에서 국·공유지는 제외)

① 甲: 대상 토지 면적의 3분의 2 이상,
   乙: 대상 토지 면적의 3분의 2 이상

② 甲: 대상 토지 면적의 3분의 2 이상,
   乙: 대상 토지 면적의 5분의 3 이상

③ 甲: 대상 토지 면적의 5분의 3 이상,
   乙: 대상 토지 면적의 5분의 4 이상

④ 甲: 대상 토지 면적의 5분의 4 이상,
   乙: 대상 토지 면적의 3분의 2 이상

⑤ 甲: 대상 토지 면적의 5분의 4 이상,
   乙: 대상 토지 면적의 5분의 4 이상

02 ④ 甲: 대상 토지 면적의 5분의 4 이상, 乙: 대상 토지 면적의 3분의 2 이상

03 국토의 계획 및 이용에 관한 법령상 도시·군관리계획의 입안을 위한 기초조사를 실시하지 아니할 수 있는 경우에 해당하지 않는 것은?

① 해당 도시·군계획시설의 결정을 해제하려는 경우

② 해당 지구단위계획구역 안의 나대지면적이 구역면적의 3퍼센트인 경우

③ 해당 지구단위계획구역이 도심지(상업지역과 상업지역에 연접한 지역을 말한다)에 위치하는 경우

④ 기존의 용도지구를 폐지하고 지구단위계획을 변경하여 그 용도지구에 따른 건축물이나 그 밖의 시설의 용도·종류 및 규모 등의 제한을 그대로 대체하려는 경우

⑤ 해당 지구단위계획구역의 지정목적이 해당 구역을 정비하고자 하는 경우로서 지구단위계획의 내용에 너비 12미터 이상 도로의 설치계획이 없는 경우

04 국토의 계획 및 이용에 관한 법령상 건축위원회와 도시계획위원회의 공동위원회의 심의를 거쳐야 하는 지구단위계획 변경 사항에 해당하는 것은? (단, 조례는 고려하지 않음)

① 획지(구획된 한 단위의 토지) 면적의 25퍼센트의 변경

② 층수변경이 수반되는 경우로서 건축물높이의 15퍼센트의 변경

③ 건축물의 배치·형태의 변경

④ 용도지역 변경을 포함하는 경우로서 지구단위계획구역 면적의 4퍼센트의 변경

⑤ 「건축법」 등 다른 법령의 규정에 따른 건폐율 완화 내용을 반영하기 위한 지구단위계획의 변경

정답 및 해설

03 ② 2%에 미달하는 경우이므로 3%는 옳지 않다.

04 ⑤

제1절 용도지역 등

(1) 용도지역 (중복 ×)

도시지역

주거지역
① 전용주거지역
  ㉠ 1종 – 단독주택 중심 양호한 주거환경 보호
  ㉡ 2종 – 공동주택 중심 양호한 주거환경 보호
② 일반주거지역 (저층은 4층 이하 조례) 36회
  ㉠ 1종 – 저층주택 중심 편리한 주거환경조성
  ㉡ 2종 – 중층주택 중심 편리한 주거환경조성
  ㉢ 3종 – 중고층주택 중심 편리한 주거환경조성
③ 준주거
  : 주거기능 위주로 상업, 업무기능 보완

암기 tip
도·관·농·자
용도지역
중복 안 돼!

상업지역
① 중심상업지역 : 도심 부도심의 상업 및 업무기능의 확충이 필요한 지역 36회
② 일반상업지역 : 일반적인 상업 및 업무기능을 담당하기 위해 필요한 지역
③ 유통상업지역 : 도시 내 지역 간 유통기능 증진을 위해 필요한 지역
④ 근린상업지역 : 근린지역의 일용품 및 서비스 공급을 위하여 필요한 지역

*시도, 대도시 시장은 조례로 주거, 상업, 공업, 녹지지역을 추가적으로 세분하여 지정할 수 있다.

공업지역
① 전용공업 – 중화학공업 및 공해성 공업 등을 수용하기 위하여 필요한 지역
② 일반공업 – 환경 저해하지 아니하는 공업의 배치를 위하여 필요한 지역
③ 준공업 – 경공업 그 밖의 공업을 수용하되, 주거, 상업, 업무기능의 보완이 필요한 지역

녹지지역
: 4층 이하 조례
① 자연녹지 – 도시의 녹지공간확보 등을 위하여 보전할 필요가 있는 지역으로 불가피한 경우 제한적 개발이 허용되는 지역
② 생산녹지 – 주로 농업적 생산을 위하여 개발을 유보할 필요가 있는 지역
③ 보전녹지 – 도시의 자연환경 경관 산림 및 녹지공간을 보전할 필요가 있는 지역

*미 세분지역 : 보전녹지지역 (행위제한)

관리지역
: 4층 이하 조례

계획관리지역 : 도시지역으로 편입이 예상되는 지역

생산관리지역 : 농림지역으로 지정하여 관리하기 곤란한 지역

보전관리지역 : 자연환경보전지역으로 지정하여 관리하기 곤란한 지역

*미세분지역
: 보전관리지역 (행위제한)

농림지역
도시지역 외의 지역으로서 농업진흥지역 및 보전산지로 지정된 지역의 농림업 진흥 산림의 보전을 위하여 필요한 지역

자연환경보전지역
자연환경, 수자원, 해안 생태계, 상수원, 국가유산의 보전, 수산자원을 보호 육성을 위한 지역

*미 지정지역
: 자연환경보전지역 (행위제한)

지정특례 35회

(1) **도시지역**으로 도시관리계획이 결정 고시된 것으로 본다. 33회
  ① 항만법 – 항만구역 [도시지역에 연접한 공유수면]
  ② 어촌어항법 – 어항구역 [도시지역에 연접한 공유수면]
  ③ 산업입지법 – 국가, 일반 및 도시첨단 산업단지 [농공단지 ✕]
  ④ 택지개발촉진법 – 택지개발지구
  ⑤ 전원개발촉진법 – 전원개발사업구역 및 예정구역 [수력발전소 or 송변전설비 만을 설치하기 위한 경우 제외]

 * 구역 등이 해제되는 경우 → 이전 용도지역으로 환원간주 [완료 ✕]

(2) **관리지역**에서 농림지역 등으로 간주
  ① 농지법의 농업진흥지역으로 지정·고시된 지역
    → 농림지역으로 결정·고시된 것으로 본다.
  ② 산지관리법의 보전산지로 지정·고시된 지역
    → 농림지역 or 자연환경보전지역으로 결정·고시된 것으로 본다.

(3) 공유수면(바다) 매립지 특례 33회

Tip 다른 법률의 구역등의 지정제한
 ① 1㎢ 이상 중앙행정기관장은 국장과 협의, 지자체의 장은 국장의 승인
 ② 제외 35회
  ㉠ 도·시·군 기본계획에 반영된 경우
  ㉡ 농림지역에 상수원보호구역 지정 등
  ㉢ 10% 범위내 면적을 증감

Tip 다른 법률의 구역등의 변경제한
 ① 도시관리계획 결정 의제효과 제한
 ② 심의
  ㉠ 중앙: 중앙행정기관장 30만㎡ 이상
  ㉡ 지방…

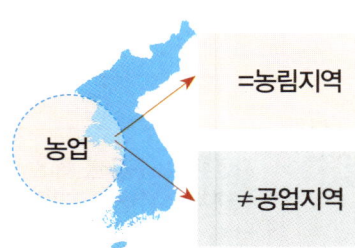

매립목적 = 이웃용도지역
→ 매립준공인가일에 이웃 용도지역 간주 (고시하여야 한다.)

매립목적 ≠ 이웃용도지역
(2 이상 걸치거나 이웃하는 경우)
→ 도시 군 관리계획으로 결정하여야 한다.

행위제한 (위반시 2년 이하 징역 or 2천만원 이하 벌금)

(1) 일반적 행위제한
용도지역에서의 건축물이나 그 밖의 시설의 용도 종류 및 규모 등의 제한은 다음의 대통령령 [별표]으로 정한다. (조례를 포함하면, 1종 근린생활시설은 모든 용도지역에서 할 수 있다.)

1) 건축할 수 있는 건축물(조례는 고려하지 않는다.)

용도지역	행위제한 [별표]
1종 전용주거	단독주택(다가구 제외), 1종 근린생활시설 [1천㎡미만]
2종 전용주거	단독주택, 공동주택, 1종 근린생활시설 [1천㎡미만]
1종 일반주거	단독주택, 공동주택 [아파트 제외], 1종 근린생활시설, 유치원, 초등학교, 중학교 및 고등학교, 노유자 시설
2종 일반주거	단독주택, 공동주택, 1종 근린생활시설, 유치원, 초등학교, 중학교 및 고등학교, 노유자 시설, 종교시설
3종 일반주거	
자연환경보전지역	자연훼손 없는 농어가 주택, 초등학교

2) 건축할 수 없는 건축물(조례는 고려하지 않는다.) : 준주거지역, 준공업지역, 상업지역, 계획관리지역

준공업지역	"위락시설, 묘지관련시설"
계획관리지역	4층 초과하는 모든 건축물, 공동주택 중 아파트 등

3) 특례 : 위 1) 2)에 불구한 『개별 법률 등에 의한 규제』

대통령령으로 정한다.	취락지구, 개발진흥지구, 복합용도지구
농공단지	산업입지 및 개발에 관한 법률
농림지역에서 개별법률 적용	농업진흥지역(농지법), 보전산지(산지관리법), 초지(초지법)
자연환경보전지역에서 개별 법률 적용	공원구역(자연공원법), 상수원보호구역(수도법), 지정문화유산과 그 보호구역(문화유산보존활용법) 및 천연기념물과 그 보호구역(자연유산보존활용법), 해양보호구역(해양생태계 보전 및 관리에 관한법률), 수산자원보호구역(수산자원관리법)

(2) 도시지역에서 다른 법령 적용배제
 ① 도로법 – 접도구역의 지정 및 관리
 ② 농지법 – 농지취득자격증명 [녹지 증명 ○ → 도시계획시설사업에 필요한 농지 증명 ✕]

1) 건폐율 [29회] ⭐20

> 건폐율, 용적률은 관할구역을 세분하여 조례로 달리 정할 수 있다.

① 의의

 $\dfrac{건축면적}{대지면적} \times 100$

대지면적에 대한 건축면적의 비율
① 일조, 채광, 통풍
② 화재 시 연소 방지

② 용도지역별 건폐율 최대한도 ← 기준설정(령) ← 조례

도시지역

『주거지역』 - 전용   일반   준
- 1종 50%   1종 60%
- 2종 50%   2종 60%   70%
-          3종 50%

『상업지역』 - 중심 일반 유통 근린
             90%   80%   80%   70%

『공업지역』 - 전용 일반 준
             70%   70%   70%

『녹지지역』 - 자연 생산 보전
             20%   20%   20%

도시 외 지역

『관리지역』
계 획 - 40%
생 산 - 20%
보 전 - 20%

『농림지역』
         20%

『자연환경보전지역』
         20%

┌ 보호취락지구   [36회] 계획관리 지역의 산업·유통 개발진흥지구 60%

특례
㉠ 자연취락지구 (60% 이하) / 개발진흥지구 (도시 외 지역 - 40%/자연녹지 30%)
㉡ 수산자원보호구역 (40%) / 자연공원 (60%) / 농공단지 (70%) / 기반시설 충분확보 80%
   공업지역 내 (준)산업단지 (80%)
㉢ 성장관리계획 (계획관리 - 50% /자연 및 생산녹지, 생산관리지역, 농림지역 - 30%)
㉣ 방재지구 (녹지, 관리, 농림, 자연환경 보전지역 × 150% 이하)

미지정, 미세분 : 20% 이하

2) 용적률 [30회] [32회] [33회] [36회]

(각층 바닥면적 합계)

① 의의

 $\dfrac{연면적}{대지면적} \times 100$

대지면적에 대한 연면적의 비율(간접적 높이제한)

$$층수 = \dfrac{용적률}{건폐율}$$
단, 각층면적 동일, 특례×

② 용도지역별 용적률 최대한도 ← 기준설정(령) ← 조례 / ( )는 최저한도.

도시 지역

『주거지역』 - 전용(50%~) 일반(100%~) 준(200%~)
- 1종 100%   1종 200%
- 2종 150%   2종 250%   500%
-            3종 300%

『상업지역』 - 중심   일반   유통   근린
(200%~)   1500% 1300% 1100% 900%

『공업지역』 - 전용   일반   준
(150%~)   300%   350%   400%

『녹지지역』 - 자연   생산   보전
(50%~)   100%   100%   80%

도시 외 지역 (50%~)

『관리지역』
계 획 - 100%
생 산 - 80%
보 전 - 80%

『농림지역』
         80%

『자연환경보전지역』
         80%

특례
㉠ 개발진흥지구 (도시 외 지역 - 100% 이하)
㉡ 수산자원보호구역 (80%) / 자연공원 (100%)
   농공단지 (도시 외 - 150%)
㉢ 성장관리계획 (계획관리지역 - 125%)
㉣ 방재지구 (주거, 상업, 공업지역 ×140% 이하)

미지정, 미세분 : 50~80% 이하

* 완화 중첩 적용 can
1. 지구단위계획구역
   - 지구단위계획 범위
2. 위 1 외의 구역
   - 최대한도의 120% 이내

(2) 용도지구

1) 지정

용도지구란 용도지역의 제한을 강화 완화(취락지구, 개발진흥지구, 복합용도지구)하여 적용하기 위하여 도시 군 관리계획으로 결정하는 지역을 말한다. [법정 외의 용도지구를 지역 여건상 필요하면 그 시·도 또는 대도시의 조례로 정할 수 있다. 다만, 완화하는 지구 신설하지 아니할 것]

① 취락지구(법률-녹관농자, 개발제한구역, 도시자연공원구역에서 취락정비)
  ㉠ 보호 - 녹지지역·관리지역·농림지역 또는 자연환경보전지역 안의 취락을 농촌의 주거환경 보호와 주거기능 강화를 목적으로 정비하기 위한 지구
  ㉡ 자연 - 녹지, 관리, 농림, 자연환경보전지역 안의 취락 정비
  ㉢ 집단 - 개발제한구역 안의 취락 정비 34회

② 특정용도제한지구
주거 및 교육 환경 보호나 청소년 보호 등의 목적으로 오염물질 배출시설, 청소년 유해시설 등 특정시설의 입지를 제한할 필요가 있는 지구

③ 개발진흥지구 34회 35회
  ㉠ 주거 - 주거기능을 중심으로 개발·정비할 필요가 있는 지구
  ㉡ 산업·유통 - 공업기능 및 유통·물류기능을 중심으로 개발·정비할 필요가 있는 지구 [주민이 입안을 제안할 수 있다.]
  ㉢ 관광·휴양 - 관광·휴양기능을 중심으로 개발·정비할 필요가 있는 지구
  ㉣ 복합 - 주거기능, 공업기능, 유통·물류기능 및 관광·휴양기능 중 2 이상의 기능을 중심으로 개발·정비할 필요가 있는 지구
  ㉤ 특정 - 주거기능, 공업기능, 유통·물류기능 및 관광·휴양기능 외의 기능을 중심으로 특정한 목적을 위하여 개발·정비할 필요가 있는 지구

tip
① 세분 × [복합, 특정용도제한, 방화, 고도지구]
② 조례로 세분 [경관, 중요시설물보호, 특정용도제한지구]

암기 tip
취제진, 보고에 의하면 경복궁의 용도지구에 화재가 났답니다.

보호 취락지구 농촌 공간 재구조화 및 재생지원에 관한 법률에 따른다.

자연 취락지구 산지관리법상 임도의 설치 개량 ×

국가, 지단은 다음을 지원할 수 있다.
① 도로, 수도, 하수도 등 정비
② 어린이 놀이터, 주차장 등 정비
③ 쓰레기 매립장 등 설치개량
④ 하천정비 등 재해방지 시설
⑤ 주택의 신축개량

④ 보호지구: 중요 시설물 문화 생태적 보존가치 큰 지역 보호·보존 36회
  ㉠ 역사문화환경 - 국가유산, 전통사찰 등(시설 및 지역) 보호와 보존
  ㉡ 중요시설물 - 항만, 공항, 공용시설, 교정시설, 국방·군사시설의 보호
  ㉢ 생태계 - 생태적 보존가치가 큰 지역의 보호 보존

⑤ 고도지구 : 높이의 최고한도를 규제할 필요가 있는 지구

⑥ 경관지구
  ㉠ 자연 - 자연경관을 보호하거나 유지가 필요
  ㉡ 시가지 - 시가지의 경관을 보호 유지 형성 필요
  ㉢ 특화 - 지역 내 주요 수계의 수변, 문화적 보존가치가 큰 건축물 주변의 경관 특별한 경관을 보호 유지 형성

⑦ 복합용도지구 : 특정시설 입지 완화 필요 34회
(일반주거지역, 일반공업지역, 계획관리지역에 지정)

⑧ 방화지구 : 화재 위험 예방 필요

⑨ 방재지구 : 1층 전부 필로티 구조 [층수 제외] [우선지원할 수 있다] 29회
  ㉠ 시가지 - 건축물 인구 밀집지역의 시설개선 등을 통한 재해예방 필요지구
  ㉡ 자연 - 토지이용도 낮은 해안변 등 지역의 건축제한 통한 재해예방 필요지구
  특례 재해예방, 재해저감대책 포함의무 / 연안 침식 등 사유 지정의무

2) 행위제한

① 의의 : 용도지구에서의 건축물이나 그 밖의 시설의 용도·종류 및 규모 등의 제한에 관한 사항은 이 법 또는 다른 법률에 특별한 규정이 있는 경우 외에는 대통령령으로 정하는 기준에 따라 특별시·광역시·특별자치시·특별자치도·시 또는 군의 조례로 정할 수 있다.
→ 위반 시 2년 이하의 징역 또는 2천만 원 이하의 벌금

② 특례

㉠ 고도지구 : 도시·군 관리계획 (높이 초과 건축물 건축할 수 없다)

㉡ 취락지구
    ⓐ 보호 취락 : 국토계획법령 별표 23의 2 (4층 이하)
      : 창고 (200㎡ 이하), 동 식물관련시설 (작물재배사, 종묘배양시설, 화초 분재 등 온실) [나머지는 자연취락지구 유사]
    ⓑ 자연취락 : 국토계획법령 별표 23 (4층 이하)
    ex) 단독주택, 1종 및 2종(음식점, 단란주점, 안마시술소 ×), 창고, 방송통신시설
        동식물 관련시설(도축장 등) ↔ 장례시설(동물 전용포함), 정신병원 ×
    ⓒ 집단취락 : 개발제한구역의 지정 및 관리 특별조치법

㉢ 개발진흥지구 - 지구단위계획, 개발계획 위반 건축 불가(수립 전에는 조례)
    ⓐ 지구단위계획 등이 없어도 해당 용도지역 허용건축물은 가능
    ⓑ 산업유통 개발진흥지구는 해당 용도지역 허용 건축물과 그 외에 조례로 공장 가능

㉣ 복합용도지구 (해당 용도 지역 전체면적의 3분의 1 이하) 29회
    ⓐ 해당 용도지역 허용 건축물 가능
    ⓑ 일반주거지역 (준주거 허용건축물○ ↔ 2종 안마시술소·장례시설 ×)
        일반공업지역 (준공업 허용건축물○ ↔ 아파트, 노유자, 2종 근린생활시설 중 단란주점· 안마시술소 ×)
    계획관리지역 (위락(테마파크업), 숙박 일반·휴게음식점, 판매시설 ○)

tip ① 리모델링 완화 - 경관지구, 고도지구
② 도시 군 계획시설 - 용도지역, 용도지구 내의 도시 군 계획시설에 대하여는 행위 제한을 적용하지 아니한다. 33회

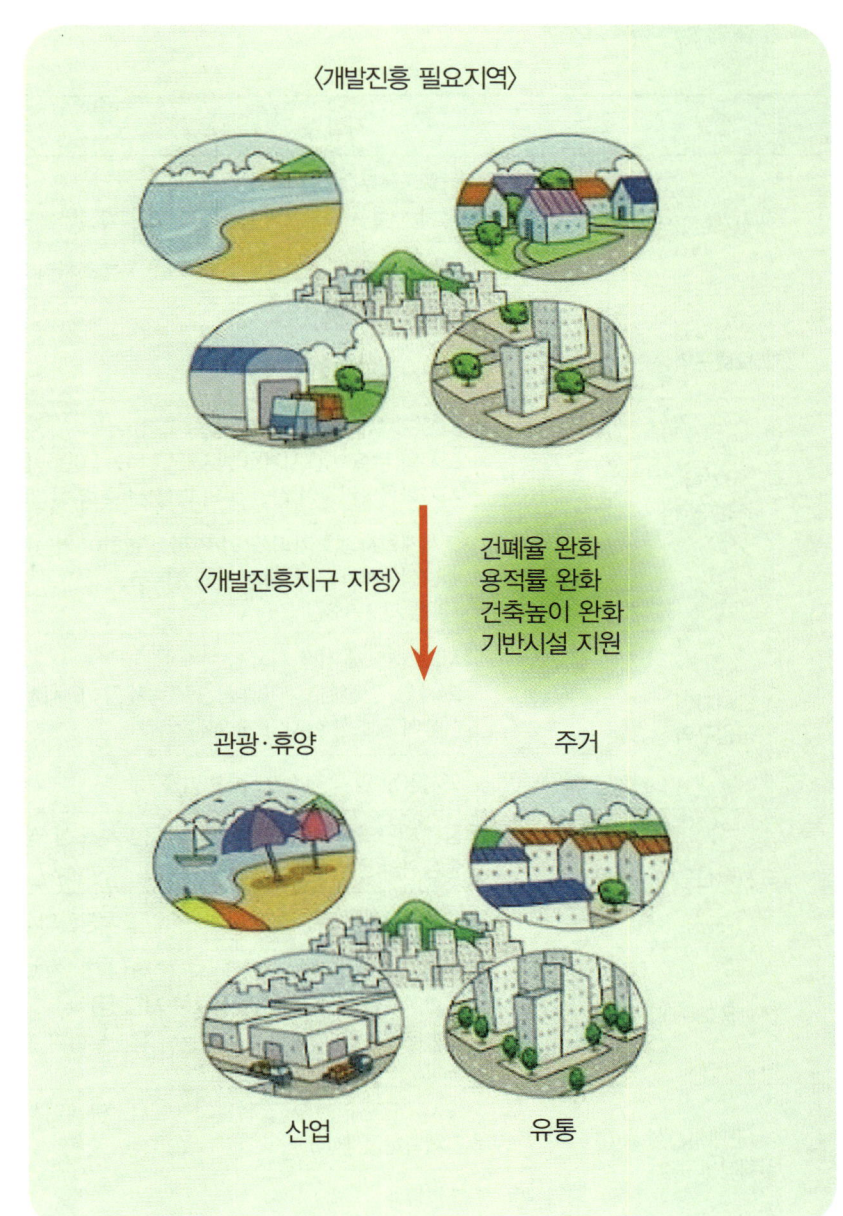

(3) 용도구역 — 용도지역 및 용도지구의 제한을 강화, 완화

구분		지정 및 행위제한
개발제한구역	지정	국토교통부장관 지정 도시 무질서한 확산방지 or 보안상 개발제한
	행위제한	개발제한구역 지정 및 관리에 관한 특별조치법
수산자원 보호구역	지정	해양수산부장관
	행위제한	수산자원관리법
시가화 조정구역	지정	시·도지사 (국가계획 연계 - 국장) 도시의 무질서한 시가화 방지(5년 이상 20년 이내) 시가화유보기간이 끝난 날의 다음 날 효력 상실(고시)
	행위제한	도시계획사업(불가피/요청/인정 - 한하여 가능) 개발행위허가 - 시행령 별표 24, 25 *위반 시 3년 3천
도시자연 공원구역	지정	시도, 대도시 시장 지정 도시민 건전한 여가휴식 공간 제공+도시지역의 식생이 양호한 산지의 개발제한
	행위제한	도시공원 및 녹지 등에 관한 법률
도시혁신구역	지정	공간재구조화계획 결정권자 (도심 부도심 생활권 중심지역 등)
	행위제한	도시혁신계획 (창의적이고 혁신적인 도시공간의 개발)
복합용도구역	지정	공간재구조화계획 결정권자 (산업구조 경제활동 변화, 복합적 토지이용이 필요한 지역 등)
	행위제한	복합용도계획 (다양한 도시기능이 융·복합된 공간의 조성)
도시군계획시설 입체복합구역	지정	도시·군관리계획 결정권자 (도시·군계획시설의 입체복합적 활용)
	행위제한	대통령령

암기 tip
제·수·시·도/
혁·복·입

시가화조정구역

『도시지역과 주변지역』
『5년 이상 20년 이내』
(도시·군 관리계획)

『시·도지사 지정』
『국장(국가계획)』

직접 or 요청

도시의 무질서한 시가화 방지

도시계획사업 32회
(국방상 공익상 불가피,
관계중앙행정기관 장의 요청,
국장 인정 시 한하여 가능)

A

개발행위허가

(1) 허가사항(별표 24) → 한정 33회 36회
① 농림어업용 건축물
 (기존 관리용 면적포함 33㎡ 이하)
② 공익, 공공시설, 마을공동시설 등
 보건소, 경찰파출소, 읍면동사무소
 (주택의 증축 기존면적포함 100㎡ 이하)
 (새로운 대지조성 허용하지 않는다)
③ 입목의 벌채 조림 육림 등

(2) 허가를 거부할 수 없는 경우
① 경미한 변경 (별표 25)
② 건축신고로 건축허가 갈음사항

개발행위허가
↔ 경미
(허가 제외)

B

※ 도시혁신구역

〈싱가포르 마리나베이〉

※ 복합용도구역

〈용도〉 기능별 복합비율과 배치 등 계획

〈밀도〉 주변 지역과 조화되도록 밀도를 결정
기존 일반공업지역 용적률(350%) 이내

(기존) 일반공업지역 ▶ (복합) 공업+주거+상업

※ 도시군계획시설 입체복합구역

〈노후청사 복합개발〉

〈역세권 복합개발〉

※ 도시혁신구역

(1) 도시혁신구역의 지정 등(법 제40조의3)

1) **도시혁신구역의 지정대상** – **공간재구조화계획 결정권자**는 다음 각 호의 어느 하나에 해당하는 지역을 도시혁신구역으로 지정할 수 있다.
   ① 도시·군기본계획에 따른 도심·부도심 또는 생활권의 중심지역
   ② 주요 기반시설과 연계하여 지역의 거점 역할을 수행할 수 있는 지역
   ③ 유휴토지 또는 대규모 시설의 이전부지 등

2) **도시혁신계획의 내용** – 도시혁신계획에는 도시혁신구역의 지정 목적을 이루기 위하여 다음 각 호에 관한 사항이 포함되어야 한다.
   ① 용도지역·용도지구, 도시·군계획시설 및 지구단위계획의 결정에 관한 사항
   ② 주요 기반시설의 확보에 관한 사항
   ③ 건축물의 건폐율·용적률·높이에 관한 사항
   ④ 건축물의 용도·종류 및 규모 등에 관한 사항
   ⑤ 제83조의3에 따른 다른 법률 규정 적용의 완화 또는 배제에 관한 사항
   ⑥ **도시혁신구역 내 개발사업 및 개발사업의 시행자 등에 관한 사항**

3) **다른 법률의 의제효 배제**
   다른 법률에서 제35조의6에 따른 공간재구조화계획의 결정을 의제하고 있는 경우에도 이 법에 따르지 아니하고 도시혁신구역의 지정과 도시혁신계획을 결정할 수 없다.

4) **지구단위계획구역 및 지구단위계획의 실효 등 규정 준용**
   도시혁신구역 및 도시혁신계획에 관한 도시·군관리계획 결정의 실효, 도시혁신구역에서의 건축 등에 관하여 다른 특별한 규정이 없으면 제53조(지구단위계획구역의 지정 및 지구단위계획에 관한 도시·군관리계획결정의 실효 등) 및 제54조(지구단위계획구역에서의 건축 등) 를 준용한다. [복합용도구역 준용]

(2) **도시혁신구역에서의 행위 제한**(법 제80조의4)
   용도지역 및 용도지구에 따른 제한에도 불구하고 도시혁신구역에서의 토지의 이용, 건축물이나 그 밖의 시설의 용도·건폐율·용적률·높이 등에 관한 제한 및 그 밖에 대통령령으로 정하는 사항에 관하여는 도시혁신계획으로 따로 정한다.

(3) 도시혁신구역에서의 다른 법률의 적용 특례(법 제83조의3)
   1) 도시혁신계획으로 따로 정할 수 있는 경우 36회
      도시혁신구역에 대하여는 다음 각 호의 법률 규정에도 불구하고 도시혁신계획으로 따로 정할 수 있다.
      ① 「주택법」에 따른 주택의 배치, 부대시설·복리시설의 설치기준 및 대지조성기준
      ② 「주차장법」에 따른 부설주차장의 설치
      ③ 「문화예술진흥법」에 따른 건축물에 대한 미술작품의 설치
      ④ 「건축법」에 따른 공개 공지 등의 확보
      ⑤ 「도시공원 및 녹지 등에 관한 법률」에 따른 도시공원 또는 녹지 확보기준
      ⑥ 「학교용지 확보 등에 관한 특례법」에 따른 학교용지의 조성·개발 기준

   2) 특별건축구역 간주 등 35회
      도시혁신구역으로 지정된 지역은 「건축법」 제69조에 따른 특별건축구역으로 지정된 것으로 본다. [복합용도구역 준용]

   3) 도시개발법의 도시개발구역 등 간주
      도시혁신구역의 지정·변경 및 도시혁신계획 결정의 고시는 「도시개발법」에 따른 개발계획의 내용에 부합하는 경우 같은 도시개발구역의 지정 및 개발계획 수립의 고시로 본다. 이 경우 도시혁신계획에서 정한 시행자는 사업시행자 지정요건 및 도시개발구역 지정 제안 요건 등을 갖춘 경우에 한정하여 같은 법에 따른 도시개발사업의 시행자로 지정된 것으로 본다.

   4) 공동심의 거쳐 완화할 수 있는 경우
      도시혁신계획에 대한 도시계획위원회 심의 시 다음의 위원회와 공동으로 심의를 개최하고, 그 결과에 따라 다음 각 호의 법률 규정을 완화하여 적용할 수 있다.
      ① 「교육환경 보호에 관한 법률」에 따른 교육환경보호구역에서의 행위제한
      ② 「문화유산의 보존 및 활용에 관한 법률」에 따른 역사문화환경 보존지역에서의 행위제한
      ③ 「자연유산의 보존 및 활용에 관한 법률」에 따른 역사문화환경 보존지역에서의 행위제한

※ 복합용도구역

(1) 지정 등(법 제40조의4)
   1) 복합용도구역의 지정 대상
      공간재구조화계획 결정권자는 다음 각 호의 어느 하나에 해당하는 지역을 복합용도구역으로 지정할 수 있다.
      ① 산업구조 또는 경제활동의 변화로 복합적 토지이용이 필요한 지역
      ② 노후 건축물 등이 밀집하여 단계적 정비가 필요한 지역
      ③ 복합용도구역으로 지정하려는 지역이 둘 이상의 용도지역에 걸치는 경우로서 토지를 효율적으로 이용하기 위해 건축물의 용도 종류 및 규모 등을 통합적으로 관리할 필요가 있는 지역 등

   2) 복합용도계획의 내용
      복합용도계획에는 복합용도구역의 지정 목적을 이루기 위하여 다음 각 호에 관한 사항이 포함되어야 한다.
      ① 용도지역·용도지구, 도시·군계획시설 및 지구단위계획의 결정에 관한 사항
      ② 주요 기반시설의 확보에 관한 사항
      ③ 건축물의 용도별 복합적인 배치비율 및 규모 등에 관한 사항
      ④ 건축물의 건폐율·용적률·높이에 관한 사항
      ⑤ 제83조의4에 따른 특별건축구역계획에 관한 사항
      ⑥ 그 밖에 복합용도구역의 체계적 개발과 관리에 필요한 사항

(2) 복합용도구역에서의 행위 제한(법 제80조의5)
   1) 복합용도계획으로 따로 정한다.
      용도지역 및 용도지구에 따른 제한에도 불구하고 복합용도구역에서의 건축물이나 그 밖의 시설의 용도·종류 및 규모 등의 제한에 관한 사항은 도시지역에서 허용되는 범위에서 복합용도계획으로 따로 정한다.

   2) 건폐율과 용적률
      복합용도구역에서의 건폐율과 용적률은 용도지역별 건폐율과 용적률의 최대한도의 범위에서 복합용도계획으로 정한다.

※ 도시·군 계획시설 입체복합 구역

(1) 입체복합구역의 지정대상

도시·군 관리계획의 결정권자는 도시·군계획시설의 입체복합적 활용을 위하여 다음 각 호의 어느 하나에 해당하는 경우에 도시·군계획시설이 결정된 토지의 전부 또는 일부를 도시·군계획시설 입체복합구역으로 지정할 수 있다.
① 도시·군 계획시설 준공 후 10년이 경과한 경우로서 해당 시설의 개량 또는 정비가 필요한 경우
② 주변지역 정비 또는 지역경제 활성화를 위하여 기반시설의 복합적 이용이 필요한 경우
③ 첨단기술을 적용한 새로운 형태의 기반시설 구축 등이 필요한 경우
④ 효율적이고 복합적인 도시·군 계획시설의 조성을 위해 필요한 경우로서 해당 시도 또는 대도시의 도시·군 계획 조례로 정하는 경우

(2) 건축제한

이 법 또는 다른 법률의 규정에도 불구하고 입체복합구역에서의 도시·군계획시설과 도시·군계획시설이 아닌 시설에 대한 건축물이나 그 밖의 시설의 용도·종류 및 규모 등의 제한, 건폐율, 용적률, 높이 등은 대통령령으로 정하는 범위에서 따로 정할 수 있다. 다만, 다른 법률에 따라 정하여진 건축제한, 건폐율, 용적률, 높이 등을 완화하는 경우에는 미리 관계 기관의 장과 협의하여야 한다.
① 도시지역 - 도시지역에서 허용되는 범위
② 관리지역, 농림지역, 자연환경보전지역 - 계획관리지역에서 허용되는 범위

(3) 건폐율과 용적률 완화

(2)에 따라 정하는 건폐율과 용적률은 제77조 및 제78조에 따라 대통령령으로 정하고 있는 해당 용도지역별 최대한도의 200퍼센트 이하로 한다.
① 건폐율: 최대한도의 150% 내
② 용적률: 최대한도의 200% 내
③ 높이: 건축법 제60조 -150% 내
　　　　제61조 제2항(공동주택) -200% 내

※ 토지가치상승분 (공공시설 비용)

(1) 토지가치 상승분에 따른 공공시설의 부지 제공하거나 설치

다음 각 호의 어느 하나에 해당하는 구역 안에서 개발사업이나 개발행위를 하려는 자(도시·군관리계획을 입안하거나 공간재구조화계획을 입안하는 경우 입안 제안자를 포함한다)는 건축물이나 그 밖의 시설의 용도, 건폐율, 용적률 등의 건축제한 완화 또는 행위제한 완화로 인한 토지가치 상승분의 범위에서 해당 구역에 따른 계획으로 정하는 바에 따라 해당 구역 안에 공공시설의 부지를 제공하거나 공공시설등을 설치하여 제공하도록 하여야 한다.
① 제40조의3에 따른 도시혁신구역
② 제40조의4에 따른 복합용도구역
③ 제40조의5에 따른 입체복합구역

(2) 의제 적용 및 비용부담의 배제

위 (1) 각 호의 구역이 의제되는 경우에도 적용한다. 다만, 다음 각 호의 부담금이 부과(해당 법률에 따라 부담금을 면제하는 경우를 포함한다)되는 경우에는 그러하지 아니하다.
① 「개발이익 환수에 관한 법률」에 따른 개발부담금
② 「재건축초과이익 환수에 관한 법률」에 따른 재건축부담금

> **tip** 법 82조(기존 건축물에 대한 특례)
> 법령 조례 등 제정,개정, 건축제한 건폐율, 용적률 부적합하게 된 경우에도 증축, 개축, 재축, 용도 변경할 수있다.

참고 둘 이상의 용도지역 용도지구 용도구역에 걸치는 대지에 대한 적용기준 (국토계획법 제84조)

구분		원칙		특례	연면적 산출 사례
		건폐율 용적률	그 밖의 건축 제한 등	고도지구	하나의 대지
하나의 대지가 둘 이상의 용도지역 등에 걸치는 경우로서 각 용도지역 등에 걸치는 부분 중 가장 작은 부분의 규모가 330m²(도로변 띠 모양 상업지역은 660m²) 이하인 경우	녹지지역에 해당되지 않는 경우	용도지역 등별 건폐율 및 용적률을 가중 평균한 값을 적용한다.	그 대지 중 가장 넓은 면적이 속하는 용도지역 등에 관한 규정을 적용한다.	건축물이 고도지구에 걸치면 그 건축물 및 대지 전부에 대하여 고도지구의 건축물 및 대지에 관한 규정을 적용한다. [건축법×]	계획관리 800m² 용적률 100% / 준주거 200m² 500%
			건축법 : 과반이 속하는 지역의 제한 적용		
건축법 둘 이상 용도지역 등에 걸친 경우	녹지지역에 해당되는 경우	하나의 대지가 녹지지역과 그 밖의 용도지역, 지구, 구역에 걸쳐 있는 경우 각각의 용도지역, 지구, 구역의 건축물 및 토지에 관한 규정을 적용 [건축법○] 단, 규모가 작은 부분이 녹지지역으로서 해당 녹지지역이 좌측 규모 이하인 경우는 제외한다. [건축법×]		방화지구	* 평균용적률 $= \dfrac{(800 \times 100) + (200 \times 500)}{1000}$ $= \dfrac{80{,}000 + 100{,}000}{1000}$ $= 180{,}000 / 1000$ $= 180\%$ * 연면적 180 = 연면적 / 1000 연면적 = 1800m²
				건축물이 방화지구에 걸치면 그 전부에 대하여 방화지구의 건축물에 관한 규정을 적용한다. 단, 경계가 방화벽으로 구획된 경우 그 밖의 부분은 제외한다. [건축법○]	
그 규모 초과인 경우 (해석상)		각각의 용도지역 등별 행위 제한을 따른다.			

[필수지문 정리 빵구노트]

01 「용도지역」은 도시지역, 관리지역, (　　), 자연환경보전지역으로 구분하고, 「도시지역」은 주거지역, 상업지역, 공업지역, (　　)으로 세분할 수 있으며, 「관리지역」은 (　　), 생산관리지역, 보전관리지역으로 세분할 수 있다.

02 공동주택 중심의 양호한 주거환경을 보호하기 위하여 필요한 지역은 (　　)이며, 중고층 주택을 중심으로 편리한 주거환경을 조성하기 위한 지역은 (　　)이다.

03 단독주택 중심의 양호한 주거환경을 보호하기 위하여 필요한 지역은 (　　)이고, 중층주택을 중심으로 편리한 주거환경을 조성하기 위하여 필요한 지역은 (　　)이다.

04 도시의 녹지공간의 확보, 도시확산 방지, 장래 도시용지의 공급 등을 위하여 보전할 필요가 있는 지역으로서 불가피한 경우에 한하여 제한적인 개발이 허용되는 지역은 (　　)이다.

05 산업입지 및 개발에 관한 법률에 따른 국가산업단지, 일반산업단지, 도시첨단산업단지로 지정 고시된 지역은 이 법에 의한 (　　)으로, 관리지역에서 농지법에 따른 농업진흥지역으로 지정 고시된 지역은 (　　)으로 도시 군 관리계획이 결정 고시된 것으로 본다.

06 준주거지역, 전용공업지역, 일반공업지역, 준공업지역, 근린상업지역의 건폐율 최대한도는 (　) 이하, 3종 일반주거지역의 건폐율 최대한도는 (　) 이하, 계획관리지역의 건폐율 최대한도는 (　) 이하이다.

07 제1종 전용주거지역, 자연녹지지역, 생산녹지지역, 계획관리지역의 용적률 최대한도는 (　) 이하이며, 제3종 일반주거지역, 전용공업지역의 용적률 최대한도는 (　) 이하이다.

08 제1종 전용주거지역, 제2종 전용주거지역, 제3종 일반주거지역의 건폐율 최대한도는 (　) 이하이며, 계획관리지역의 건폐율 최대한도는 (　) 이하이다.

09 준주거지역의 용적률의 범위는 (　) 이상 (　) 이하, 전용공업지역의 용적률 범위는 (　) 이상 (　) 이하의 범위에서 특별시 등 조례로 정한다.

10 도시지역이 세부 용도지역으로 지정되지 아니한 경우 건축제한 등의 규정을 적용함에 있어서는 (　　)의 규정을 적용하며, 그 건폐율 최대한도는 (　) 이하, 용적률의 범위는 (　) 이상 (　) 이하이다.

11 「용도지구」는 용도지역의 제한을 강화하거나 완화하여 적용하는 지역으로서 (　　), 특정용도제한지구, (　　), 보호지구, (　　), 경관지구, (　　), 방화지구, (　　)가 있다.

12 (　　)는 녹지지역, 관리지역, 농림지역, 자연환경보전지역의 취락을 정비하기 위하여 지정하며, (　　)는 개발제한구역의 취락을 정비하기 위하여 지정한다. 또한, (　　)는 특정시설의 입지를 완화할 필요가 있는 일반주거지역, 일반공업지역, 계획관리지역에 지정할 수 있다.

13 취락지구는 (　　), 자연취락지구, 집단취락지구로 세분할 수 있으며, (　　)는 녹지지역, 관리지역, 농림지역, 자연환경보전지역 안의 취락을 농촌의 주거환경 보호와 주거기능 강화를 목적으로 정비하기 위한 지구이다.

14 지역 내 주요 수계의 수변 또는 문화적 보존가치가 큰 건축물 주변의 경관 등 특별한 경관을 보호 또는 유지하거나 형성하기 위하여 필요한 지구는 (　　)이다.

15 시·도지사는 직접 또는 요청을 받아 도시지역 및 주변지역의 무질서한 시가화를 방지하고 계획적 단계적인 개발을 도모하기 위하여 (   )의 기간 동안 (   )을 도시·군 관리계획으로 결정할 수 있으며, 시가화 유보기간이 끝난 날의 (   )부터 효력을 잃는다.

16 시·도지사 또는 대도시 시장은 도시의 자연환경 및 경관을 보호하고 도시민에게 건전한 여가 휴식 공간을 제공하기 위하여 도시지역 안의 식생이 양호한 산지의 개발을 제한할 필요가 있다고 인정하면 (   )의 지정 또는 변경을 도시·군 관리계획으로 결정할 수 있다.

17 공간재구조화계획의 결정권자는 도시·군 기본계획에 따른 도심·부도심 또는 생활권의 중심지역에 해당하는 지역, 주요 기반시설과 연계하여 지역의 거점 역할을 수행할 수 있는 지역을 (   )으로 지정할 수 있다.

18 공간재구조화계획의 결정권자는 산업구조 또는 경제활동의 변화로 복합적 토지이용이 필요한 지역, 노후 건축물 등이 밀집하여 단계적 정비가 필요한 지역을 (   )으로 지정할 수 있다.

19 도시·군 관리계획 결정권자는 도시 군 계획시설 준공 후 10년이 경과한 경우로서 해당 시설의 개량 또는 정비가 필요한 경우 등에 도시·군 계획시설이 결정된 토지의 전부 또는 일부를 (   )으로 지정할 수 있다.

20 (   )에 대하여는 「주택법」 제35조에 따른 주택의 배치, 부대시설·복리시설의 설치기준 및 대지조성기준을 (   )으로 따로 정할 수 있다.

21 도시혁신구역 또는 복합용도구역으로 지정된 지역은 「건축법」 제69조에 따른 (   )으로 지정된 것으로 본다.

정답 및 해설

01	농림지역, 녹지지역, 계획관리지역
02	제2종 전용주거지역, 제3종 일반주거지역
03	제1종 전용주거지역, 제2종 일반주거지역
04	자연녹지지역
05	도시지역, 농림지역
06	70%, 50%, 40%
07	100%, 300%
08	50%, 40%
09	200% 이상 500% 이하, 150% 이상 300% 이하
10	보전녹지지역, 20%, 50% 이상 80% 이하
11	취락지구, 개발진흥지구, 고도지구, 복합용도지구, 방재지구
12	자연취락지구, 집단취락지구, 복합용도지구
13	보호취락지구, 보호취락지구
14	특화경관지구
15	5년 이상 20년 이내, 시가화조정구역, 다음날
16	도시자연공원구역
17	도시혁신구역
18	복합용도구역
19	도시·군 계획시설 입체복합구역
20	도시혁신구역, 도시혁신계획
21	특별건축구역

[기출지문 정리]

01 [24회] 저층주택 중심의 편리한 주거환경을 조성하기 위하여 필요한 지역은 제2종 전용주거지역으로 지정이며, 아파트를 건축할 수 있다. (O / ×)

02 [24회] 환경을 저해하지 아니하는 공업의 배치를 위하여 필요한 지역은 준공업지역이다. (O / ×)

03 [22회] 산업입지 및 개발에 관한 법률에 따라 농공단지로 지정·고시된 지역, 어촌어항법에 따른 어항구역으로 농림지역에 연접한 공유수면으로 지정·고시된 지역은 도시지역으로 결정·고시된 것으로 본다. (O / ×)

04 [20회] 공유수면 매립목적이 그 매립구역과 이웃하고 있는 용도지역의 내용과 같은 경우 그 매립준공구역은 이웃 용도지역으로 도시·군 관리계획으로 입안하여 결정하여야 한다. (O / ×)

05 [19회] 관리지역에서 농지법에 따른 농업진흥지역으로 지정·고시된 지역은 농림지역으로 결정·고시된 것으로 본다. (O / ×)

06 [18회] 국토의 환경보전을 위하여 필요한 경우 보전관리지역은 자연환경보전지역과 중복하여 지정할 수 있다. (O / ×)

07 [27회] 건폐율의 최대한도가 낮은 지역부터 높은 지역 순으로 나열하면 생산녹지지역 → 근린상업지역 → 유통상업지역이다. (O / ×)

08 [30회] 제1종 전용주거지역, 제3종 일반주거지역, 준주거지역, 일반공업지역, 준공업지역에서 용적률 최대한도가 가장 큰 용도지역은 준주거지역이다. (O / ×)

09 [30회] 국가, 지방자치단체는 자연취락지구에서 어린이놀이터·마을회관의 설치, 쓰레기처리장 하수처리시설의 개량, 하천정비 등 재해방지를 위한 시설의 설치, 주택의 개량에 관한 사업을 지원할 수 있다. (O / ×)

---

01 × 1종 일반주거지역으로 지정하며, 아파트는 건축할 수 없다.

02 × 일반공업지역이다.

03 × 농공단지는 도시지역으로 간주한다는 규정은 없으며, 어항구역으로 도시지역에 연접한 공유수면인 경우 도시지역으로 결정·고시된 것으로 본다.

04 × 그 매립준공구역은 매립의 준공인가일에 이웃 용도지역으로 지정된 것으로 본다.

05 O

06 × 보전관리지역과 자연환경보전지역은 중복하여 지정할 수 없다.

07 O 생산녹지지역(20%) → 근린상업지역(70%) → 유통상업지역(80%)이다.

08 O 1종 전용주거지역(100%), 3종 일반주거지역(300%), 준주거지역(500%), 일반공업지역(350%), 준공업지역(400%)

09 O

10	[22회] 국토의 계획 및 이용에 관한 법령상 개발제한구역 안에서만 지정할 수 있는 용도지구는 자연취락지구이다. (O / X)	10 X 집단취락지구에 관한 설명이다.
11	[30회] (ㄱ)란 토지의 이용 및 건축물의 용도 건폐율 용적률 높이 등에 대한 (ㄴ)의 제한을 강화하거나 완화하여 적용함으로써 (ㄴ)의 기능을 증진시키고 경관 안전 등을 도모하기 위하여 도시·군 관리계획으로 결정하는 지역을 말한다.	11 ㄱ 용도지구, ㄴ 용도지역
12	[30회] 보호지구는 역사문화환경보호지구, 중요시설물보호지구, 생태계보호지구로 세분되며, 방재지구는 자연방재지구, 시가지 방재지구, 특정개발방재지구로 세분된다. 또한 경관지구는 자연경관지구 주거경관지구 시가지 경관지구로 세분되고, 취락지구는 자연취락지구 농어촌 취락지구 집단취락지구로 세분할 수 있다. (O / X)	12 X 특정개발방재지구는 방재지구가 아니며, 주거경관지구가 아닌 특화경관지구이고, 농어촌 취락지구가 아니고 보호 취락지구이다.
13	[24회] 국방과 관련하여 보안상 도시의 개발을 제한할 필요가 있을 경우 도시·군 관리계획으로 시가화 조정구역을 지정할 수 있다. (O / X)	13 X 개발제한구역에 관한 설명이다.
14	[28회] 시·도지사는 법률에서 정하고 있는 용도지구 외에 새로운 용도지구를 신설할 수 없다. (O / X)	14 X 시·도지사는 법률에서 정하고 있는 용도지구 외에 새로운 용도지구를 신설할 수 있다.
15	[28회] 방재지구의 지정을 도시·군 관리계획으로 결정하는 경우 도시·군 관리계획의 내용에는 해당 방재지구의 재해저감대책을 포함하여야 한다. (O / X)	15 O

16	[31회] 공업기능 및 유통·물류기능을 중심으로 개발·정비할 필요가 있는 용도지구는 (　　　)이다.	16	산업유통개발진흥지구
17	[31회] 자연취락지구 안에서 동물전용의 장례식장, 단독주택, 도축장, 마을회관, 한의원은 건축할 수 있는 건축물이다. (O / ×)	17	× 동물전용장례식장은 자연취락지구에서 건축할 수 없다.
18	[33회] 대도시 시장은 유통상업지역에 복합용도지구를 지정할 수 있으며, 대도시 시장은 재해의 반복발생이 우려되는 지역에 대해서는 특정용도제한지구를 지정하여야 한다. (O / ×)	18	× 복합용도지구는 일반주거지역, 일반공업지역, 계획관리지역에 지정할 수 있으며, 특정용도제한지구는 주거 및 교육환경 보호나 청소년 보호 등의 목적으로 오염물질배출시설 청소년 유해시설 등 특정시설의 입지를 제한할 필요가 있는 지구이다.
19	[33회] 용도지역 안에서의 건축물의 용도·종류 및 규모의 제한에 대한 규정은 도시·군계획시설에 대해서도 적용된다. (O / ×)	19	× 적용하지 아니한다.
20	[33회] 공유수면의 매립목적이 그 매립구역과 이웃하고 있는 용도지역의 내용과 다른 경우, 그 매립준공구역은 이와 이웃하고 있는 용도지역으로 지정된 것으로 본다. (O / ×)	20	× 다른 경우이므로 그 매립구역이 속할 용도지역은 도시·군 관리계획 결정으로 지정하여야 한다.
21	[33회] 「택지개발촉진법」에 따른 택지개발지구로 지정·고시된 지역은 「국토의 계획 및 이용에 관한 법률」에 따른 도시지역으로 결정·고시된 것으로 본다. (O / ×)	21	O
22	[33회] 시가화조정구역 안에서 농업·임업 또는 어업을 영위하는 자가 관리용 건축물로서 기존 관리용 건축물의 면적을 제외하고 33㎡를 초과하는 것을 건축하는 행위는 특별시장 등에게 허가를 받아 할 수 있다. (O / ×)	22	× 기존 관리용 건축물의 면적을 포함하고 33㎡ 이하인 것이다.
23	[34회] ○ 집단취락지구: (ㄱ) 안의 취락을 정비하기 위하여 필요한 지구 ○ 복합개발진흥지구: 주거기능, (ㄴ)기능, 유통·물류기능 및 관광·휴양기능 중 2 이상의 기능을 중심으로 개발·정비할 필요가 있는 지구	23	ㄱ 개발제한구역, ㄴ 공업

24 [35회]	지방자치단체의 장이 농림지역에서 수도법에 따른 상수원 보호구역을 1㎢ 이상 지정하는 경우에는 국토교통부장관의 승인을 받아야 한다. (○ / ×)	**24** × 국토교통부장관의 승인 사유가 아니다.
25 [35회]	주민은 상업지역에 산업·유통 개발진흥지구를 지정하여 줄 것을 내용으로 하는 도시·군 관리계획의 입안을 제안할 수 있다. (○ / ×)	**25** × 계획관리지역, 생산관리지역, 자연녹지지역일 때 제안할 수 있다.
26 [35회]	개발진흥지구는 주거개발진흥지구, 중요시설물보호지구, 복합개발진흥지구, 특정개발진흥지구, 관광휴양개발진흥지구로 세분하여 지정할 수 있다. (○ / ×)	**26** × 중요시설물이 아닌 산업유통개발진흥지구이다.
27 [35회]	도시혁신구역과 복합용도구역, 시가화조정구역, 도시자연공원구역으로 지정되면 건축법에 따른 특별건축구역으로 지정된 것으로 본다.	**27** × 시가화조정구역과 도시자연공원구역은 그러하지 아니한다.

제36회 기출문제

01 국토의 계획 및 이용에 관한 법령상 용도지역 또는 용도지구와 그에 관한 설명이 바르게 연결된 것은?

① 일반상업지역: 도심·부도심의 상업기능 및 업무기능의 확충을 위하여 필요한 지역

② 제2종일반주거지역: 중고층주택을 중심으로 편리한 주거환경을 조성하기 위하여 필요한 지역

③ 보호취락지구: 야생동식물서식처 등 생태적으로 보존가치가 큰 지역의 보호와 보존을 위하여 필요한 지구

④ 특화경관지구: 산지·구릉지 등 자연경관을 보호하거나 유지하기 위하여 필요한 지구

⑤ 자연방재지구: 토지의 이용도가 낮은 해안변, 하천변, 급경사지 주변 등의 지역으로서 건축 제한 등을 통하여 재해 예방이 필요한 지구

02 국토의 계획 및 이용에 관한 법령상 용도지역 안에서의 건폐율의 범위로 틀린 것은? (단, 조례는 고려하지 않음)

① 자연녹지지역에 지정된 개발진흥지구: 30퍼센트 이하

② 수산자원보호구역: 40퍼센트 이하

③ 「자연공원법」에 따른 자연공원: 60퍼센트 이하

④ 계획관리지역에 지정된 산업·유통개발진흥지구: 40퍼센트 이하

⑤ 공업지역에 있는 「산업입지 및 개발에 관한 법률」에 따른 준산업단지: 80퍼센트 이하

정답 및 해설

01 ① 중심상업지역 ② 제3종 일반주거지역 ③ 생태계 보호지구 ④ 자연경관지구 ⑤ 정답

02 ④ 60% 이하이다.

03 국토의 계획 및 이용에 관한 법령상 용도지역별 용적률의 최대한도가 큰 순서대로 나열한 것은?(단, 조례, 기타 강화·완화조건은 고려하지 않음)

> ㄱ. 준주거지역   ㄴ. 일반공업지역   ㄷ. 준공업지역   ㄹ. 생산녹지지역

① ㄱ-ㄴ-ㄷ-ㄹ   ② ㄱ-ㄷ-ㄴ-ㄹ   ③ ㄴ-ㄷ-ㄱ-ㄹ
④ ㄷ-ㄱ-ㄹ-ㄴ   ⑤ ㄷ-ㄹ-ㄱ-ㄴ

04 국토의 계획 및 이용에 관한 법령상 도시혁신구역에서 다른 법률 규정에도 불구하고 도시혁신계획으로 따로 정할 수 있는 사항이 아닌 것은?

① 「도시공원 및 녹지 등에 관한 법률」에 따른 도시공원 또는 녹지 확보기준
② 「문화예술진흥법」에 따른 건축물에 대한 미술작품의 설치
③ 「주차장법」에 따른 부설주차장의 설치
④ 「학교용지 확보 등에 관한 특례법」에 따른 학교용지의 조성·개발 기준
⑤ 「체육시설의 설치·이용에 관한 법률」에 따른 사업계획의 승인

05 국토의 계획 및 이용에 관한 법령상 시가화조정구역에서 관할 행정청의 허가를 받아 할 수 있는 행위는? (단, 도시·군계획사업이 아니며, 주어진 조건 외의 것은 고려하지 않음)

① 농업을 영위하는 자가 행하는 건축으로서 100㎡인 관리용 건축물의 건축
② 증축 면적이 150㎡인 주택의 증축
③ 새로운 대지조성을 수반하는 종교시설의 증축
④ 공장·주택 등 시가화조정구역 안에서의 신축이 금지된 시설의 용도를 동물병원으로 변경하는 행위
⑤ 시가화조정구역 지정 당시 이미 관계법령의 규정에 의하여 설치된 공장의 부대시설의 설치로서 새로운 대지조성을 수반하는 건축

정답 및 해설

03 ② ㄱ 500% - ㄷ 400% - ㄴ 350% - ㄹ 100%

04 ⑤ 규정 없다.

05 영 제88조 별표 23
① 33㎡ 이하
② 100㎡ 이하
③ 새로운 대지조성을 수반하지 아니하는 경우이다.
④ 정답
⑤ 새로운 대지조성을 수반하지 아니하는 경우이다.

Memo

Memo

제2절 지구단위계획 – [관할구역의 일부에 수립하고 / 수립기준은 국장이 정하며 / 지정목적, 중심기능, 해당 용도지역의 특성 등을 고려하여 수립한다.]

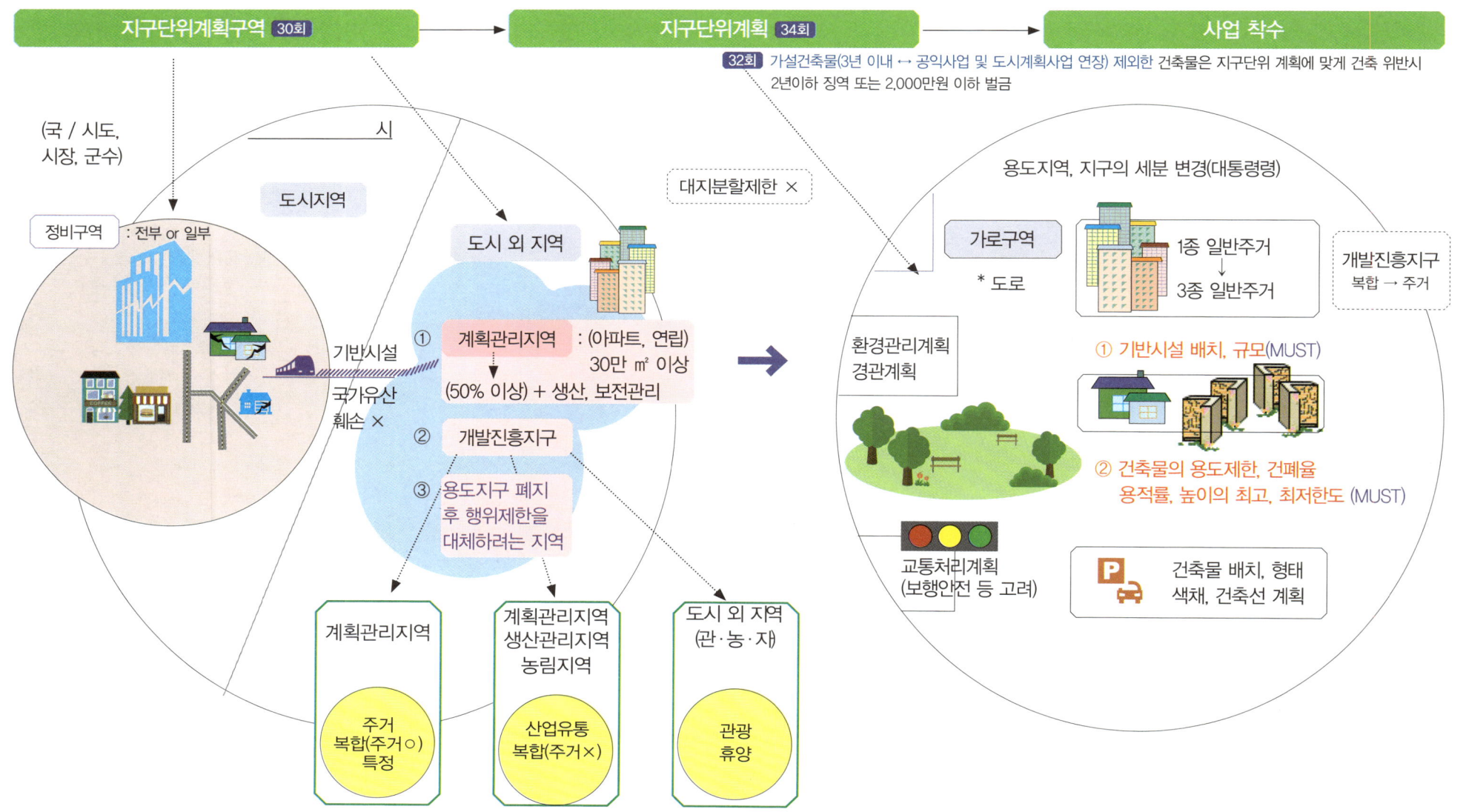

지구단위계획구역

(1) can – 국장, 시도, 시군은 다음의 전부 또는 일부에 지정할 수 있다.
① 용도지구, 도시개발구역, 정비구역, 택지개발지구, 대지조성사업지구, 산업단지와 준산업단지, 관광특구(관광단지) 32회
② 개발제한구역, 도시자연공원구역, 시가화조정구역 또는 공원에서 해제되는 구역/ 녹지지역에서 주거 상업 공업지역으로 변경되는 구역/ 새로 도시지역에 편입되는 구역 중 계획적인 개발 관리가 필요한 지역
③ 역세권 복합용도 개발형 34회 – 일반주거, 준주거, 준공업, 상업지역의 주요역세권, 세 개이상 노선이 교차하는 대중교통결절지로부터 1km 이내에 위치한 지역
④ 시범도시, 개발행위허가 제한지역 등(도시지역의 체계적 관리 등이 필요한 지역)

(2) must (지정하여야 한다.) 34회
① 정비구역 및 택지개발지구에서 시행되는 사업이 끝난 후 10년이 지난 지역
② 체계적 계획적인 개발 관리가 필요한 지역으로서 다음의 30만㎡ 이상인 지역
 ㉠ 시가화 조정구역 또는 공원에서 해제되는 지역 (단, 녹지지역으로 존치되거나 개발계획이 수립되지 아니하는 경우 제외)
 ㉡ 녹지지역에서 주거·상업·공업지역으로 변경되는 지역

(3) 도시지역 외의 지역에 지정하려는 경우 34회
① 계획관리지역의 면적이 50% 이상 + 아파트 연립 건설계획이 포함되는 경우에는 30만㎡ 이상 + 기반시설 공급할 수 있을 것 + 자연환경 등과 국가유산의 훼손 우려 없을 것
② 개발진흥지구가 좌측의 용도지역에 위치할 것
③ 용도지구를 폐지하고 그 용도지구의 행위제한 등을 지구단위계획으로 대체하려는 지역

지구단위계획

* 완화 최대한도 → 적용 건폐율의 150%, 적용 용적률의 200% 이내

(1) 내용
1) 포함하여야 한다.
→ 단, 계획관리지역–산업유통개발진흥지구– 지구단위계획구역 120% 내
① 기반시설의 배치 규모
② 건축물의 용도제한, 건축물의 건폐율 또는 용적률, 건축물 높이의 최고한도 또는 최저한도

2) 포함할 수 있다.
① 용도지역이나 용도지구를 세분하거나 변경하는 사항
② 도로로 둘러싸인 일단의 지역 등 조성계획
③ 건축물의 배치 형태 색채 또는 건축선에 관한 계획
④ 환경관리계획 또는 경관계획
⑤ 보행안전 등을 고려한 교통처리계획 등

(2) 구체적 완화
1) 도시지역
① 공공시설 등을 설치하여 제공 – 건폐율, 용적률, 높이제한 완화

$$\text{해당 용도지역에 적용되는 건폐율} \times \left(1 + \frac{\text{공공시설 등의 부지 제공면적}}{\text{원래의 대지면적}}\right)$$

$$\text{해당 용도지역에 적용되는 용적률} + \frac{1.5 \times (\text{공공시설 등의 부지 제공면적} \times \text{적용 용적률})}{\text{공공시설 제공 후 대지면적}}$$

② 주차장 설치기준 100%까지 완화
: 한옥마을 보존, 차 없는 거리 조성, 차량진입 금지구간
③ 용적률, 높이제한을 120% 이내 완화 → 도시지역의 개발진흥지구
④ 역세권복합용도개발형 (준주거지역)
 ㉠ 대지 일부를 공공시설부지로 제공 → 용적률 140% 이내 완화
 ㉡ 건축법령상 공동주택 → 높이제한 200% 이내 완화
 ㉢ 도심 공공주택 복합사업(주거, 상업, 고밀지구 한정), 소규모 재개발 사업 → 용적률 140% 이내 완화

2) 도시지역 외의 지역
: 개발진흥지구(계획관리지역 제외)에 지정된 지구단위계획구역에서는 아파트 연립주택 허용되지 않는다.

[필수지문 정리 빵구노트]

01 국토교통부장관, 시·도지사, (　　　)는 대지조성사업지구, 산업단지와 준산업단지, 관광특구 및 관광단지등 어느 하나에 해당하는 지역의 (　　) 또는 (　　)에 대하여 지구단위계획구역을 지정할 수 있다.

02 국토교통부장관, 시도지사 시장 또는 군수는 (　　　), (　　　)에서 시행되는 사업이 끝난 후 (　　)이 지난 지역에 지구단위계획구역으로 지정하여야 한다.

03 도시지역 외의 지역을 지구단위계획구역으로 지정하려는 경우 100분의 50 이상이 (　　　)으로서 아파트 연립주택 건설계획이 포함되는 때에는 면적 (　　)㎡ 이상 등의 요건에 해당하는 지역이어야 한다.

04 한옥마을을 보존하고자 하는 경우, 차없는 거리의 조성하고자 하는 경우, 차량진입금지구간의 경우에는 지구단위계획으로 주차장법에 의한 주차장 설치기준을 (　　)까지 완화하여 적용할 수 있다.

05 지구단위계획으로 완화하여 적용되는 건폐율 및 용적률은 당해 용도지역 또는 용도지구에 적용되는 건폐율의 (　　) 및 용적률의 (　　)를 각각 초과할 수 없다.

06 지구단위계획구역 및 지구단위계획은 (　　　)으로 결정하며, 국토교통부장관, 시도지사, (　　　)는 정비구역 등의 전부 또는 일부에 지구단위계획구역을 지정할 수 있다. 또한 지구단위계획에는 (　　　)의 배치 규모, 건축물의 (　　), 건폐율 및 용적률, 높이의 최고 또는 최저한도에 관한 사항이 포함되어야 한다.

07 지구단위계획구역의 지정에 관한 도시·군 관리계획 결정의 고시일부터 (　　) 이내에 그 지구단위계획구역에 관한 지구단위계획이 결정·고시되지 아니하면 그 (　　)이 되는 날의 다음날에 그 지구단위계획구역의 지정에 관한 도시·군 관리계획 결정은 효력을 잃는다.

08 지구단위계획(주민이 입안을 제안한 것에 한정)에 관한 도시·군 관리계획 결정의 고시일부터 (　　) 이내에 사업이나 공사에 착수하지 아니하면 그 (　　)이 되는 날 다음날에 지구단위계획은 효력을 잃는다.

09 지구단위계획구역 및 지구단위계획은 (　　　)으로 결정한다. 또한 지구단위계획의 수립기준은 (　　　)이 정한다.

10 계획관리지역에 지정된 (　　)개발진흥지구, 복합개발진흥지구(주거기능 포함) 및 특정개발진흥지구에 지구단위계획구역을 지정할 수 있으며, 계획관리지역 및 생산관리지역 농림지역에 지정된 (　　)개발진흥지구 및 복합개발진흥지구(주거기능 불포함)에 지구단위계획구역을 지정할 수 있다. 또한, 도시 지역 외의 지역에 지정된 (　　)개발진흥지구에 지구단위계획구역을 지정할 수 있다.

11 도시지역에 개발진흥지구를 지정하고 당해 지구를 지구단위계획구역으로 지정한 경우에는 지구단위계획으로 「건축법」 제60조에 따라 제한된 건축물 높이의 (　　) 이내에서 높이제한을 완화하여 적용할 수 있다.

12 역세권 복합용도 개발형의 목적으로 지정된 지구단위계획구역 내 (   )에서 「공공주택 특별법」에 따른 도심 공공주택 복합사업 또는 「빈집 및 소규모주택 정비에 관한 특례법」에 따른 소규모재개발사업을 시행하는 경우에는 지구단위계획으로 용적률의 (   ) 이내의 범위에서 용적률을 완화하여 적용할 수 있다.

13 지구단위계획구역(도시지역 외에 지정하는 경우로 한정한다.)에서는 지구단위계획으로 해당 용도지역 또는 개발진흥지구에 적용되는 건폐율의 (   ) 및 용적률의 (   ) 이내에서 건폐율 및 용적률을 완화하여 적용할 수 있다. 다만, 계획관리지역에 지정된 산업·유통개발진흥지구의 전부 또는 일부에 대해 지구단위계획구역이 지정된 경우에는 같은 규정에 따른 건폐율의 (   ) 이내의 범위에서 건폐율을 완화하여 적용할 수 있다.

14 주민이 입안을 제안한 지구단위계획에 관한 도시·군 관리계획 결정이 효력을 잃은 경우 해당 지구단위계획구역 지정 당시의 도시·군 관리계획도 효력을 잃은 것으로 본다. (O / ×)

정답 및 해설

01	시장·군수, 전부, 일부
02	정비구역, 택지개발지구, 10년
03	계획관리지역, 30만㎡
04	100%
05	150%, 200%
06	도시·군 관리계획, 시장·군수, 기반시설, 용도제한
07	3년, 3년
08	5년, 5년
09	도시·군 관리계획, 국토교통부장관
10	주거, 산업·유통, 관광·휴양
11	120%
12	준주거지역, 140%
13	150%, 200%, 120%
14	× 지구단위계획이 효력을 잃은 경우에도 지구단위계획구역이 효력을 잃는 것은 아니다.

[기출지문 정리]

01 [30회] 도시·군 계획 수립대상지역의 일부에 대하여 토지이용을 합리화하고 그 기능을 증진시키며 미관을 개선하고 양호한 환경을 확보하며, 그 지역을 체계적·계획적으로 관리하기 위하여 수립하는 도시·군 관리계획은 (   )이다.

02 [27회] 택지개발지구에서 시행되는 사업이 끝난 후 10년이 지난 지역으로서 관계 법률에 따른 이용과 건축에 관한 계획이 수립되어 있지 않은 지역은 지구단위계획구역으로 지정하여야 한다. (O / X)

03 [17회] 개발제한구역에서 해제되는 구역 중 계획적인 개발 또는 관리가 필요한 지역의 전부 또는 일부에 대하여 지구단위계획구역을 지정할 수 있다. (O / X)

04 [25회] 주민은 도시·군 관리계획의 입안권자에게 지구단위계획의 변경에 관한 도시·군 관리계획의 입안을 제안할 수 있으며, 지구단위계획의 수립기준은 국토교통부장관이 정한다. (O / X)

05 [24회] 주택법에 따라 대지조성사업지구로 지정된 지역의 전부에 대하여 지구단위계획구역을 지정할 수 없다. (O / X)

06 [24회] 도시지역 내에 지정하는 지구단위계획구역에 대해서는 해당 지역에 적용되는 건폐율의 200% 이내에서 건폐율을 완화하여 적용할 수 있다. (O / X)

07 [27회] 두 개의 노선이 교차하는 대중교통 결절지로부터 1km 이내에 위치한 지역은 지구단위계획구역으로 지정하여야 한다. (O / X)

08 [27회] 기반시설의 배치 규모, 건축물의 용도제한, 건폐율 및 용적률, 건축물 높이의 최고한도 또는 최저한도, 건축선에 관한 계획은 지구단위계획에 반드시 포함되어야 한다. (O / X)

09 [28회] 지구단위계획으로 차량진입금지구간을 지정한 경우 주차장법에 따른 주차장 설치기준을 최대 80%까지 완화하여 적용할 수 있다. (O / X)

---

01 지구단위계획

02 O

03 O

04 O

05 X 지구단위계획구역으로 지정할 수 있다.

06 X 해당 지역에 적용되는 건폐율의 150% 이내에서 건폐율을 완화하여 적용할 수 있다.

07 X 세 개 이상의 노선이 교차하는 대중교통결절지로부터 1km 이내에 위치한 지역은 지구단위계획구역으로 지정할 수 있다.

08 X 건축선에 관한 계획은 지구단위계획에 반드시 포함되어야 하는 내용은 아니다.

09 X 주차장 설치기준은 최대 100%까지 완화하여 적용할 수 있다.

10	24회	시장 또는 군수가 입안한 지구단위계획의 수립 변경에 관한 도시·군 관리계획은 해당 시장·군수가 직접 결정한다. (O / X)
11	24회	지구단위계획구역의 결정은 도시·군 관리계획으로 하여야 하나, 지구단위계획의 결정은 그러하지 아니하다. (O / X)
12	29회	도시지역 외의 지역에서 당해 용도지역에 적용되는 건축물 높이는 120% 이내에서 높이제한을 완화하여 적용할 수 있다. (O / X)
13	28회	관광특구의 전부에 지구단위계획구역을 지정할 수 있으며, 도시지역 외의 지역도 지구단위계획구역으로 지정될 수 있다. (O / X)
14	32회	지구단위 계획이 수립되어있는 지구단위 계획구역에서 공사기간 중 이용하는 공사용 가설건축물을 건축하려면 그 지구단위 계획에 맞게 하여야 한다. (O / X)
15	34회	「산업입지 및 개발에 관한 법률」에 따른 준산업단지에 대하여는 지구단위계획구역을 지정할 수 없다. (O / X)
16	34회	도시지역 내 복합적인 토지 이용을 증진시킬 필요가 있는 지역으로서 지구단위계획구역을 지정할 수 있는 지역에 일반공업지역은 해당하지 않는다. (O / X)
17	34회	농림지역에 위치한 산업·유통개발진흥지구는 지구단위계획구역으로 지정할 수 있는 대상지역에 포함되지 않는다. (O / X)
18	34회	지구단위계획(주민이 입안을 제안한 것에 한정한다)에 관한 도시·군 관리계획 결정의 고시일부터 ( )년 이내에 「국토의 계획 및 이용에 관한 법률」 또는 다른 법률에 따라 허가·인가·승인 등을 받아 사업이나 공사에 착수하지 아니하면 그 ( )년이 된 날의 다음 날에 그 지구단위계획에 관한 도시·군관리계획 결정은 효력을 잃는다.

10	O
11	X 지구단위계획의 결정도 도시·군 관리계획으로 한다.
12	X 도시지역의 개발진흥지구에서는 당해 용도지역에 적용되는 건축물 높이의 120% 이내에서 높이제한을 완화하여 적용할 수 있다.
13	O
14	X 가설건축물은 지구단위 계획에 맞게 건축할 의무가 없다.
15	X 준산업단지에는 지구단위계획구역을 지정할 수 있다.
16	O
17	X 농림지역에 위치한 산업·유통개발진흥지구는 지구단위계획구역으로 지정할 수 있다.
18	5, 5

제3절 기반시설 등

* 둘 이상 도시계획시설을 같은 토지에 함께 결정 Can
* 도시계획시설이 위치하는 공간의 일부를 구획 결정 Can

기반시설 → **도시·군 계획시설** → **도시·군 계획시설 사업**

(도시군관리계획 결정하여야 한다. 위반시 2년 2천)

* 소유권 행사 제한받는자에 대한 보상
  → 따로 법률로 정한다.

기반시설이란 다음 각 목의 시설로서 대통령령으로 정하는 시설을 말한다. 다만, ____은 용도지역 및 기반시설 특성을 고려하여 도시·군 관리계획으로 결정하지 아니할 수 있다. [32회] [33회] [36회]

① 교통시설 – 도로·철도·항만·공항(도심공항터미널)·주차장·자동차정류장(여객자동차 터미널)·궤도·차량검사 및 면허시설
② 공간시설 – 광장(건축물부설광장)·공원·녹지·유원지·공공공지
③ 유통·공급시설 – 유통업무설비·수도(마을 상수도)·전기·가스·열공급설비·방송통신시설·공동구·시장·유류저장 및 송유설비
④ 공공·문화체육시설 – 학교(유치원 특수학교 대안학교 방송 통신대학)·공공청사·문화시설·공공필요성이 인정되는 체육시설·연구시설·사회복지시설·공공직업훈련시설·청소년수련시설
⑤ 방재시설 – 하천·유수지·저수지·방화설비·방풍설비·방수설비·사방설비·방조설비
　　　　　　→ 산업단지 내 도축장은 면적 관계없다
⑥ 보건위생시설 – 장사시설·도축장(대지면적 500m² 미만 도축장)·종합의료시설
⑦ 환경기초시설 – 하수도·폐기물처리 및 재활용시설, 빗물저장 및 이용시설, 수질오염방지시설·폐차장

*도시공원법의 적용허가대상 공원안의 기반시설

[세분] **도로**(일반도로, 자동차전용도로, 보행자전용도로, 보행자우선도로, 자전거전용도로, 고가도로,지하도로), **자동차정류장**(여객자동차터미널, 물류터미널, 공영차고지, 공동차고지, 화물자동차휴게소, 복합환승센터, 환승센터), **광장**(교통광장, 일반광장, 경관광장, 지하광장, 건축물부설광장)

(1) 공동구: 설치공사 완료 시 점용예정자에게 개별통지하여야한다. ↔ 일간신문 ×

① 의의 = 미관개선 + 도로구조의 보전 + 교통 원활소통 [35회]
② 설치의무 = 200만m² 초과하는 "도시개발구역·정비구역·택지개발지구·경제자유구역·공공주택지구·도청이전 신도시"의 시행자
　　　　　　↔ 산업단지 ×
③ 모두 수용의무 = 위반 시 2년 이하의 징역 또는 2천만원 이하의 벌금 [36회]
　↔ 단, 가스관, 하수도관은 공동구협의회 심의 거쳐 수용할 수 있다.
④ 설치비용 = 점용예정자(착수 전 3분의 1이상 납부) + 시행자가 부담
　　[비부담 시 허가, 점용료(조례) 납부 – 위반 1천만원 이하 과태료]
⑤ 관리비용 = 점용하는 자가 함께 부담하며, 부담비율은 관리자 (특광, 특시, 특도, 시군)가 정한다. → 연 2회로 분할납부하게 하여야 한다. → 지방공사, 국토안전관리원에 위탁할 수 있다.
⑥ 관리자가 유지관리계획 5년마다 수립 시행, 1년 1회 이상 안전점검 실시하여야한다.

(2) 광역시설 설치 관리 (도시계획시설 결정 구조·설치 기준 → 국토교통부령)

① 원칙 : 도시·군 계획시설 (설치)(관리) 규정에 따른다.
② 예외　　　　　　　　　　(국가–대통령령), (지방자치단체–조례)
　㉠ 협약 체결, 협의회 구성하여 설치 관리할 수 있다.
　　: ×면 시·군이 같은 도일 때에는 도지사가 설치 관리할 수 있다.
　㉡ 국가계획 (다른 법률 설립된 법인이 설치 관리할 수 있다.) [32회]

단계별집행계획 [34회] → 시행자 [34회] [36회] → 실시계획 → 준공검사 및 공사완료 공고

[첨부서류]: 설계도서, 자금계획, 시행기간
준공검사 → 국장, 시도, 대도시 시장
공사완료 공고 → 시·도지사, 대도시 시장

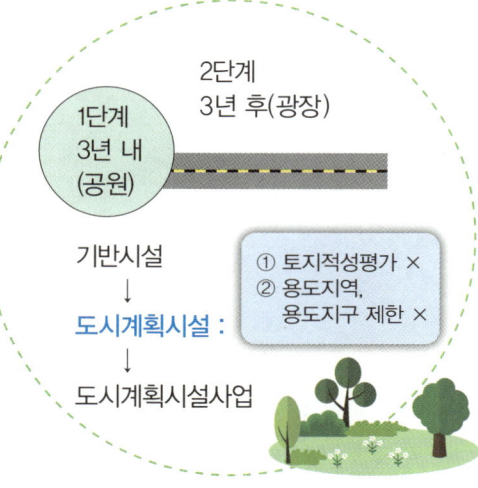

(1) 수립: 입안권자가 결정 고시일로부터 3월 이내 재원조달계획, 보상계획 포함 수립 하여야 한다. (다른 법률에서 결정의제 되는 경우는 2년 내) - 변경시 준용

(2) 검토: 매년 2단계를 검토하여 1단계에 포함 가능

(3) 절차: 협의 및 지방의회 의견청취-공고
(심의× 승인×)

(4) 미집행 조치
도시·군 계획시설 결정 고시일부터 2년 이내 미 수립 시 허가받아 가설건축물 등 건축 가능

시행자

(1) 원칙 - 특광, 특시, 특도, 시군 (장)

(2) 둘 이상 도시에 걸쳐 있는 경우
① 협의하여 시행자를 지정한다.
② 불협의 시: (같은 도 - 도지사가 정한다.)
(다른 시도 - 국장이 정한다.)

(3) 국장 - 국가계획 관련 등 ──→ 직접시행
도지사 - 광역도시계획 관련 등 ──→ 할 수 있다.

(4) 지정(국·시도·시군)받은 자의 시행
① 공공: 국가, 지단, 공공기관(토지주택공사, 한국전력공사, 철도공사 등), 지방공사
② 민간: 토지면적 3분의 2 이상 소유 [국·공유지 제외]
+ 토지소유자 총수 2분의 1 이상 동의

(5) 행정심판 등

1) 행정심판: 행정심판법에 따라 제기할 수 있다.
: 행정청이 아닌 시행자의 처분에 대하여는 그 → 시행자를 지정한 자에게 제기하여야 한다.

2) 청문: 개발행위 허가 제한 ×
: 다음 처분하려면 전에 청문하여야 한다.
① 개발행위허가취소
② 도시계획시설사업 시행자 지정취소
③ 실시계획 인가 취소

실시계획

(1) 작성
① 도시·군계획시설사업의 시행자는 그 도시·군 계획시설사업에 관한 실시계획을 작성하여야 한다. [분할시행 - 분할된 지역별 실시계획 작성할 수 있다.]
② 내용: 사업의 종류 및 명칭, 사업의 면적 또는 규모, 사업의 착수예정일 및 준공예정일(변경시 공고 및 열람배제can)을 포함하여야 한다.

(2) 인가 (14일 이상 일반열람) ↔ 경미: 사업명칭 변경 등
① 인가권자: 도시·군계획시설사업의 시행자가 실시계획의 인가를 받고자 하는 경우 ⑦ 국토교통부장관이 지정한 시행자는 국토교통부장관의 인가를 받아야 하며, ⑥ 그 밖의 시행자는 시·도지사 또는 대도시 시장의 인가를 받아야 한다. → 협의간주: 건축법 허가, 광업법 인가
② 조건부 인가: 국토교통부 장관, 시·도지사 또는 대도시 시장은 기반시설의 설치나 그에 필요한 용지의 확보, 위해 방지, 환경오염 방지, 경관 조성, 조경 등의 조치를 할 것을 조건으로 실시계획을 인가할 수 있다.
③ 이행보증금 예치 - 그 이행을 담보하기 위하여 도시·군계획시설사업의 시행자에게 이행보증금을 예치하게 할 수 있다. 다만, 국가, 지방자치단체, 공공기관, 지방공사 및 지방공단이 시행자인 경우를 제외한다.
④ 인가 위반 - 그 토지의 원상회복을 명할 수 있다. 원상회복을 하지 아니하는 경우에는 「행정대집행법」에 따른 행정대집행에 따라 원상회복을 할 수 있다. [비용은 이행보증금 충당할 수 있다] [32회]

사업시행조치

[1] 분할시행

도시·군계획시설사업의 시행자는 도시·군계획시설사업을 효율적으로 추진하기 위하여 필요하다고 인정되면 사업시행대상지역 또는 대상시설을 둘 이상으로 분할하여 도시·군계획시설사업을 시행할 수 있다.

[2] 관계서류 무료열람

도시·군계획시설사업의 시행자는 도시·군계획시설사업을 시행하기 위하여 필요하면 등기소나 그 밖의 관계 행정기관의 장에게 필요한 서류의 열람 또는 복사나 그 등본 또는 초본의 발급을 무료로 청구할 수 있다.

[3] 서류의 송달

행정청이 아닌 도시·군 계획시설사업의 시행자는 공시송달을 하려는 경우에는 국토교통부장관, 관할 시·도지사 또는 대도시 시장의 승인을 받아야 한다.

[4] 토지 등의 수용 사용 [인접한 경우는 일시 사용할 수 있다.]

① 도시·군 계획시설사업의 시행자는 도시·군 계획시설사업에 필요한 다음 각 호의 물건 또는 권리를 수용하거나 사용할 수 있다.
 ㉠ 토지·건축물 또는 그 토지에 정착된 물건
 ㉡ 토지·건축물 또는 그 토지에 정착된 물건에 관한 소유권 외의 권리
② 공익사업을 위한 토지 등의 취득 및 보상에 관한 법률 준용
 ㉠ 공익사업인정 간주 특례 – 실시계획을 고시한 경우
 ㉡ 재결신청 기간 특례 – 실시계획에서 정한 사업의 시행기간

[5] 국 공유지 처분제한 : 위반한 행위는 무효로 한다. 36회

도시·군관리계획결정을 고시한 경우에는 국공유지로서 도시·군계획시설사업에 필요한 토지는 그 도시·군 관리계획으로 정하여진 목적 외의 목적으로 매각하거나 양도할 수 없다.

『도시·군 계획시설사업』

[6] 타인 토지의 출입 [33회] [34회]

① 사유

국토교통부장관, 시·도지사, 시장 또는 군수나 도시·군 계획시설사업의 시행자는 다음 각 호의 행위를 하기 위하여 필요하면 Ⓐ 타인의 토지에 출입하거나 Ⓑ 타인의 토지를 재료 적치장 또는 임시통로로 일시 사용할 수 있으며, 특히 필요한 경우에는 나무, 흙, 돌, 그 밖의 장애물을 변경하거나 제거할 수 있다.

　㉠ 도시·군계획·광역도시계획에 관한 기초조사
　㉡ 개발밀도관리구역, 기반시설부담구역 및 기반시설설치계획에 관한 기초조사
　㉢ 지가의 동향 및 토지거래의 상황에 관한 조사
　㉣ 도시·군 계획시설사업에 관한 조사·측량 또는 시행

② 출입 (Ⓐ) [7일 전까지 소유자 점유자 관리인에게 그 일시와 장소를 알려야 한다.]
　㉠ 특별시장 광역시장 특별자치시장 특별자치도지사 시장 군수(Ⓒ)의 허가를 받아야 한다.
　㉡ 행정청인 도시·군 계획시설사업의 시행자는 허가받지 아니한다.

③ 적극적 출입(Ⓑ) [3일 전까지 알려야 한다.]
　㉠ 토지의 소유자 점유자 관리인의 동의를 받아야 한다.
　㉡ 동의 받을 수 없는 경우 – 행정청인 시행자는 그 사실을 Ⓒ에게 알려야 하며, 행정청이 아닌 시행자는 Ⓒ에게 허가를 받아야 한다.

④ 일출 전 일몰 후 – 그 토지 점유자 승낙 없이 출입할 수 없다.
⑤ 증표와 허가증을 지니고 이를 관계인에게 내보여야 한다.
⑥ 손실보상 – 그 행위자가 속한 행정청이나 도시·군 계획시설사업의 시행자가 그 손실을 보상하여야 한다.

[제36회 기출문제]

01 국토의 계획 및 이용에 관한 법령상 도시지역에서 도시·군관리계획의 결정 없이 설치할 수 있는 시설에 해당하지 않는 것은?

① 공항 중 「공항시설법 시행령」에 의한 도심공항터미널
② 폐기물처리 및 재활용시설 중 재활용시설
③ 옥외에 설치하는 변전시설
④ 「신에너지 및 재생에너지 개발·이용·보급 촉진법 시행규칙」에 따른 연료전지 설비
⑤ 「산업입지 및 개발에 관한 법률」에 따른 산업단지 내에 설치하는 대지면적이 1천㎡인 도축장

정답 및 해설

01 ③ 옥외에 설치하는 변전시설은 도시·군 관리계획의 결정으로 설치하여야 한다. 또한 도축장은 대지면적 5백㎡ 미만인 경우에 계획하지 아니하고 결정하는 시설이지만, 산업단지 내에 설치하는 도축장은 대지면적과 관계없이 계획하지 아니하고 결정할 수 있다.

미집행 조치 35회

(1) **매수청구** [건축물 및 정착물 포함] 34회

: 10년 미집행 + 지목 "대(한정)" + 실시계획 인가나 상당한 절차 없는 경우
[매수의무자가 → 6월 내 매수 여부 통지 → 2년 내 매수해야 한다.]

매수청구 ┌ 매수 ○ ──────── ┌ 매수 ○ ── 현금 or 채권
　　　　 └ 매수 × ──────── └ 매수 × ── 개발행위허가

1) 매수의무자 = 특광, 특시, 특도, 시군(장) or 다음의 자
　① 시행자, 설치 or 관리의무자 (다르면 설치의무자에게 청구하여야 한다.)
　② 매수가격 및 매수절차는 보상법을 준용한다.

2) 매수 = 현금 또는 다음은 채권 (지방자치단체 한정)발행하여 지급할 수 있다.
　① 사유 : ㉠ 토지소유자가 원하는 때
　　　　　㉡ 부재 부동산 또는 비업무용토지로서 매수대금이 3천만원을 초과하는
　　　　　　경우 초과하는 금액
　② 상환기간 등: ㉠ 상환 기간 10년 내, 이율은 조례 정한다.
　　　　　　　　 ㉡ 지방재정법을 준용

3) 매수(×) - 허가받아 3층 이하의 다음 건축물 설치 가능 + 공작물 설치 가능
　① 단독주택 (다중, 다가구, 공관 제외)
　② 1종 및 2종 근린생활시설(단란주점, 안마시술소, 노래연습장, 다중생활시설 제외)

(2) **실효간주** - 도시군 계획시설 결정 고시일부터 20년 되는 날의 다음 날
　　　　　　　(고시 → 시·도지사 대도시 시장 / 국토교통부장관)

실시계획 실효 등

(1) 실시계획 실효

① 의의 - 도시·군계획시설결정의 고시일부터 10년 이후에 실시계획을 작성하거나 인가 받은 도시·군계획시설사업의 시행자가 실시계획 고시일부터 5년 이내에 재결신청을 하지 아니한 경우에는 실시계획 고시일부터 5년이 지난 다음 날에 그 실시계획은 효력을 잃는다.

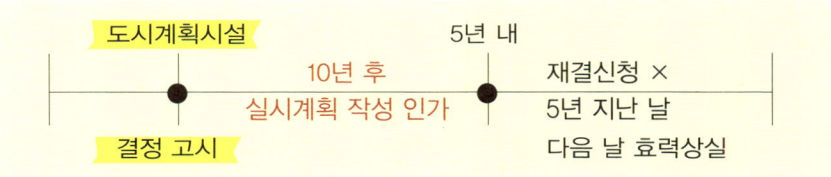

② 예외
　㉠ 단, 5년 지나기 전 면적 3분의 2 이상 소유 or 사용권 확보 시
　　　　　└ 7년 내 재결신청 ×면 다음 날 실효
　㉡ 단, 재결신청 없이 모든 토지 건축물 정착물 소유 or 사용권 확보한 경우
　　그 실시계획은 효력을 유지한다.

(2) 도시 군 계획시설 결정 실효

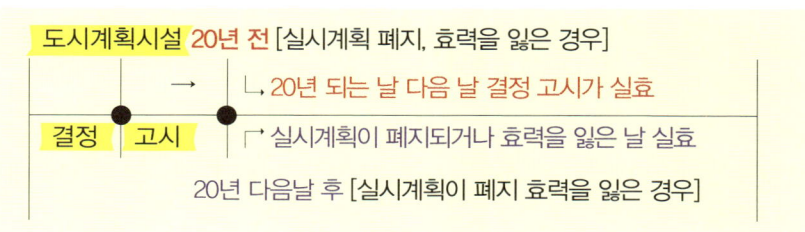

해제권고

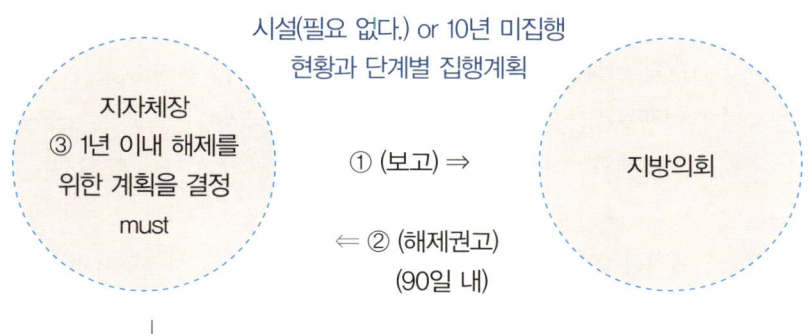

시설(필요 없다.) or 10년 미집행
현황과 단계별 집행계획

지자체장
③ 1년 이내 해제를 위한 계획을 결정
must

① (보고) ⇒
⇐ ② (해제권고)
(90일 내)

지방의회

↓

시장, 군수는 도지사(결정)에게 신청 (도지사는 1년 내 해제 결정하여야 한다.)

해제입안 35회

: 토지소유자는 도시·군 관리계획 입안권자에게 해제 입안을 신청할 수 있다.
(건축물 소유자 ×) → 3개월 이내에 알려야 한다.

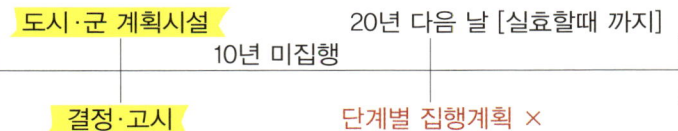

도시·군 계획시설 ———— 20년 다음 날 [실효할때 까지]
       10년 미집행
결정·고시   단계별 집행계획 ×

해제심사신청 33회

해제 신청한 토지소유자는 해제되지 아니하면 국토교통부장관에게 결정의 해제 심사를 신청할 수 있다. → 국장은 결정권자에게 중앙도시계획위원회 심의 거쳐 해제를 권고할 수 있다. (영 제42조의2 제6항)

비용부담

1. **원칙** (이법 다른 법 규정 외에는)
   ① 국가 (국가예산),
   ② 지방자치단체 (예산)
   ③ 행정청이 아닌 자 (그 자가 부담)

2. **부담이전**
   시행자 → 현저한 이익 받은 지자체 (50% ×)
   ① 국장 → 시도, 시군 (행장 협의)
   ② 시도 → 지자체 (협의, ×면 행장결정)
   ③ 시군 → 지자체 (협의)
   : 협의 불성립 – ㉠ 같은 도 (도지사 결정)
                   ㉡ 다른 시도 (행장 결정)

3. **보조, 융자, 지원**
   1) 보조, 융자
      ① 행정청 – (법률 – 전부 또는 일부) 50% 이하 / 국가예산
      ② 비행정청 – 3분의 1 이하 / 국가, 지자체 예산

2) **우선지원**할 수 있다.(국가 지방자치단체)
   ① 기반시설이 인근 지역에 비하여 부족한 지역
   ② 광역도시계획에 반영된 광역시설 설치
   ③ 개발제한구역 (집단취락지구 한정) 해제 지역
   ④ 10년 지날때까지 미집행으로 도시계획시설 설치 필요성이 높은 지역

필수지문 정리 빵구노트

01 기반시설로서 차량검사 및 면허시설은 (　　　), 열공급설비·방송통신시설·공동구는 (　　　), 학교·공공청사·청소년수련시설은 (　　　), 하수도 및 폐차장과 빗물저장 및 이용시설은 (　　　)이다.

02 도시개발구역, 정비구역, 택지개발지구, 경제자유구역, 공공주택지구, 도청이전 신도시의 (　　　)를 초과하는 사업을 시행하는 자는 공동구를 설치하여야 하며, (　　　)(　　　)은 공동구협의회 심의를 거쳐 수용할 수 있다.

03 특별시의 경우 특별시장은 도시·군 계획시설에 대하여 도시·군 계획시설 결정·고시일부터 (　　　) 이내에 재원조달계획, 보상계획 등을 포함한 (　　　)을 수립하여야 한다. 다만, 도시 및 주거환경정비법 등에 따라 도시·군 관리계획의 결정이 의제되는 경우에는 해당 도시·군 계획시설 결정의 고시일부터 (　　) 이내에 단계별집행계획을 수립할 수 있다.

04 도시·군 계획시설사업이 둘 이상 도시의 관할구역에 걸쳐 시행되게 되는 경우에는 서로 협의하여 시행자를 정하나, 서로 협의가 성립되지 아니하는 경우 사업을 시행하려는 구역이 같은 도의 관할구역에 속하는 경우에는 관할 (　　)가 시행자를 지정하고, 둘 이상의 시·도에 걸치는 경우에는 (　　　)이 시행자를 지정한다.

05 국가 지방자치단체, 공공기관, 지방공사가 아닌 시행자가 도시·군 계획시설사업의 시행자로 지정을 받으려면 토지면적(국·공유지 제외)의 (　　　) 이상에 해당하는 토지를 소유하고, 토지소유자 총수의 (　　　) 이상에 해당하는 자의 동의를 받아야 한다.

06 도시·군 계획시설사업 시행자의 처분에 대하여 행정심판을 제기하는 경우 행정청이 아닌 시행자의 처분에 대하여는 그 (　　　　　)에게 행정심판을 제기하여야 한다.

07 국토교통부장관, 시·도지사, 시장·군수, 구청장은 개발행위허가의 (　　　), 도·시 군 계획시설 사업의 (　　　)지정의 취소, (　　　)인가의 취소 처분을 하려면 청문하여야 한다.

08 도시·군 계획 시설사업의 실시계획 인가권자는 기반시설의 설치나 그에 필요한 용지의 확보, 위해방지, 환경오염방지, 경관조성, 조경 등의 조치를 할 것을 (　　　)으로 인가할 수 있고, 특별시장 등은 그 이행을 담보하기 위하여 시행자에게 이행보증금을 예치하게 할 수 있으나, 국가, (　　　), 공공기관, (　　　)를 제외한다.

09 도시·군 계획시설에 대한 도시·군 관리계획의 결정 고시일부터 10년 이내에 그 시설의 설치에 관한 사업이 시행되지 아니하는 경우, 지목이 대인 토지(건축물 및 정착물 포함)의 소유자는 특별시장 등에게 (　　　)할 수 있다. 이 경우 (　　　)의 인가나 그에 상당하는 절차가 진행된 경우는 제외한다.

10 도시·군 계획시설사업의 미집행에 따른 토지 등의 매수의무자는 매수청구를 받은 날부터 (　　　) 이내에 매수여부를 결정하여 토지소유자와 특별시장 등에게 알려야 하며, 매수하기로 결정한 토지는 매수 결정을 알린 날부터 (　　　) 이내 매수하여야 한다.

11 도시·군 계획시설사업에서 매수청구를 받은 매수의무자가 (　　　　　)인 경우로서 토지소유자가 원하는 경우 또는 부재 부동산 소유자의 토지 또는 비업무용 토지로서 매수대금이 (　　　)만원을 초과하여 그 초과하는 금액을 지급하는 경우에는 도시·군 계획시설 채권을 발행하여 지급할 수 있다.

12 도시·군 계획시설 결정이 고시된 도시·군 계획시설에 대하여 그 고시일부터 (   )이 지날 때까지 그 시설의 설치에 관한 도시·군 계획시설사업이 시행되지 아니하는 경우 그 도시·군 계획시설 결정은 그 고시일부터 (   )이 되는 날의 다음날에 그 효력을 잃는다.

13 도시·군 계획시설사업의 (   )는 사업에 필요한 토지 건축물 또는 그 토지에 정착된 물건, 그 소유권 외의 권리를 (   )하거나 사용할 수 있다. 다만, 인접한 토지 건축물 또는 그 토지에 정착된 물건, 그 소유권 외의 권리는 (   )할 수 있다.

14 도시·군 계획시설사업의 수용 및 사용에 관하여는 공익사업을 위한 토지 등의 취득 및 보상에 관한 법률을 준용할 때 (   )을 고시한 경우에는 공익 사업인정 및 고시가 있었던 것으로 본다.

15 타인의 토지에 출입하려는 자는 특별시의 경우 특별시장의 (   )를 받아야 하며, 출입하려는 날의 (   ) 전까지 그 토지의 소유자 점유자 관리인에게 그 일시와 장소를 알려야 한다. 다만, (   )인 도시·군 계획시설사업의 시행자는 허가받지 아니하고 타인 토지에 출입할 수 있다.

16 타인의 토지를 재료적치장 또는 임시통로로 일시 사용하거나 나무·흙·돌, 그 밖의 장애물을 변경 또는 제거하려는 자는 토지소유자 점유자 또는 관리인의 (   )를 받아야 하나, 동의를 받을 수 없는 경우에는 행정청인 시행자는 특별시장 등에게 그 사실을 (   )하여야 하며, 행정청이 아닌 시행자는 특별시장 등에게 (   )를 받아야 한다. 또한, (   ) 전까지 그 토지나 장애물의 소유자·점유자·관리인에게 알려야 한다.

정답 및 해설

이상곤 교수의 신바람 부동산공법 그림책

01	교통시설, 유통공급시설, 공공문화 체육시설, 환경기초시설
02	200만㎡, 가스관, 하수도관
03	3개월, 단계별 집행계획, 2년
04	도지사, 국토교통부장관
05	3분의 2, 2분의 1
06	시행자를 지정한 자
07	취소, 시행자, 실시계획
08	조건, 지방자치단체, 지방공사
09	매수청구, 실시계획
10	6개월, 2년
11	지방자치단체, 3000만원
12	20년, 20년
13	시행자, 수용, 일시사용
14	실시계획
15	허가, 7일, 행정청
16	동의, 통지, 허가, 3일

[기출지문 정리]

01 [25회] 하수도는 방재시설이다. [26회] 폐차장은 교통시설이다. [28회] 장사시설은 공간시설이다. (O / ×)

02 [27회] 기반시설인 자동차 정류장은 물류터미널, 공영차고지, 복합환승센터, 화물자동차 휴게소, 교통광장 등으로 세분할 수 있다. (O / ×)

03 [26회] 가스관 하수도관은 공동구가 설치된 경우 공동구 협의회 심의를 거쳐 수용할 수 있다. (O / ×)

04 [26회] 도시·군 계획시설 부지에서 도시·군 관리계획을 입안하는 경우에는 그 계획의 입안을 위한 토지 적성평가를 실시하지 아니할 수 있다. (O / ×)

05 [31회] 200만㎡를 초과하는 「공공주택 특별법」에 따른 공공주택지구, 「도시 및 주거환경정비법」에 따른 정비구역, 「산업입지 및 개발에 관한 법률」에 따른 일반 산업단지, 「도청이전을 위한 도시건설 및 지원에 관한 특별법」에 따른 도청이전신도시의 시행자는 공동구를 설치하여야 한다. (O / ×)

06 [24회] 한국토지주택공사가 사업의 시행자로 지정을 받으려면 사업대상인 사유토지의 소유자 총수의 2분의 1 이상의 동의를 받아야 한다. (O / ×)

07 [24회] 도시지역에서 장사시설, 종합의료시설, 빗물저장 및 이용시설, 폐차장인 기반시설을 설치하고자 하는 경우에는 미리 도시·군 관리계획으로 결정하여야 한다. (O / ×)

08 [17회] 행정청이 아닌 사업시행자의 처분에 대하여 행정심판을 제기하는 경우 그 사업 시행자를 피청구인으로 하여 제기할 수 있다. (O / ×)

09 [18회] 타인의 토지를 일시사용하고자 하는 자는 토지를 사용하고자 하는 날의 7일 전까지 그 토지의 소유자 점유자 또는 관리인에게 통지하여야 한다. (O / ×)

10 [18회] 지방자치단체가 도시·군 계획시설사업을 직접 시행하는 경우에는 이행보증금을 예치하여야 한다. (O / ×)

---

01 × 하수도는 환경기초시설, 폐차장은 환경기초시설, 장사시설은 보건위생시설이다.

02 × 교통광장은 자동차 정류장이 아니라, 광장을 세분한 것이다.

03 ○

04 ○

05 × 일반산업단지의 사업시행자는 공동구를 설치하여야 할 의무가 없다.

06 × 한국토지주택공사가 사업의 시행자로 지정받으려는 경우 소유 및 동의요건은 필요 없다.

07 × 도시 군 관리계획으로 결정하지 아니할 수 있는 경우이다.

08 × 그 시행자를 지정한 자를 피청구인으로 하여 행정심판을 제기하여야 한다.

09 × 3일 전까지 그 토지의 소유자 점유자 또는 관리인에게 통지하여야 한다.

10 × 지방자치단체가 시행자인 경우에는 이행보증금을 예치하게 할 수 없다.

11 [18회] 매수청구를 할 수 있는 토지의 지목은 대에 한정하며, 매수하기로 결정한 토지는 매수 결정을 통지한 날부터 1년 이내에 매수하여야 한다. (O / ×)

12 [25회] 지방자치단체는 비업무용 토지로서 매수 대금이 2천만원 초과하는 경우 초과금액은 채권을 발행하여 지급할 수 있다. (O / ×)

13 [21회] 매수의무자가 매수하지 아니하기로 결정한 경우 매수청구자는 허가를 받아 4층의 다세대 주택을 건축할 수 있다. (O / ×)

14 [28회] 도시·군 계획시설 사업이 미집행되는 경우 그 결정 고시일부터 20년 되는 날의 다음 날에 그 효력을 잃는다. (O / ×)

15 [29회] 도시·군 계획시설 부지의 매수 청구 시 매수의무자가 매수하지 아니하기로 결정한 날부터 1년이 지나면 토지소유자는 해당 용도지역에서 허용되는 건축물을 건축할 수 있다. (O / ×)

16 [29회] 도시·군 계획시설 부지로 되어 있는 토지의 소유자는 도시·군 계획시설 결정의 실효시까지 그 토지의 도시·군 계획시설 결정 해제를 위한 도시·군 관리계획 입안을 신청할 수 없다. (O / ×)

17 [30회] 도시·군 계획시설 결정이 고시된 도시·군 계획시설에 대하여 그 고시일부터 (ㄱ)이 지날 때까지 그 시설의 설치에 관한 도시·군 계획시설사업이 시행되지 아니하는 경우 그 도시·군 계획시설 결정은 그 고시일부터 (ㄱ)이 (ㄴ) 에 그 효력을 잃는다.

18 [31회] 개발행위허가의 취소, 개발행위허가의 제한, 도시·군 계획시설사업의 실시계획인가의 취소를 하려는 경우 청문을 하여야 한다. (O / ×)

19 [33회] 도시지역에서 광장(건축물부설광장은 제외한다), 대지면적이 500㎡ 미만인 도축장, 폐기물처리 및 재활용시설 중 재활용시설, 「고등교육법」에 따른 방송대학·통신대학 및 방송통신대학은 미리 도시·군관리계획으로 결정하지 않고 설치할 수 있는 시설이다. (O / ×)

11 × 2년 이내에 매수하여야 한다.

12 × 3천만원을 초과하는 경우 초과금액은 채권을 발행하여 지급할 수 있다.

13 × 3층 이하의 단독주택, 1종 2종 근린생활시설(단란주점, 안마시술소, 노래연습장, 다중생활시설 제외)을 허가받아 설치할 수 있으므로 4층의 다세대 주택은 건축할 수 없다.

14 O

15 × 매수하지 아니하기로 결정하여 통지한 경우에는 허가받아 3층 이하 단독주택, 1종 및 2종 근린생활시설을 건축할 수 있다.

16 × 도시·군 계획시설 결정의 실효시까지 단계별집행계획이 없는 경우에는 토지소유자가 입안권자에게 해제 입안을 신청할 수 있다.

17 ㄱ 20년, ㄴ 되는 날의 다음날

18 × 개발행위허가의 제한은 청문 사유가 아니다.

19 × 건축물부설 광장을 제외한 광장은 도시·군 관리계획으로 결정하여야 하는 시설이다.

#		문제	답
20	34회	타인의 토지에 출입하려는 행정청인 사업시행자는 출입하려는 날의 7일 전까지 그 토지의 소유자·점유자 또는 관리인에게 그 일시와 장소를 알려야 한다. (O / X)	O
21	34회	사업시행자가 행정청인 경우라도 허가를 받지 아니하면 타인의 토지에 출입할 수 없다. (O / X)	X 사업시행자가 행정청인 경우에는 허가받지 아니한다.
22	34회	토지점유자가 승낙하지 않는 경우에도 사업시행자는 시장 또는 군수의 허가를 받아 일몰 후에 울타리로 둘러싸인 타인의 토지에 출입할 수 있다. (O / X)	X 점유자의 승낙을 받아야 타인의 토지에 출입할 수 있다.
23	34회	「도시 및 주거환경정비법」에 따라 도시·군 관리계획의 결정이 의제되는 경우에는 해당 도시·군 계획시설 결정의 고시일부터 3개월 이내에 도시·군 계획시설에 대하여 단계별 집행계획을 수립하여야 한다. (O / X)	X 2년 이내에 도시·군 계획시설에 대하여 단계별 집행계획을 수립하여야 한다.
24	34회	5년 이내에 시행하는 도시·군계획시설사업은 단계별 집행계획 중 제1단계 집행계획에 포함되어야 한다. (O / X)	X 3년 이내에 시행하는 도시·군계획시설사업은 단계별 집행계획 중 제1단계 집행계획에 포함되어야 한다.
25	34회	국토교통부장관은 국가계획과 관련되거나 그 밖에 특히 필요하다고 인정되는 경우에는 관계 특별시장·광역시장·특별자치시장·특별자치도지사·시장 또는 군수의 의견을 들어 직접 도시·군 계획시설사업을 시행할 수 있다. (O / X)	O
26	34회	사업시행자는 도시·군 계획시설사업 대상시설을 둘 이상으로 분할하여 도시·군계획시설사업을 시행하여서는 아니 된다. (O / X)	X 분할하여 도시·군 계획시설사업을 시행할 수 있다.
27	35회	도시·군 계획시설 결정의 고시일부터 10년 이내에 실시계획의 인가만 있고 시설사업이 진행되지 아니하는 경우 그 부지의 소유자는 그 토지의 매수를 청구할 수 있다. (O / X)	X 실시계획의 인가 등 상당한 절차를 거치지 아니한 경우에 매수청구할 수 있다.
28	35회	도시·군 계획시설 결정의 고시일부터 10년 이내에 시설사업이 시행되지 아니하는 경우 그 부지 내에 건물만을 소유한 자도 시설 결정 해제를 위한 도시·군 관리계획 입안을 신청할 수 있다. (O / X)	X 토지 소유자는 입안권자에게 해제를 위한 도시·군 관리계획의 입안을 제안할 수 있다.

[제36회 기출문제]

정답 및 해설

01 국토의 계획 및 이용에 관한 법령상 공동구가 설치된 경우 공동구에 수용하기 위하여 **공동구협의회의 심의**를 거쳐야 하는 시설은?

| ㄱ. 열수송관 ㄴ. 하수도관 ㄷ. 가스관 ㄹ. 쓰레기수송관 ㅁ. 중수도관 |

① ㄹ
② ㄴ, ㄷ
③ ㄱ, ㄹ, ㅁ
④ ㄱ, ㄴ, ㄷ, ㅁ
⑤ ㄱ, ㄴ, ㄷ, ㄹ, ㅁ

01 ② ㄴ, ㄷ

02 국토의 계획 및 이용에 관한 법령상 **도시·군계획시설사업의 시행**에 관한 설명으로 옳은 것은?

① 광역도시계획과 관련되는 경우에는 도지사가 관계 시장 또는 군수의 의견을 들어 직접 도시·군계획시설사업을 시행할 수 있다.

②「한국철도공사법」에 따른 한국철도공사가 도시·군계획시설사업의 시행자로 지정을 받으려면 도시·군계획시설사업의 대상인 토지로서 면적의 3분의 2 이상에 해당하는 토지를 소유하여야 한다.

③ 도시·군계획시설사업의 시행자인「지방공기업법」에 의한 지방공사는 도시·군계획시설사업으로 비탈면에 조경을 할 필요가 있는 경우에는 이행보증금을 예치하여야 한다.

④ 도시·군관리계획결정을 고시한 경우에는 국·공유지로서 도시·군계획시설사업에 필요한 토지는 그 도시·군관리계획으로 정하여진 목적 외의 목적으로도 양도할 수 있다.

⑤ 도시·군계획시설사업의 시행자인 시·도지사는 도시·군 계획시설사업의 공사를 마친 때에는 국토교통부장관의 준공검사를 받아야 한다.

02
① 정답
② 공공기관은 한국철도공사는 소유요건이 없다.
③ 지방공사는 이행보증금 예치의무가 없다.
④ 국·공유지 매각제한으로 양도할 수 없다.
⑤ 시·도지사는 준공검사권자이므로 준공 검사받지 아니한다.

제4장 개발행위허가

제1절 의의 등

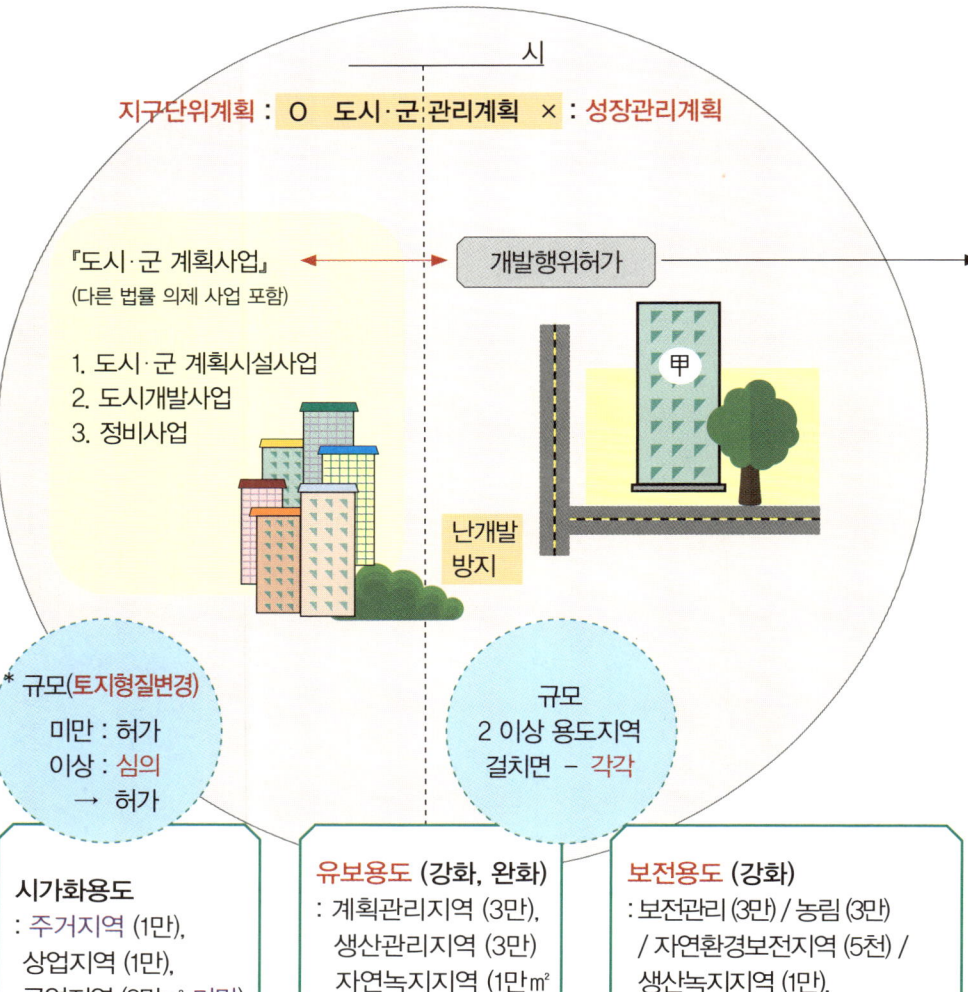

허가대상 33회

위반시 3년 이하 징역 또는 3천만원이하 벌금
└ 개발 행위 한 자

특별시장·광역시장·특별자치시장·특별자치도지사·시장 또는 군수의 허가(개발행위허가)를 받아야 한다. 다만, 도시·군계획사업(다른 법률에 따라 도시·군 계획사업을 의제한 사업을 포함한다)에 의한 행위는 그러하지 아니하다.

① 건축물의 건축 또는 공작물의 설치 ↔ 경미 (철거 후 재설치: 형질변경 ×, 기존 규모 내)
② 토지의 형질변경(절토, 성토, 정지, 포장, 매립)
③ 토석의 채취(토지형질변경 목적 제외)
④ 토지 분할(건축물이 있는 대지의 분할은 제외한다 – 금지)
⑤ 녹지지역·관리지역 또는 자연환경보전지역에 물건을 1개월 이상 쌓아놓는 행위

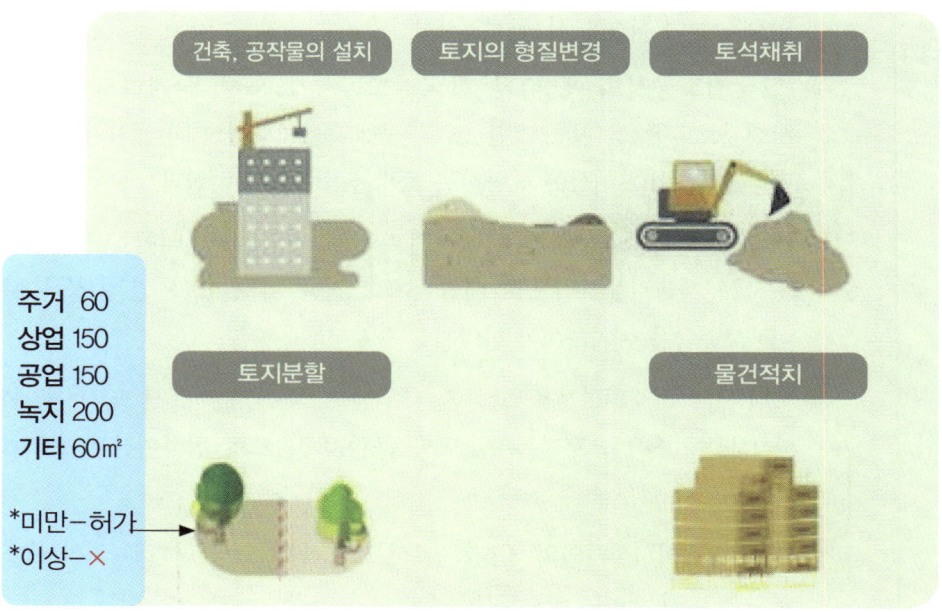

↔ 재해복구 재난수습을 위한 응급조치 허가 제외
 : 1개월 내 신고 → 위반 시 5백만원 이하의 과태료

허가받은 사항의 변경

① 개발행위허가를 받은 사항을 변경하는 경우에는 허가받아야 한다.
② 경미한 변경 – 허가받지 아니하고 변경할 수 있다. [통지하여야 한다.]
　㉠ 사업 기간을 단축하는 경우
　㉡ 부지면적, 건축물 연면적을 5% 범위에서 축소하는 경우
　㉢ 도시·군 관리계획 등의 변경에 따라 불가피하게 변경하는 경우
　㉣ 공간정보관리법, 건축법에 따라 허용오차를 반영하기 위한 변경의 경우
　㉤ 건축법에 따라 일괄신고하고 변경하는 경우

토지형질변경의 허가 제외

① 경작을 위한 토지의 형질변경은 허가받지 아니한다. 다음은 허가받아야 한다.
　㉠ 인접 토지 관계 배수 및 농작업에 영향을 미치는 경우
　㉡ 재활용 골재 등 수질 또는 토지 오염 우려가 있는 토사 등을 사용하여 성토하는 경우
　㉢ 지목의 변경을 수반하는 경우 (전과 답 사이의 변경은 허가 제외)
　㉣ 옹벽설치 또는 2m 이상 (여러 차례 걸친 경우 누적하여 산정) 절토 성토가 수반되는 경우
② 조성이 완료된 기존 대지에 건축물 공작물 설치하기 위한 토지형질변경 (지하구조물 설치를 위한 터파기 및 되메우기를 포함하되, 절토 또는 성토는 허가받아야 한다.)

토지 분할의 허가 제외

① 사도개설허가를 받은 토지의 분할
② 토지의 일부를 국유지 또는 공유지로 하거나 공공시설로 사용하기 위한 토지의 분할
③ 행정재산 중 용도폐지되는 부분의 분할 또는 일반재산을 매각 교환 양여하기 위한 분할
④ 토지의 일부가 도시·군 계획시설로 지형도면고시가 된 토지의 분할
⑤ 너비 5m이하로 이미 분할된 토지의 분할제한면적 이상으로의 분할

개발행위허가 절차

(1) 계획서의 제출

개발행위를 하려는 자는 그 개발행위에 따른 기반시설의 설치나 그에 필요한 용지의 확보, 위해(危害) 방지, 환경오염 방지, 경관, 조경 등에 관한 계획서를 첨부한 신청서를 개발행위허가권자에게 제출하여야 한다. 이 경우 개발밀도관리구역 안에서는 기반시설의 설치나 그에 필요한 용지의 확보에 관한 계획서를 제출하지 아니한다.

(2) 절차

의견청취
시행자 및 관리청 의견청취
↓
협의
관계행정기관장과 협의
↓
심의 (토지분할, 물건적치)
규모 이상 시 심의하여야한다.

(3) 도시계획위원회 심의

토지형질변경
규모 이상 ─ 미만 30만m² 이상 ─ 미만 1km² 이상
시군구 ─ 시도 대도시 ─ 중앙

토석채취
5만m³ 이상 ─ 미만 50만m³ 이상 ─ 미만 100만m³ 이상
시군구 ─ 시도 대도시 ─ 중앙

심의 제외: 이미 심의 33회

다음의 개발행위
㉠ 지구단위계획 수립한 지역
㉡ 성장관리계획 수립한 지역
㉢ 산림사업 및 사방사업을 위한 개발행위 등

허가기준

(1) 용도지역별 규모(토지 형질 변경)에 적합할 것

(2) 도시군 관리계획 및 다음의 성장관리계획에 적합할 것

> ㉠ 성장관리계획의 수립 [5년마다 타당성 여부 재검토]
>
> ⓐ 특별시장·광역시장·특별자치시장·특별자치도지사·시장·군수는 성장관리계획구역을 지정할 때에는 성장관리계획을 수립하여야 한다.
>
> [내용] : 기반시설의 배치 규모, 건축물 용도제한, 건폐율 또는 용적률, 건축물 [34회] 의 배치 형태 색채, 높이, 환경관리계획 및 경관계획 등 필요시 포함
>
> ⓑ 완화 [다음 이하] [35회]
>
> | 구분 | 건폐율 | 용적률 |
> |---|---|---|
> | 계획관리지역 | 50% | 125% |
> | 생산관리지역
농림지역
자연녹지지역
생산녹지지역 | 30% | × |
>
> ㉡ 성장관리계획구역의 지정 [32회]
>
> ⓐ 특별시장·광역시장·특별자치시장·특별자치도지사·시장·군수는 녹지, 관리, 농림, 자연환경보전지역 중 향후 시가화가 예상되는 지역 등에 지정할 수 있다.
>
> ⓑ 절차 : 의견청취 → 협의 (30일 내) 및 심의 ← 경미 변경
> ㉮ 10% 내 면적 변경
> ㉯ 면적 일부 변경하면서 도시 군 관리 계획과 함께 결정
> (주민) 및 지방의회 [60일 내 의견제시])
> → 14일 이상 열람

(3) 도시·군 계획사업에 지장이 없을 것

(4) 주변환경 및 경관과 조화

(5) 기반시설 설치 및 용지확보계획 적정

↔ : 자금조달 계획 × [31회]

허가제한 [35회]

개발행위허가 제한지역 / 개발 행위자

(1) 제한사유

국, 시도, 시군 – 심의 거쳐 한 차례만 3년 이내 허가를 제한할 수 있다.

심의 없이 한 차례만 2년 내 연장할 수 있다. (③④⑤)

① 녹지·계획관리지역 : 수목 집단생육, 조수류 집단서식, 우량농지 보전필요

② 환경, 경관, 미관, 국가유산 손상 우려

③ 도시·군 기본계획 및 도시 군 관리계획을 수립하고 있는 지역으로서 용도지역 등 변경이 예상 되고 허가의 기준이 크게 달라질것으로 예상되는 지역

④ 지구단위계획구역

⑤ 기반시설부담구역

[최장 5년]

(2) 제한절차

① 국, 시도가 제한하는 경우에는 시장·군수의 의견청취

② 심의 – 중앙 및 지방 도시계획위원회

(3) 해제의무

개발행위를 제한할 필요가 없어진 경우에는 그 제한기간이 끝나기 전이라도 지체없이 개발행위허가의 제한을 해제하여야 한다.

처분

→ 서면 or 국토이용 정보체계

(1) 허가 등 (15일 내 ↔ 협의, 심의기간 제외) 35회

특광, 특시, 특도, 시군의 허가를 받아야 한다.

① 특별시장·광역시장·특별자치시장·특별자치도지사·시장 또는 군수는 개발행위허가를 하는 경우에는 대통령령으로 정하는 바에 따라 그 개발행위에 따른 기반시설의 설치 또는 그에 필요한 용지의 확보, 위해 방지, 환경오염 방지, 경관, 조경 등에 관한 조치를 할 것을 조건(허가신청자 의견청취)으로 개발행위허가를 할 수 있다.

② 이행보증금 : 이의 이행을 보증하기 위하여 개발행위허가를 받는 자로 하여금 이행보증금을 예치하게 할 수 있다.(현금납입 단, 보증서 갈음 할 수 있다. ↔ [국가, 지방자치단체, 공공기관, 공공단체가 하는 개발행위는 제외한다.]

　㉠ 총공사비 20% 내(복구비 포함)
　㉡ 준공검사 받은 때 즉시 반환

③ 원상회복 명할 수 있다.(허가 위반 시) → 행정대집행 (보증금 사용 가능)

④ 협의 - 광업법 채굴계획인가, 농지법, 도로법, 사도법, 산지관리법, 하천법 등 간주

(2) 준공검사 33회

① 토지형질변경, 토석채취 ○ ↔ 토지분할, 물건적치 ×
② 건축물 건축 공작물 설치는 건축법의 사용승인 받으면 준공검사를 간주한다. (건축법상)

공공시설 귀속 33회

(1) 귀속주체

① 개발행위자가 행정청인 경우
　㉠ 새로 설치된 공공시설 - 관리청 무상귀속
　㉡ 종래 공공시설 - 허가받은 자에게 무상귀속 (수익금 사용제한)

② 개발행위자가 행정청이 아닌 경우
　㉠ 새로 설치된 공공시설 - 관리청 무상귀속
　㉡ 폐지되는 공공시설 - 새로 설치한 공공시설의 설치비용에 상당하는 범위에서 허가받은 자에게 무상으로 양도할 수 있다.

(치사뽕 ~ ~ ~ ~ ~)

[2] 의견청취

공공시설 관리청 의견청취 → 불분명한 경우 ① 도로 등은 국토교통부장관을, ② 하천에 대하여는 기후에너지환경부 장관을, ③ 그 외 재산에 대하여는 재정경제부 장관을 관리청으로 본다.

[3] 귀속시기

다음의 시기에 각각 귀속된 것으로 본다.

① 행정청: 해당 시설의 종류와 토지의 세목을 통지한 날
② 비행정청: 준공검사 받음으로써

* 새로운 공공시설(공원), 5천

* 종전 공공시설(공원), 1억

제2절 개발행위로 인한 기반시설의 설치

개발밀도관리구역 35회

① **지정권자** - 『특광, 특시, 특도, 시군』이 지정할 수 있다. [도지사 승인 ×]

② **절차(생략 ×)** - 도시·군 관리계획 ×
: 심의 → 지정 변경 → 고시
[구역 명칭·범위 / 건폐율·용적률 강화 범위]

③ **대상** : 주거, 상업, 공업지역

④ **강화** : 적용 용적률 최대한도의 50% 범위 내

⑤ **개발행위 허가신청**
㉠ 기반시설 설치계획 제출하지 아니한다.
㉡ 개발행위허가제한지역 지정할 수 없다.

⑥ **지정기준** - 국장이 정한다.
㉠ 기반시설 부족예상 + 설치 곤란
 ⓐ 도로율 20% 이상 미달,
 ⓑ 향후 2년 내 [수도 시설용량, 하수 발생량이 초과예상 or 학생 수가 학교 수용능력의 20% 이상 초과 예상]
㉡ 경계는 도로 하천 등 지형지물을 이용해 분명하게 구분되도록 할 것
㉢ 주기적으로 검토하여 용적률을 강화·완화 또는 구역을 해제하는 등 필요 조치하여야 한다.

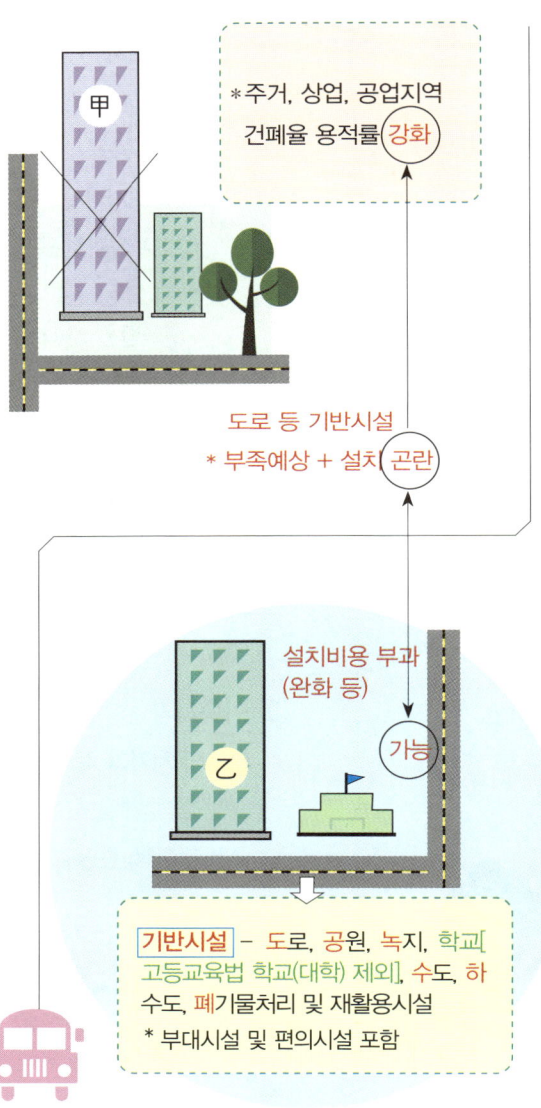

기반시설부담구역 개발밀도관리구역 외의 지역

① **지정권자** - "특광·특시·특도·시군"이 다음의 지역에 지정하여야 한다.
㉠ 행위제한이 완화되거나 해제되는 지역
㉡ 전전년도 보다 전년도 개발행위허가 건수가 20% 이상 증가
㉢ 해당 지역 인구증가율이 전년도 그 지역 지방자치단체보다 20% 이상 높은 지역
↔ 특별시장 등은 위 외에도 필요 인정 시 지정할 수 있다.

② **절차** - 도시 군 관리계획 ×
: 주민의견청취 → 심의 → 지정·변경 → 고시

③ **기준** - 최소 10만㎡ 이상 / 소규모 연접 통합가능 / 경계는 분명히

기반시설설치계획 : 기반시설설치, 우선순위, 단계별 설치계획 등

① "특광·특시·특도·시군"가 수립하여야 하며, 도시 군 관리계획에 반영하여야 한다. 35회

② 구역 지정 고시일부터 1년 이내 계획을 수립 고시하지 않으면 1년 되는 날 다음날에 구역은 해제된 것으로 본다.

③ 지구단위계획을 수립한 경우 기반시설설치계획은 수립한 것으로 본다.

기반시설 설치비용 부과대상 등 : 면탈 경감시 3년 이하 징역, 3배 이하 벌금

① 부과대상 [31회]

기반시설부담구역에서 기반시설설치비용의 부과 대상행위는 연면적 200㎡ 초과하는 신축 증축(기존면적 포함)행위로 한다.

다만, 기존 건축물 철거(해체) 후 신축하는 경우에는 기존 연면적을 초과하는 건축행위만 부과 대상으로 한다.

② 부과기준: [(표준시설비용 + 용지비용) ×연면적 ×부담률 (20%)] - 국가 지자체 부담분

  ㉠ 표준시설비용 = 국장이 매년 1월 1일 기준으로 한 기반시설 표준시설비용을 매년 6월 10일 까지 고시하여야 한다.

  ㉡ 용지비용 = 용지환산계수 ×개별공시지가 평균 ×건축물별 기반시설 유발계수

기반시설 유발계수

0.5	창고시설	1.4	문화 및 집회시설, 종교시설, 운수시설, 자원순환관련시설
0.7	단독 및 공동주택, 교육연구 시설, 노유자시설, 수련시설, 운동시설, 업무시설, 위험물저장처리시설, 자동차관련시설, 동·식물 관련시설, 교정시설, 국방군사시설, 발전시설, 묘지관련시설, 장례시설, 야영장 시설	1.6	제2종 근린생활시설
0.8	방송통신시설	1.9	관광휴게시설
0.9	의료시설	2.1	위락시설
1.0	숙박시설	0.3 ~2.1	공장 (비금속 광물제품제조공장 - 1.3)
1.3	제1종 근린생활시설, 판매시설		

③ 납부의무자 → 미납시 지방행정제재 부과금 징수 법률에 따라 징수할 수 있다.

  ㉠ 건축행위를 위탁 도급한 경우 그 위탁이나 도급한 자

  ㉡ 타인 소유의 토지를 임차하여 건축행위를 하는 경우 그 행위자

  ㉢ 건축행위 완료 전 건축주 지위나 위㉠㉡ 지위를 승계한 자

④ 부과 및 납부시기 [32회]

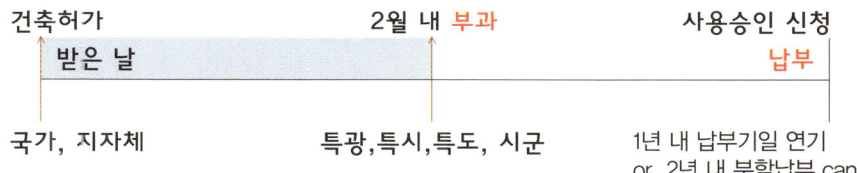

: 부과권자는 납부의무자가 국가 지방자치단체로부터 건축허가 등을 받은 날부터 2개월 이내에 부과하여야 하고, 납부의무자는 사용승인 신청 시까지 이를 내야 한다.

⑤ 기반시설 설치비용은 현금 신용카드 직불카드로 납부하도록 하되, 부과대상 토지 및 이와 비슷한 토지로 하는 납부(물납)를 인정할 수 있다.

⑥ "특광,특시,특도,시군"은 기반시설설치비용의 관리 및 운용을 위하여 기반시설부담구역별로 특별회계(조례)를 설치하여야 한다. / 잔액(환급 X) → 초과 납부등에 환급

[31회] 기반시설 유발하는 시설에서 제외되는 건축물

① 유아교육법에 따른 사립유치원, 건축법·주택법에 따라 리모델링 하는 건축물 등

② 도시 재정비 촉진을 위한 특별법, 정비법에 따라 공급하는 임대주택

③ 녹지, 관리, 농림, 자연환경보전지역에서 설치하는 농수산물 집하장 ↔ 상업지역 ×

④ 주한 국제기구 소유의 건축물/국가·지방자치단체 건축하는 건축물 / 종교집회장

⑤ 택지개발지구에서 지구단위 계획을 수립하여 개발하는 토지에 건축하는 건축물 등

제5장 보칙 및 벌칙

제1절 보칙

1. 도시계획위원회 33회

1) 중앙도시계획위원회 – 위원장 부위원장 각 1명 포함, 25명 이상 30명 이내
   ① **국토교통부**에 둔다.
   ② 분과위원회의 심의는 중앙도시계획위원회의 심의로 본다. 다만, 중앙도시계획위원회에서 위임하는 사항은 중앙도시계획위원회가 분과위원회의 심의를 중앙도시계획위원회의 심의로 보도록 하는 **경우에만** 해당한다.
2) 시·도 도시계획위원회 – 시·도의 권한에 속하는 사항의 심의 등
   : 위원장 부위원장 각 1명 포함, 25명 이상 30명 이내
3) 시·군·구 도시계획위원회 – 시·군·구의 권한에 속하는 사항의 심의 등
   : 위원장 부위원장 각 1명 포함 15명 이상 25명 이하
4) 회의록
   ① 회의록은 1년의 범위에서 대통령령으로 정하는 기간이 지난 후에는 공개 요청이 있는 경우 대통령령으로 정하는 바에 따라 공개하여야 한다
   ② 회의록의 공개는 **열람** 또는 **사본**을 제공하는 방법으로 한다

2. 시범도시 36회

→ 도시계획위원회 자문 거칠 수 있다.

1) 지정 : **국토교통부장관**은 직접 또는 요청에 의하여 경관·생태·정보통신·과학·문화·관광 등 분야별로 시범도시를 지정할 수 있다.
2) **주민** 의견청취 : 특광, 특시, 특도, 시군구장(관할 시군구에 한정되어 있는 경우)은 **시범도시사업계획(도시군계획등 조정·정비에 관한사항 등)**을 수립하고자 하는 때에는 미리 설문조사 열람 등을 통하여 주민의 의견을 들어야 한다.
3) **보조 및 융자**
   ① 시범도시사업계획의 수립에 소요되는 **비용의 80% 이하**
   ② 시범도시 사업의 시행에 소요되는 비용(보상비 제외)의 **50% 이하**

제2절 벌칙

1. 3년 이하의 징역 또는 3천만원 이하의 벌금

① 개발행위허가를 위반하여 허가 등 받지 아니하거나, 부정한 방법으로 허가 등을 받아 개발행위를 한 자
② 시가화조정구역에서 허가를 받지 아니하고 행위를 한 자

2. 2년 이하의 징역 또는 2천만원 이하의 벌금

① 도시·군 관리계획 결정없이 기반시설을 설치한 자
② 공동구에 수용하여야 하는 시설을 공동구에 수용하지 아니한 자
③ 지구단위계획(가설건축물 제외)에 맞지 아니하게 건축물을 건축하거나 용도를 변경한 자
④ 용도지역 또는 용도지구에서의 제한을 위반하여 건축물 등의 건축 등을 하거나 그 용도를 변경한 자

3. 1천만원 이하의 과태료

① 공동구 설치비용을 내지 아니한 자가 허가를 받지 아니하고 공동구를 점용하거나 사용한 자
② 정당한 사유없이 타인토지 출입에 따른 행위를 방해하거나 거부한 자
③ 타인토지출입 규정에 따른 허가 동의를 받지 아니하고 행위를 한 자
④ 보고 및 검사 등에 따른 검사를 거부 방해하거나 기피한 자

4. 5백만원 이하의 과태료

① 재해복구, 재난수습을 위한 응급조치 후 1월 이내에 신고하지 아니한 자
② 보고 및 검사 등에 따른 보고 또는 자료 제출을 하지 아니하거나, 거짓된 보고 또는 자료 제출을 한 자

[필수지문 정리 빵구노트]

01 건축물 건축 또는 공작물 설치, (　　　　　), 토석채취, 토지분할, 녹지지역·관리지역·자연환경보전지역 안에서 울타리 밖에 1개월 이상 (　　　　)를 하고자 하는 자는 특별시의 경우 특별시장의 개발행위허가를 받아야 한다. 다만, (　　　)에 의한 행위는 그러하지 아니하다.

02 (　　　　　)이란 절토(땅깎기), 성토(흙쌓기), 정지(땅고르기), 포장 등의 방법으로 토지의 형상을 변경하는 행위와 공유수면을 매립하는 행위는 말한다.

03 특별시의 경우 특별시장은 개발행위허가를 하는 경우, 미리 개발행위허가를 신청한 자의 의견을 들어 그 개발행위에 따른 기반시설의 설치 또는 그에 필요한 용지의 확보, 위해방지, 환경오염방지, 경관, 조경 등에 관한 조치를 할 것을 (　　　)으로 개발행위허가를 할 수 있다.

04 특별시의 경우 특별시장은 기반시설의 설치 그에 필요한 용지의 확보, 위해방지, 환경오염방지, 경관, 조경 등을 위하여 필요하다고 인정되는 경우에는 이의 이행을 보증하기 위하여 (　　　)을 예치하게 할 수 있다. 다만, 국가, (　　　　), (　　　), 공공단체인 경우에는 그러하지 아니하다.

05 특별시의 경우 특별시장은 (　　　)(　　　)(　　　)(　　　　　) 중 향후 시가화가 예상되는 지역 등의 전부 또는 일부에 대하여 성장관리계획구역을 지정할 수 있다.

06 개발행위를 하려는 자는 그 개발행위에 따른 기반시설의 설치나 그에 필요한 용지의 확보, 위해방지, 환경오염방지, 경관, 조경 등에 관한 계획서를 첨부한 신청서를 개발행위허가권자에게 제출하여야 한다. 이 경우 (　　　　　) 안에서는 기반시설의 설치나 그에 필요한 용지의 확보에 관한 계획서를 제출하지 아니한다.

07 경작을 위한 토지형질변경으로서 (　　)과 (　　) 사이의 변경을 제외하고 지목의 변경을 수반하는 경우 등에는 개발행위허가를 받아야 한다. 또한, 토지의 일부를 (　　) 또는 (　　)로 하거나 (　　)로 사용하기 위한 분할은 개발행위허가를 받지 아니하고 할 수 있다.

08 개발행위허가를 받은 사항을 변경하는 경우에는 변경허가를 받아야 하나, 사업기간을 (　　)하는 경우, 부지면적 또는 건축물 연면적을 (　　)범위 안에서 (　　)하는 경우에는 특별시장·광역시장·특별자치시장·특별자치도지사·시장 또는 군수에게 허가받지 아니하고 할 수 있으며, 변경한 때에는 지체없이 통지하여야 한다.

09 허가할 수 있는 경우 그 기준은 지역의 특성, 지역의 개발상황, 기반시설의 현황 등을 고려하여 (　　　)[주거지역 상업지역 공업지역], (　　　) [(허가기준 강화 완화)계획관리지역·생산관리지역·자연녹지지역], (　　　)[(허가기준 강화)보전관리지역·농림지역·자연환경보전지역·생산녹지지역 및 보전녹지지역]으로 정한다.

10 용도지역별 특성을 고려한 개발행위허가의 규모는 토지형질변경 면적 으로서, 주거·상업·자연녹지·생산녹지지역은 (　　　)㎡ 미만, 공업지역·관리지역·농림지역은 (　　　)㎡ 미만, 보전녹지지역·자연환경보전지역은 (　　　)㎡ 미만을 말한다. (규모 이상은 심의거쳐 허가)

11 지구단위계획 또는 성장관리계획을 수립한 지역에서 하는 개발행위, 산림자원의 조성 및 관리에 관한 법률에 따른 산림사업, 사업 사업법에 따른 사방사업을 위한 개발행위 등은 도시계획위원회의 (　　)를 거치지 아니한다.

12 특별시의 경우 특별시장은 성장관리계획구역을 지정할 때에는 (   )의 배치 규모에 관한 사항 및 건축물의 (   )과 건폐율 또는 용적률, 건축물의 배치 형태 색채 및 높이, 환경관리 및 경관계획 등 필요한 사항을 포함하여 성장관리계획을 수립하여야 한다.

13 성장관리계획구역에서는 성장관리계획으로 정하는 바에 따라 특별시 등의 조례로 계획관리지역의 건폐율은 (   ) 이하, 용적률은 (   ) 이하 범위에서 완화하여 적용할 수 있다. 또한, 생산관리지역, 자연녹지지역, 농림지역, 생산녹지지역의 건폐율은 (   ) 이하 완화하여 적용할 수 있다.

14 국토교통부장관, 시·도지사, 시장 또는 군수는 지구단위계획구역으로 지정된 지역, (   )으로 지정된 지역 등에서 중앙 및 지방 도시계획위원회의 심의를 거쳐 한 차례만 (   ) 이내의 기간 동안 개발행위허가를 제한할 수 있으며, 심의 거치지 아니하고 한 차례만 (   ) 이내에 기간 동안 개발행위허가의 제한을 연장할 수 있다.

15 개발행위허가를 받은 자가 (   ) 경우 새로 설치한 공공시설은 그 시설을 관리할 관리청에 (   )으로 귀속되고, 개발행위로 용도가 폐지되는 공공시설은 새로 설치한 공공시설의 설치비용에 상당하는 범위에서 개발행위허가를 받은 자에게 (   )으로 양도할 수 있다.

16 특별시장은 공공시설의 귀속에 관한 사항이 포함된 개발행위허가를 하려면 미리 해당 공공시설이 속한 관리청의 의견을 들어야 하는데 관리청이 불분명한 경우에는 도로 등에 대하여는 (   )을, 하천에 대하여는 (   )을 관리청으로 보고 그 외의 재산에 대하여는 (   )을 관리청으로 본다.

17 개발밀도관리구역은 (   ) 상업지역 공업지역에서 개발행위로 기반시설의 처리 등 능력이 부족할 것으로 예상되는 지역 중 기반시설의 설치가 (   )한 지역에 지정할 수 있으며, 당해 용도지역에 적용되는 용적률 최대한도의 (   )범위에서 강화하여 적용한다.

18 기반시설부담구역에서 기반시설 설치비용의 부과 대상인 건축행위는 단독주택 및 숙박시설 등의 시설로서 (   )(기존 건축물 연면적 포함)를 초과하는 건축물의 신축 및 증축행위로 한다.

19 기반시설부담구역은 개발밀도관리구역 외의 지역으로서 행위제한이 (   )되거나 해제되는 지역, 해당 지역의 전년도 개발행위허가가 건수가 전전년도 개발행위허가가 건수보다 (   ) 이상 증가한 지역, 해당 지역의 전년도 인구증가율이 그 지역이 속하는 특별시 등의 전년도 인구증가율 보다 (   ) 이상 높은 지역에 지정하여야 한다.

20 (   )을 수립한 경우에는 기반시설설치계획을 수립한 것으로 본다. 또한, 기반시설부담구역의 지정 고시일부터 (   ) 되는 날까지 기반시설설치계획을 수립하지 아니하면 그 (   )이 되는 날의 다음날에 기반시설부담구역의 지정은 해제된 것으로 본다.

21 기반시설유발계수 - [   ] 창고시설, [   ] 방송통신시설, [   ] 의료시설, [   ] 숙박시설, [   ] 제1종 근린생활시설·판매시설, [   ] 문화 및 집회시설·종교시설·운수시설·자원순환관련시설, [   ] 제2종 근린생활시설, [   ] 관광휴게시설· [   ]위락시설 등 (공장을 제외한 나머지는 0.7)

정답 및 해설

22 특별시장·광역시장·특별자치시장·특별자치도지사·시장 또는 군수는 납부의무자가 국가 또는 지방자치단체로부터 건축허가를 받은 날부터 (   ) 이내에 기반시설설치비용을 부과하여야 하고, 납부의무자는 (   ) 신청 시까지 이를 내야 한다.

23 기반시설부담구역에서 국가 또는 (   )가 건축하는 건축물, 녹지지역 관리지역 농림지역 자연환경보전지역의 (   ), 건축법 및 주택법에 따른 (   )하는 건축물, 도시 및 주거환경정비법에 따라 공급하는 (   ), 종교집회장 등은 기반시설을 유발하는 시설에서 제외되는 건축물이다.

24 국토교통부장관은 도시의 경제·사회·문화적인 특성을 살려 개성 있고 지속가능한 발전을 촉진하기 위하여 필요하면 직접 또는 관계 중앙행정기관의 장이나 시·도지사의 요청에 의하여 경관, 생태, 정보통신, 과학, 문화, 관광, 그 밖에 대통령령으로 정하는 분야별(교육, 안전, 교통 등)로 (   )를 지정할 수 있다. 또한 특별시장 등은 시범도시사업계획을 수립하고자 하는 때에는 (   )의 의견을 들어야 한다.

25 지구단위계획(가설건축물 제외)에 맞지 아니하게 건축물을 건축하거나 용도를 변경한 자에 해당하는 자는 (   ) 이하 징역 또는 (   )원 이하의 벌금에 처한다.

26 공동구 설치비용을 부담하지 아니한 자가 공동구 관리자의 허가를 받지 아니하고 공동구를 점용하거나 사용한 경우에는 (   )원 이하의 과태료를 부과하며, 개발행위허가 받지 아니하고 재난수습을 위한 응급조치 후 1개월 이내 특별시장 등에게 신고하지 아니한 경우에는 (   )원 이하의 과태료를 부과한다.

01	토지형질변경, 물건을 쌓아놓는 행위, 도시·군 계획사업
02	토지형질변경
03	조건
04	이행보증금, 지방자치단체, 공공기관
05	녹지지역, 관리지역, 농림지역, 자연환경보전지역
06	개발밀도관리구역
07	전, 답/ 국유지, 공유지, 공공시설
08	단축, 5%, 축소
09	시가화 용도, 유보용도, 보전용도
10	1만, 3만, 5천
11	심의
12	기반시설, 용도제한
13	50%, 125%, 30%
14	기반시설부담구역, 3년, 2년
15	행정청이 아닌, 무상, 무상
16	국토교통부장관, 환경부장관, 기획재정부장관
17	주거지역, 곤란, 50%
18	200㎡
19	완화, 20%, 20%
20	지구단위계획, 1년, 1년
21	0.5, 0.8, 0.9, 1.0, 1.3, 1.4, 1.6, 1.9 2.1
22	2개월, 사용승인
23	지방자치단체, 농수산물 집하장, 리모델링, 임대주택
24	시범도시, 주민
25	2년, 2천만
26	1천만, 5백만

[기출지문 정리]

01 [29회] 주변지역과 연계하여 체계적인 관리가 필요한 주거지역에는 개발행위허가기준으로서 성장관리계획을 수립할 수 있다. (O / X)

02 [23회] 허가받은 개발행위의 사업기간을 연장하려는 경우에는 변경에 대한 허가를 받아야 한다. (O / X)

03 [23회] 경작을 위한 경우라도 전 답 사이의 지목변경을 수반하는 토지의 형질변경은 허가를 받아야 한다. (O / X)

04 [30회] 재해복구를 위한 응급조치로서 공작물의 설치를 하려는 자는 도시·군 계획사업에 의한 행위가 아닌 한 개발행위허가를 받아야 한다. (O / X)

05 [26회] 토지분할에 대해 개발행위허가를 받은 자가 그 개발행위를 마치면 관할 행정청의 준공검사를 받아야 한다. (O / X)

06 [26회] 도시개발법에 따른 도시개발사업에 의해 건축물을 건축하는 경우에는 개발행위허가를 받지 않아도 된다. (O / X)

07 [22회] 허가권자가 개발행위허가를 하면서 환경오염방지 등의 조치를 할 것 등의 조건을 붙이려는 때에는 미리 개발행위허가를 신청한 자의 의견을 들어야 한다. (O / X)

08 [30회] 특별시장은 기반시설의 설치나 그에 필요한 용지확보 등을 위하여 필요하다고 인정되는 경우 이의 이행을 보증하기 위하여 국가나 지방자치단체가 시행하는 개발행위에 대하여 이행보증금을 예치하게 할 수 있다. (O / X)

09 [20회] 지구단위계획이 수립된 지역에서는 도시계획위원회의 심의를 거치지 아니하고 개발행위자는 허가를 받을 수 있다. (O / X)

10 [18회] 지구단위계획구역으로 지정된 지역은 심의를 거치지 아니하고, 한 차례만 2년 이내 제한 기간의 연장이 가능하다. (O / X)

11 [30회] 개발행위허가를 받은 자가 행정청인 경우 그가 기존의 공공시설에 대체되는 공공시설을 설치하면 기존의 공공시설은 대체되는 공공시설의 설치비용에 상당하는 범위 안에서 개발행위허가를 받은 자에게 무상으로 양도될 수 있다. (O / X)

12 [30회] 개발행위허가를 받은 자가 행정청이 아닌 경우 개발행위로 용도가 폐지되는 공공시설은 개발행위허가를 받은 자에게 전부 무상으로 귀속된다. (O / X)

---

01 × 주거지역에는 개발행위허가기준으로서 성장관리계획을 수립할 수 없다.

02 ○

03 × 허가받지 아니하는 경우이다.

04 × 재해복구를 위한 응급조치는 개발행위허가를 받지 아니한다.

05 × 토지분할은 준공검사 받지 아니한다.

06 ○

07 ○

08 × 국가나 지방자치단체가 시행하는 개발행위는 이행보증금을 예치하게 할 수 없다.

09 ○

10 ○

11 × 종래 공공시설은 개발행위허가를 받은자에게 무상으로 귀속된다.

12 × 새로 설치한 공공시설 설치 비용에 상당하는 범위에서 개발행위허가를 받은 자에게 무상으로 양도 할 수 있다.

13	17회	개발밀도관리구역 안에서는 해당 용도지역에 적용되는 용적률 최대한도의 50% 범위 안에서 용적률을 강화하여 적용한다. (O / X)
14	20회	전전년도 개발행위허가 건수가 100건이었으나, 전년도 개발행위허가 건수가 130건으로 증가한 지역은 기반시설부담구역으로 지정하여야 한다. (O / X)
15	27회	동일한 지역에 기반시설부담구역과 개발밀도관리구역을 중복하여 지정할 수 있으며, 기반시설부담구역에서 건축법 또는 주택법령상 리모델링하는 건축물은 기반시설을 유발하는 건축물이다. (O / X)
16	30회	광역시장은 국토의 계획 및 이용에 관한 법률의 개정으로 인하여 행위제한이 완화되는 지역에 대하여는 이를 기반시설부담구역으로 지정할 수 없다. (O / X)
17	30회	기반시설부담구역이 지정되면 광역시장은 기반시설설치계획을 수립하여야 하며, 이를 도시·군 관리계획에 반영하여야 한다. 또한, 지구단위계획을 수립한 경우에는 기반시설설치계획을 수립한 것으로 본다. (O / X)
18	30회	기반시설부담구역의 지정 고시일부터 (ㄱ) 되는 날까지 광역시장이 기반시설설치계획을 수립하지 아니하면 그 (ㄴ)이 되는 날의 다음 날에 기반시설부담구역의 지정은 해제된 것으로 본다.
19	25회	제1종 근린생활시설, 공동주택, 의료시설, 업무시설, 숙박시설 중 건축물별 유발계수가 가장 높은 것은 제1종 근린생활시설이다. (O / X)
20	30회	단독주택, 장례시설, 관광휴게시설, 제2종 근린생활시설, 비금속 광물제품제조공장 중 기반시설부담구역에서 건축물별 기반시설유발계수가 가장 큰 것은 관광휴게시설이다. (O / X)
21	31회	특별시장은 자금조달계획이 목적사업의 실현에 적합하도록 수립되어 있을 것과 도시·군계획으로 경관계획이 수립되어 있는 경우에는 그에 적합할 것 등에 맞아야 개발행위를 허가할 수 있다. (O / X)

13	O
14	O
15	X 중복하여 지정할 수 없으며, 기반시설부담구역에서 리모델링하는 건축물은 기반시설을 유발하는 시설에서 제외되는 건축물이다.
16	X 행위제한이 완화되는 지역에 대하여는 이를 기반시설부담구역으로 지정하여야 한다.
17	O
18	ㄱ 1년, ㄴ 1년
19	O 제1종 근린생활시설 (1.3), 공동주택(0.7), 의료시설(0.9), 업무시설(0.7), 숙박시설(1.0)
20	O 단독주택(0.7), 장례시설(0.7), 관광휴게시설(1.9), 제2종 근린생활시설(1.6), 비금속 광물제품제조공장(1.3)
21	X 자금조달계획이 목적사업의 실현에 적합하도록 수립되어 있을 것은 개발행위허가의 기준이 아니다.

#		문제	정답
22	31회	계획관리지역에서 경관계획을 포함하는 성장관리계획을 수립한 경우에는 50퍼센트 이하의 범위에서 조례로 건폐율을 정할 수 있다. (O / ×)	O
23	31회	기반시설부담구역에서 기반시설설치비용의 부과대상인 건축행위는 제2조 제20호에 따른 시설로서 (　　)㎡(기존 건축물의 연면적을 포함한다)를 초과하는 건축물의 신축·증축 행위로 한다.	200
24	31회	상업지역에 설치하는 「농수산물유통 및 가격안정에 관한 법률」에 따른 농수산물집하장은 기반시설을 유발하는 시설에서 제외되는 건축물에 해당한다. (O / ×)	× 녹지 관리 농림 자연환경보전지역에서 설치하는 농수산물 집하장의 경우이다.
25	33회	「사방사업법」에 따른 사방사업을 위한 개발행위를 허가하려면 지방도시계획위원회의 심의를 거쳐야 한다. (O / ×)	× 심의를 거치지 아니하는 경우이다.
26	33회	토지의 일부가 도시·군계획시설로 지형도면 고시가 된 당해 토지의 분할은 개발행위허가를 받아야 한다. (O / ×)	× 개발행위허가를 받지 아니하고 할 수 있는 토지의 분할이다.
27	33회	시·도지사는 기반시설부담구역으로 지정된 지역에 대해서는 10년간 개발행위허가를 제한할 수 있다. (O / ×)	× 기반시설부담구역으로 지정된 지역의 개발행위허가제한 기간은 최장 5년이다.
28	33회	시장 또는 군수는 공업지역 중 향후 시가화가 예상되는 지역의 전부 또는 일부에 대하여 성장관리계획구역을 지정할 수 있으며, 시장 또는 군수는 성장관리계획구역을 지정할 때에는 도시·군관리계획의 결정으로 하여야 한다. (O / ×)	× 성장관리계획구역은 녹지지역, 관리지역, 농림지역, 자연환경보전지역에 지정할 수 있으며, 성장관리계획은 도시 군 관리계획의 내용이 아니다.
29	33회	성장관리계획구역 내 생산녹지지역에서는 30% 이하의 범위에서 성장관리계획으로 정하는 바에 따라 건폐율을 완화하여 적용할 수 있다. (O / ×)	O
30	33회	성장관리계획구역 내 보전관리지역에서는 125% 이하의 범위에서 성장관리계획으로 정하는 바에 따라 용적률을 완화하여 적용할 수 있다. (O / ×)	× 계획관리지역의 경우이다.
31	33회	개발행위에 따른 공공시설 귀속으로서 공공시설의 관리청의 의견을 청취하려는 때 관리청이 불분명한 경우 하천에 대하여는 국토교통부장관을 관리청으로 보고, 개발행위허가를 받은 자가 행정청인 경우 관리청에 귀속되거나 개발행위허가를 받은 자에게 양도될 공공시설은 준공검사를 받음으로써 관리청과 개발행위허가를 받은 자에게 각각 귀속되거나 양도된 것으로 본다. (O / ×)	× 하천에 대하여는 환경부 장관을 관리청으로 보며, 행정청의 경우에는 공공시설의 종류와 토지의 세목을 통지한 날 각각 귀속된 것으로 본다.

32	[33회] 개발행위허가를 받은 자가 행정청인 경우 국토교통부장관의 허가를 받아 그에게 귀속된 공공시설의 처분으로 인한 수익금을 도시·군 계획사업 외의 목적에 사용할 수 있다. (O / ×)	32 × 행정청이므로 수익금은 도시·군 계획사업 외의 목적으로 사용할 수는 없다.
33	[33회] 기반시설설치계획은 기반시설부담구역의 지정 고시일부터 3년이 되는 날까지 수립하여야 한다. (O / ×)	33 × 1년이 되는 날까지 수립하여야 한다.
34	[34회] 기반시설을 설치하거나 그에 필요한 용지를 확보하게 하기 위하여 개발밀도관리구역에 기반시설부담구역을 지정할 수 있다. (O / ×)	34 × 기반시설부담구역은 개발밀도관리구역의 외의 지역 지정 고시하는 구역이다.
35	[34회] 농림지역에 물건을 1개월 이상 쌓아놓는 행위는 개발행위허가의 대상이 아니다. (O / ×)	35 ○ 녹지지역, 관리지역, 자연환경보전지역에서 허가사항이다.
36	[34회] 일정 기간 동안 개발행위허가를 제한할 수 있는 대상지역에 지구단위계획구역은 포함되지 않는다. (O / ×)	36 × 일정 기간 동안 개발행위허가를 제한할 수 있는 대상 지역에 지구단위계획구역은 포함된다.
37	[34회] 기반시설부담구역으로 지정된 지역에 대해서는 중앙도시계획위원회나 지방도시계획위원회의 심의를 거치지 아니하고 개발행위허가의 제한을 연장할 수 있다. (O / ×)	37 ○
38	[35회] 건축물의 건축에 대한 허가를 받은 자가 그 건축을 완료하고 건축법에 따른 건축물의 사용승인을 받은 경우 허가권자는 준공검사를 받지 않아도 된다. (O / ×)	38 ○
39	[35회] 성장관리계획구역에서 30% 이하 범위하여 성장관리계획으로 건폐율을 완화할 수 있는 지역은 생산관리지역, 생산녹지지역, 보전녹지지역, 자연녹지지역, 농림지역이다. (O / ×)	39 × 보전녹지지역은 규정 없다.
40	[35회] 개발밀도관리구역에서는 해당 용도지역에 적용되는 건폐율의 최대한도의 50% 범위에서 건폐율을 강화하여 적용한다. (O / ×)	40 × 용적률 최대한도의 50% 범위에서 용적률을 강화하여 적용한다.
41	[35회] 공원의 이용을 위하여 필요한 편의시설은 기반시설부담구역에 설치가 필요한 기반시설에 해당하지 않는다. (O / ×)	41 × 부대시설 및 편의시설을 포함한다.
42	[35회] 지구단위계획을 수립한 경우에는 기반시설설치계획을 수립한 것으로 본다. 또한 기반시설 부담구역 내에서 신축된 종교집회장은 기반시설 설치비용의 부과 대상이 아니다. (O / ×)	42 ○

제3편 도시개발법 (6문제)

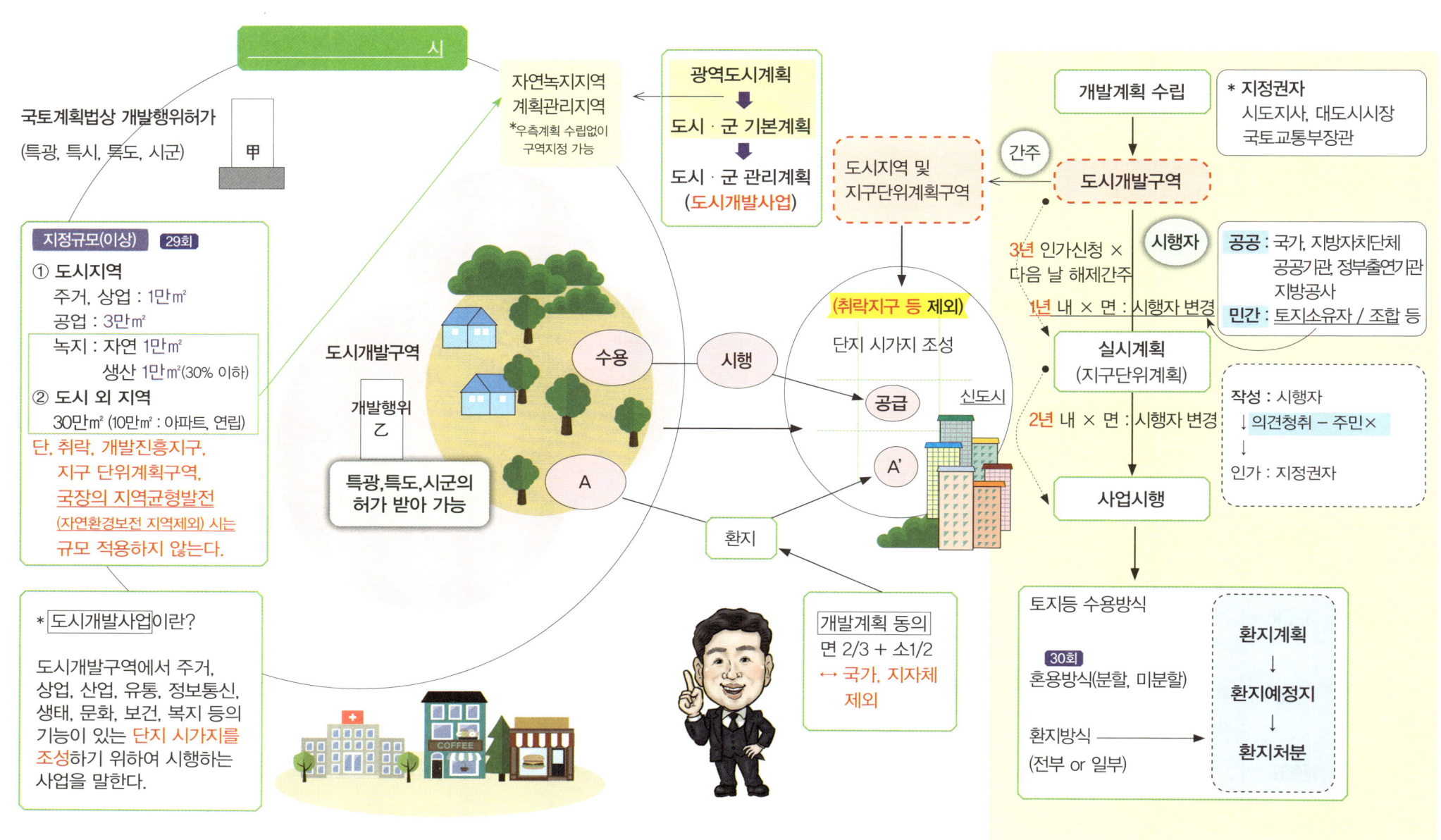

제1장 개발계획 : 작성기준은 국토교통부장관이 정한다.

(1) 개발계획의 수립 (변경 → 지정권자는 직접 or 요청받아 변경할 수 있다.)

1) 원칙 – 도시개발구역을 지정하려면 개발계획을 수립하여야 한다.
2) 예외 – 개발계획을 공모 or 다음의 경우는 구역 후 계획수립 가능

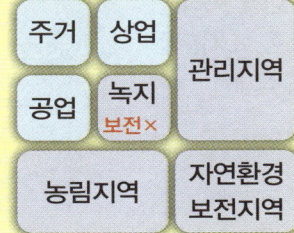

① 자연녹지지역
② 생산녹지지역(30% 이하)
③ 도시지역 외의 지역(관, 농, 자) 36회
④ 국장이 지역균형발전을 위하여 협의하여 지정하려는 지역(자연환경보전지역 제외)
⑤ 해당 도시개발구역에 포함되는 주거, 상업, 공업 지역의 면적의 합계가 30% 이하인 지역

(2) 동의 31회 33회

1) 원칙– 환지방식 (토지면적 2/3 이상 + 소유자총수 1/2 이상 동의)
   ↔ 경미 변경 동의 제외 (제외면적 10%, 편입·제외면적 3만㎡, 면적증감 10% 이상일 때가 아닌 경우)
2) 제외– 지정권자는 환지방식으로 사업을 시행하려고 개발계획을 수립 변경할 때 시행자가 **국가 지방자치단체**이면 동의가 필요 없다.

(3) 동의자수 산정방법 35회

① 국 공유지 포함 (**사유토지 우선동의**)
② 여러 명 공유 – 1명 (집합건물 : 각각)
   ㉠ 1인이 둘이상 필지 단독소유 – 1명
   ㉡ 둘이상 필지토지 공유자 동일 – 1명
③ 구분소유권 분할 (산입×)
④ 지정제안 전 동의 철회 (수 제외)
⑤ 소유자 변경(기존 소유자 동의 기준)

(3) 내용 34회

⑤⑥⑦⑧은 도시개발구역을 지정한 후에 개발계획에 포함시킬 수 있다.

① 도시개발구역의 명칭 위치 및 면적/ 지정목적, 시행기간
② 도시개발사업의 시행자에 관한 사항/ 도시개발사업의 시행방식
③ 인구수용계획/ 토지이용계획/ 교통처리계획/ 환경보전계획
④ 저원조달계획/ 보건의료시설 등 설치계획/ 기반시설 설치계획
⑤ 도시개발구역 밖의 지역에 기반시설 설치에 필요한 비용부담계획
⑥ 수용 사용 대상 토지 건축물 정착물과 소유권 외의 권리 세부목록
⑦ 임대주택 건설계획 등 세입자 등의 주거 및 생활대책
⑧ 순환개발 등 단계별 사업추진 등에 관한 사항

(4) 개발계획의 수립기준

1) 개발계획을 수립하려면 개발계획의 내용이 해당 광역도시계획이나 도시 군 기본계획에 들어맞도록 하여야 한다.
2) 330만㎡이상인 도시개발구역에 관한 개발계획을 수립할 때에는 주거, 생산, 교육, 유통, 위락, 등의 기능이 서로 조화를 이루도록 노력하여야 한다.
3) 개발계획의 작성기준 및 방법은 국토교통부장관이 정한다.

도시개발구역

*효과 – 도시지역 및 지구단위계획구역 간주 [취락지구 등 제외]
*지형도면고시 → 사업시행기간 내

(1) 지정권자 (can)

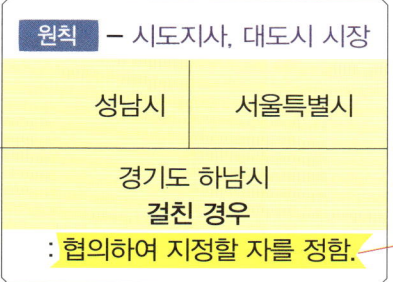

원칙 – 시도지사, 대도시 시장
성남시 / 서울특별시
경기도 하남시 걸친 경우 : 협의하여 지정할 자를 정함.

예외 – 국토교통부장관
① 국가가 실시할 필요
② 관계중앙행정기관장 요청
③ 공공기관장, 정부출연기관장이 30만㎡ 이상 국가계획 제안
④ 둘 이상 걸친 경우 불 협의
⑤ 천재지변 긴급한 사유 36회

* 지정절차 ① 주민이나 관계전문가 등으로부터 의견청취하여야 한다.
② 50만㎡ 이상 (국장과 협의)/ 100만㎡ 이상 (공청회 개최 의무)
③ 10만㎡ 미만은 일간신문에 공고하지 아니하고 공보 등에 공고

(2) 지정제안 등 36회   대도시 제외 시·군·구장이 시도지사에게 요청

시행자 → 특별자치도지사, 시·군·구 제안 → 시도지사에게 요청
① 국가, 지방자치단체, 조합 제외
② 서류제출 : 걸친 경우 – 걸친 부분이 가장 큰 시·군·구에 제출
③ 민간 시행자는 토지면적 2/3 이상 토지소유자(지상권자 포함) 동의 ㅇ 29회
④ 1개월 내 통보(1개월 내 연장) / 비용에 전부, 일부를 제안자에게 부담시킬 수 있다.

(3) 도시개발구역의 분할 및 결합
분할 후 각 사업시행지구의 면적이 각각 1만㎡ 이상인 경우로 하며, 서로 떨어진 둘 이상의 지역을 결합하여 하나의 도시개발구역으로 지정할 수 있는 경우는 1만㎡이상의 지역이어야 한다.

(4) 자연 및 생산녹지지역, 도시 외 지역 지정요건
1) 원칙 – 광역도시계획 또는 도시 군 기본계획에 의하여 개발이 가능한 용도로 지정된 지역에서만 지정하여야 한다.
2) 예외 – 광역도시계획 및 도시 군 기본계획이 수립되지 아니한 지역인 경우에는 자연녹지지역 및 계획관리지역에서만 도시개발구역을 지정할 수 있다.

(5) 도시개발구역 내 개발행위허가

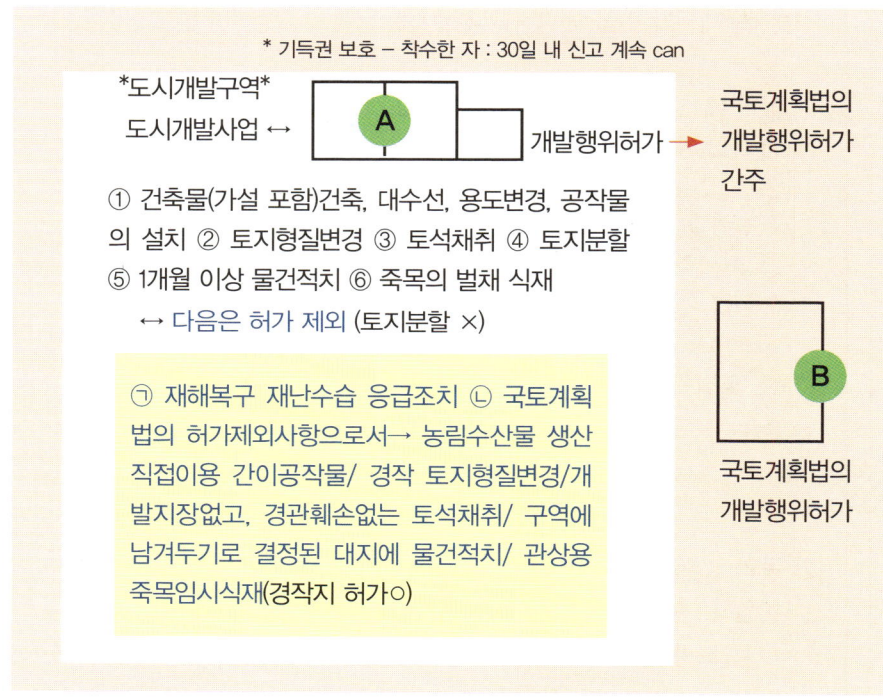

* 기득권 보호 – 착수한 자 : 30일 내 신고 계속 can

① 건축물(가설 포함)건축, 대수선, 용도변경, 공작물의 설치 ② 토지형질변경 ③ 토석채취 ④ 토지분할
⑤ 1개월 이상 물건적치 ⑥ 죽목의 벌채 식재
↔ 다음은 허가 제외 (토지분할 ×)

㉠ 재해복구 재난수습 응급조치 ㉡ 국토계획법의 허가제외사항으로서→ 농림수산물 생산 직접이용 간이공작물/ 경작 토지형질변경/개발지장없고, 경관훼손없는 토석채취/ 구역에 남겨두기로 결정된 대지에 물건적치/ 관상용 죽목임시식재(경작지 허가ㅇ)

(6) 도시개발구역의 해제 간주 – 다음에 해당된 날 다음날

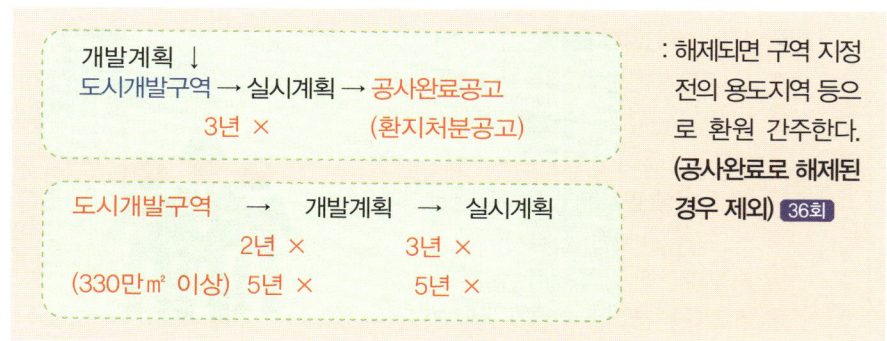

: 해제되면 구역 지정 전의 용도지역 등으로 환원 간주한다. (공사완료로 해제된 경우 제외) 36회

[필수지문 정리 빵구노트]

01 (　　)이란 도시개발구역에서 주거·상업·산업·유통·정보통신·생태·문화·보건 및 복지 등의 기능이 있는 단지 또는 시가지를 조성하기 위하여 시행하는 사업을 말한다.

02 지정권자는 환지방식의 도시개발사업에 대한 개발계획을 수립하려면 환지방식이 적용되는 지역의 토지면적의 (　　) 이상에 해당하는 토지소유자와 그 지역의 토지소유자 총수의 (　　) 이상의 동의를 받아야 한다. 다만, 시행자가 (　　)(　　)인 경우를 제외한다.

03 [지정권자] – (　　)(　　)은 계획적인 도시개발이 필요하다고 인정되면 도시개발구역을 지정할 수 있다. 다만, 관계중앙행정기관의 장이 요청하는 경우, 공공기관의 장 또는 정부출연기관의 장이 30만㎡ 이상으로 국가계획과 밀접한 관련이 있는 도시개발구역의 지정을 제안하는 경우 등에는 (　　)이 도시개발구역을 지정할 수 있다.

04 도시개발구역이 지정 고시된 경우, 해당 도시개발구역은 국토의 계획 및 이용에 관한 법률에 의한 (　　)과 (　　)으로 결정·고시된 것으로 본다. 다만, (　　) 등으로 지정된 지역인 경우에는 그러하지 아니하다.

05 도시개발구역 밖의 지역에 기반시설을 설치하여야 하는 경우에는 그 시설의 설치에 필요한 비용의 부담 계획은 도시개발구역을 지정한 후에 (　　)에 포함시킬 수 있다.

06 관상용 죽목의 임시 식재 [(　　)에서의 임시 식재는 제외한다]는 도시개발구역에서 허가를 받지 아니하고 할 수 있다.

07 도시개발구역을 지정한 후 개발계획을 수립하는 경우에는 도시개발구역이 지정·고시된 날부터 (ㄱ)이 되는 날까지 개발계획을 수립·고시하지 아니하는 경우에는 그 (ㄱ)이 되는 날의 다음 날에 도시개발구역의 지정이 해제된 것으로 본다. 다만, 도시개발구역의 면적이 330만㎡ 이상인 경우에는 (ㄴ)으로 한다.

정답 및 해설

01	도시개발사업
02	3분의 2, 2분의 1, 국가, 지방자치단체
03	시·도지사, 대도시 시장/ 국토교통부장관
04	도시지역, 지구단위계획구역, 취락지구
05	개발계획
06	경작지
07	ㄱ 2년, ㄴ 5년

[기출지문 정리]

01 [26회] 해당 도시개발구역에 포함되는 주거지역이 전체 도시개발구역 면적의 100분의 40인 지역을 도시개발구역으로 지정할 때에는 도시개발구역을 지정한 후에 개발계획을 수립할 수 있다. (O / ×)

01 × 100분의 30 이하인 지역을 도시개발구역을 지정한 후에 개발계획을 수립할 수 있다.

02 [21회] 도시개발구역 밖의 지역에 기반시설을 설치하여야 하는 경우 그 시설의 설치에 필요한 비용의 부담계획은 도시개발구역을 지정한 후에 개발계획에 포함시킬 수 있는 내용이다. (O / ×)

02 ○

03 [22회] 시행자가 국가, 지방자치단체인 경우로서 환지방식의 도시개발사업에 대한 개발계획의 수립 변경을 위한 동의자 수를 산정하는 경우 집합건물의 대표 구분소유자 1인 만을 토지소유자로 본다. (O / ×)

03 × 시행자가 국가·지방자치단체인 경우에는 동의받지 아니하며, 동의받는 경우라도 집합건물의 경우에는 각각을 소유자로 산정한다.

04 [30회] 도시개발구역의 총 면적이 1만㎡ 미만인 경우 둘 이상의 사업시행지구로 분할하여 지정할 수 있으며, 대도시 시장은 직접 도시개발구역을 지정할 수 없고 도지사에게 그 지정을 요청하여야 한다. (O / ×)

04 × 분할 후 각각의 면적이 1만㎡ 이상인 경우 분할할 수 있으며, 대도시 시장이 직접 도시개발구역을 지정할 수도 있다.

05 [26회] 지방공사의 장이 30만㎡ 규모로 도시개발구역의 지정을 요청하는 경우에는 국토교통부장관이 지정할 수 있다. (O / ×)

05 × 관계중앙행정기관의 장이 요청하는 경우 국토교통부장관이 도시개발구역을 지정할 수 있다.

06 [29회] 주거지역, 상업지역, 공업지역, 자연녹지지역에서 도시개발구역을 지정할 수 있는 규모는 3만㎡ 이상이어야 한다. (O / ×)

06 × 주거지역, 상업지역, 자연녹지지역은 1만㎡ 이상이며, 공업지역은 3만㎡ 이상이다.

07 [18회] 농림수산물의 생산에 직접 이용되는 것으로 비닐하우스의 설치, 도시개발구역의 개발에 지장을 주지 아니하고 자연경관을 손상하지 아니하는 범위 안에서의 토석채취, 토지의 분할행위는 특별시장 등에게 허가받지 아니하고 할 수 있다. (O / ×)

07 × 토지분할행위는 특별시장 등에 허가받아야 하는 행위이다.

08 [33회] 한국토지주택공사 사장이 20만㎡의 규모로 국가계획과 밀접한 관련이 있는 도시개발구역의 지정을 제안하는 경우 국토교통부장관이 도시개발구역을 지정할 수 있다. (O / ×)

08 × 공공기관의 장(한국토지주택공사 사장), 정부출연기관의 장이 30만㎡ 이상의 규모로 국가계획과 밀접한 관련이 있는 도시개발구역의 지정을 제안하는 경우 국토교통부장관이 도시개발구역을 지정할 수 있다.

09 [30회] 자연녹지지역에서 도시개발구역을 지정한 이후 도시개발사업의 계획을 수립하는 것은 허용되지 아니하며, 도시개발사업이 필요하다고 인정되는 지역이 둘 이상의 도의 행정구역에 걸치는 경우에는 해당 면적이 더 넓은 행정구역의 도지사가 도시개발구역을 지정하여야 한다. (O / ×)

09 × 자연녹지지역에서는 도시개발구역을 지정한 이후 도시개발사업의 개발계획을 수립할 수 있으며, 둘 이상의 시도에 걸치는 경우에는 협의하여 도시개발구역을 지정할 자를 정한다.

10 [34회] 임대주택건설계획 등 세입자 등의 주거 및 생활안정대책은 도시개발구역을 지정한 후에 개발계획에 포함시킬 수 있다. (O / ×)

10 ○

11 [35회] 개발계획 수립에 필요한 동의자 수를 산정하는 방법으로 1인이 둘 이상 필지의 토지를 단독으로 소유한 경우에는 필지의 수에 관계 없이 토지소유자를 1인으로 본다. (O / ×)

12 [35회] 개발계획 수립에 필요한 동의자 수를 산정하는 방법으로 도시개발 구역의 지정이 제안된 후부터 개발계획이 수립되기 전까지의 사이에 토지소유자가 변경된 경우 변경된 토지소유자의 동의서를 기준으로 한다. (O / ×)

11 O

12 × 기존의 토지 소유자의 동의서를 기준으로 하여야 한다.

[제36회 기출문제]

01 도시개발법령상 도시개발구역의 지정에 관한 설명으로 틀린 것은? (단, 특례는 고려하지 않음)

① 국토교통부장관은 천재지변, 그 밖의 사유로 인하여 도시개발사업을 긴급하게 할 필요가 있는 경우 도시개발구역을 지정할 수 있다.

② 지정권자는 도시지역 외의 지역에 도시개발구역을 지정할 때에는 도시개발구역을 지정한 후에 개발계획을 수립할 수 있다.

③ 도시개발구역을 둘 이상의 사업시행지구로 분할하는 경우 분할 후 각 사업시행지구의 면적은 각각 1만㎡ 이상이어야 한다.

④ 도시개발구역 지정대장은 전자적 처리가 불가능한 특별한 사유가 없으면 전자적 처리가 가능한 방법으로 작성·관리하여야 한다.

⑤ 환지 방식의 도시개발사업에서 환지처분의 공고가 이루어진 경우 그 도시개발구역에 대한 용도지역 및 지구단위계획구역은 해당 도시개발구역 지정 전의 용도지역 및 지구단위계획구역으로 각각 환원되거나 폐지된 것으로 본다.

정답 및 해설

01 ⑤ 사업의 완료(환지처분공고)로 인한 도시개발구역의 해제는 도시개발구역 지정 전의 용도지역 등으로 환원 폐지되지 아니한다.

제2장 시행자 및 실시계획

시행자

(1) 지정권자의 지정받아 시행자가 된다. ↔ 한국 부동산원 × [33회]

- ① **공공**: 국가, 지방자치단체, 공공기관(토지주택공사, 수자원공사, 농어촌공사, 관광공사, 철도공사, 공항공사, 매입공공기관), 정부출연기관(국가철도공단 등), 지방공사
- ② **민간**: 토지소유자, 조합 (전부 환지방식) 등 → 역세권 개발사업 한정

공동출자법인
: 공공시행자 + 민간참여자
  이익률 10% 내

(2) 지방자치단체 등(LH, 지방공사, 신탁업자)의 지정사유 → 시행규정 작성 [30회]
- ① 토지소유자 조합이 개발계획 수립 고시일 부터 1년 내 시행자 지정신청 × (6개월 이내 연장가능)
- ② 지방자치단체의 장이 집행하는 공공시설 사업과 병행 시행 필요 인정 (국가 ×)
- ③ 국 공유지 제외한 면적 2분의 1 이상의 토지소유자와 토지 소유자 총수 2분의 1 이상이 지방자치단체 등 시행에 동의하는 때

(3) 시행자 변경 사유
- ① 실시계획 인가 받은 후 2년 이내에 사업을 착수하지 아니하는 경우
- ② 시행자 지정, 실시계획 인가가 취소된 경우
- ③ 시행자 부도 파산 목적달성 불가능
- ④ 전부환지방식 시행자가 구역 지정 고시일부터 1년 이내 실시계획 인가신청 × (6개월 이내 연장가능)

* **위탁시행**: 시행자는 항만 철도 등 공공시설 건설 등 업무를 국가, 지방자치단체, 공공기관, 정부출연기관, 지방공사에 위탁시행할 수 있다. → 수수료 지급
* **신탁계약 체결시행**: 민간시행자 지정권자 승인 받아 시행할 수 있다. (1월 내 통보)

* **사업대행** ↔ 토지상환채권의 발행 × [34회]
  : 공공 시행자는 설계분양 등 사업의 일부를 주택법의 주택건설 사업자에게 대행하게 할 수 있다.(실시설계, 부지조성공사, 기반시설공사, 조성된 토지의 분양)

실시계획 → 사업시행

(1) 작성(지형도면 고시는 사업시행 기간 내)
- ① 시행자는 도시개발사업에 관한 실시계획을 작성하여야 한다.(지구단위계획 포함하여야한다.)
- ② 실시계획은 개발계획에 맞게 작성하여야 한다.
- ③ 첨부서류 – 설계도서, 자금계획, 시행기간

(2) 인가 [경미 – 면적 10% 내 감소, 사업비 10% 내 증감]
- ① 시행자(지정권자 제외) 작성된 실시계획에 관하여 지정권자의 인가를 받아야 한다.
- ② 의견청취 – 지정권자가 실시계획 작성 인가하는 경우
  - ㉠ 국토교통부장관이 지정권자이면 시도지사 대도시 시장의 의견을 미리 들어야 한다. [29회]
  - ㉡ 시도지사가 지정권자이면 시장(대도시 제외) 군수 구청장의 의견을 미리 들어야 한다.
- ③ 협의 – 하수도법 공공하수도 공사시행허가 건축허가, 사업계획 승인 등 허가간주 (관계행정 기관장은 20일 내 의견제출하여야 한다.)

* **효과** [32회]
  : 도시·군 관리계획 결정 고시 간주한다.
  ↔ 종전관리계획과 저촉되면 실시계획 고시내용으로 변경 간주

* **시행방식변경**: [35회]
  * 조합제외 시행자 ① → ②
  * 공공시행자 ② → ③, ① → ③

  ① 토지 등 수용
  ② 혼용방식
  ③ 전부환지방식

도시개발조합 35회

35회 조합은 **전부환지** 방식에 한정하여 시행자로 지정된다. / **행정심판** ① 행정심판법에 따라 제기할 수있다.
② 행정청 아닌 시행자 처분은 지정권자에게 제기하여야 한다.

토지소유자

7명 이상이 **정관 작성 (면적, 임원자격, 청산 등)** 36회
(동의): 토지면적의 3분의 2 + 토지소유자 총수 2분의 1 이상

1) 국 공유지를 포함하여 산정할 것 (사유토지 우선동의)
2) 여러 명이 공유한 경우 - 1명으로 산정(집합건물 : 각각)
   ① 1인이 둘이상 필지 단독소유 - 1명
   ② 둘이상 필지 토지 공유자 동일 - 1명
3) 구분소유권 분할 - 증가된 수 산입하지 아니한다.
4) 조합설립인가 신청 전 동의를 철회 할 수 있고, 동의자 수에서 제외
5) 동의한 자로부터 토지를 취득한 자는 조합의 설립에 동의 간주
   : 환지방식의 개발계획 동의요건과 동일

조합  지정권자의 인가 33회 35회

1) **법인** - 민법 중 사단법인 규정준용
2) **경미신고** - 주된 사무소 소재지 변경, 공고방법의 변경 34회

등기 - 성립 36회

인가받은 날부터 30일 이내 주된 사무소 소재지에서 설립등기 **하여야한다.**

조합원 35회

1) 토지소유자로 한다. ↔ 건축물 소유자 ×
2) 보유 토지 면적과 관계없이 평등한 의결권을 갖는다.
   ① 공유토지는 대표공유자 1명만 의결권 있다.
   ② 전부이전 받은 조합원 → 별도 의결권 승계 can

임원
: 의결권을 가진 조합원이어야 하고, 총회에서 선임한다.

1) 조합장 1명, 이사, 감사
   : 조합장은 조합을 대표하고 그 사무를 총괄하며 총회, 대의원회, 이사회의 의장이 된다.
2) 조합장 이사의 자기를 위한 조합과의 계약이나 소송에 관하여는 감사가 조합을 대표
3) 임원은 그 조합의 임원 및 직원을 겸할 수 없으며 같은 목적의 다른 조합의 임원 및 직원을 겸할 수 없다.
4) **결격사유(조합원은 가능)** 29회
   ① 피성년후견인, 피한정후견인, 미성년자
   ② 파산선고 받고 복권되지 아니한 자
   ③ 금고 이상 형 선고 종료 및 면제 후 2년 미경과 또는 집행유예기간 중에 있는 자
   ↔ 벌금 100만원 ×
5) 임원 선임된 자가 결격사유에 해당하게 된 경우에는 **다음 날 자격을 상실**한다.

총회

: 청산금 징수 교부 완료 후 해산 - 총회 ×

대의원회 29회 36회

1) **구성가능** - 의결권을 가진 조합원의 수가 **50인 이상인 조합은 둘 수 있다.**
2) **대의원 수** - 의결권을 가진 조합원 총수의 100분의 10 이상으로 하고, 대의원은 의결권을 가진 조합원 중에서 정관에서 정하는 바에 따라 선출한다.
3) **대행불가 사유** 31회
   ↔ "조합 수지 예산, 환지 예정지 지정"은 대행가능
   ① 정관의 변경
   ② 개발계획의 수립 및 변경 (경미 제외)
   ③ 환지계획의 작성 (경미 제외)
   ④ 조합 임원의 선임
   ⑤ 조합의 합병 해산

조합원의 경비부담

1) **부과징수** - 조합은 조합원에게 경비를 부과 징수할 수 있다.
2) **징수위탁** - 조합은 특도, 시군구에게 징수위탁을 할 수 있고 4% 수수료 지급하여야 한다.

[필수지문 정리 빵구노트]

01 도시개발사업의 시행자는 (　　　)가 지정한다. 또한 정부출연기관인 (　　　)은 역세권개발사업을 시행하는 경우에만, 전부를 환지방식으로 시행하는 경우에는 (　　　) 또는 (　　　)을 시행자로 지정한다.

02 지정권자는 도시개발사업에 관한 실시계획의 인가를 받은 후 (　　) 이내에 사업을 착수하지 아니하는 경우에는 시행자를 변경할 수 있다.

03 조합을 설립하려면 도시개발구역의 토지소유자 (　　) 이상이 정관을 작성하여 (　　　)에게 조합설립 인가를 받아야 한다. 인가를 신청하고자 하는 때에는 해당 도시개발구역의 토지면적의 (　　　) 이상에 해당하는 토지소유자와 그 구역의 토지소유자 총수의 (　　　) 이상의 동의를 얻어야 한다.

04 도시개발조합의 (　　)은 도시개발구역의 토지소유자로 하며, 피성년후견인·피한정후견인·미성년자 등은 (　　)이 될 수 없다.

05 도시개발조합의 의결권을 가진 조합원의 수가 (　　) 이상인 조합은 총회의 권한을 대행하게 하기 위하여 대의원회를 둘 수 있다.

06 (ㄱ)에 두는 대의원의 수는 의결권을 가진 조합원 총수의 (ㄴ) 이상으로 한다.

07 도시개발조합의 대의원회는 총회의 의결사항 중 (　　)의 변경, (　　)계획의 수립 및 변경, (　　)계획의 작성, 조합 (　　)의 선임, 조합의 합병 또는 (　　)을 제외한 총회의 권한을 대행할 수 있다.

08 지정권자는 01의 단서에도 불구하고 도시개발구역의 국공유지를 제외한 토지면적의 (　　) 이상에 해당하는 토지 소유자 및 토지 소유자 총수의 (　　) 이상이 지방자치단체등의 시행에 동의한 경우의 사유가 있으면 지방자치단체 등를 시행자로 지정할 수 있다. 이 경우 도시개발사업을 시행하는 자가 시·도지사 또는 대도시 시장인 경우 국토교통부장관이 지정한다.

09 (　　)는 도시개발사업에 관한 실시계획을 작성하여야 한다. 이 경우 실시계획에는 (　　)이 포함되어야 하며, 시행자(지정권자가 시행자인 경우는 제외한다)는 작성된 실시계획에 관하여 (　　)의 인가를 받아야 한다.

10 지정권자는 도시개발구역지정 이후 다음 각 호의 어느 하나에 해당하는 경우에는 도시개발사업의 시행방식을 변경할 수 있다.

1) 공공시행자가 도시개발사업의 시행방식을 수용 또는 사용방식에서 전부 (　　)방식으로 변경하는 경우

2) (　　)시행자가 대통령령으로 정하는 기준에 따라 도시개발사업의 시행방식을 혼용방식에서 전부 환지 방식으로 변경하는 경우

3) (　　)을 제외한 시행자가 대통령령으로 정하는 기준에 따라 제1항에 따른 도시개발사업의 시행방식을 수용 또는 사용 방식에서 혼용방식으로 변경하는 경우

11 토지 소유자는 조합 설립인가의 신청 전에 동의를 (　　)할 수 있다. 이 경우 그 토지 소유자는 동의자 수에서 (　　)한다. 또한, 조합 설립인가에 동의한 자로부터 토지를 (　　)한 자는 조합의 설립에 동의한 것으로 본다. 다만, 토지를 취득한 자가 조합 설립인가 신청 전에 동의를 철회한 경우에는 그러하지 아니하다.

12 조합의 임원은 그 조합의 다른 임원이나 직원을 ( )할 수 없다. 또한, 조합의 임원으로 선임된 자가 결격사유에 해당하게 된 경우에는 그 다음 날부터 임원의 자격을 ( )한다.

13 조합은 ( )으로 하며, 조합은 그 주된 사무소의 소재지에서 ( )를 하면 성립한다. 또한, 조합에 관하여 이 법으로 규정한 것 외에는 「민법」 중 ( )에 관한 규정을 준용한다.

정답 및 해설

01	지정권자, 국가철도공단, 토지소유자, 조합
02	2년
03	7명, 지정권자, 3분의 2, 2분의 1
04	조합원, 임원
05	50인
06	ㄱ 대의원회, ㄴ 100분의 10
07	정관, 개발, 환지, 임원, 해산
08	2분의 1, 2분의 1
09	시행자, 지구단위계획, 지정권자
10	1) 환지 2) 공공 3) 조합
11	철회, 제외, 취득
12	겸, 상실
13	법인, 등기, 사단법인

[기출지문 정리]

01 [28회] 전부환지방식으로 시행하는 경우 사업시행자가 도시개발구역 지정의 고시일부터 6개월 이내에 실시계획의 인가를 신청하지 아니하는 경우 도시개발구역의 지정권자는 시행자를 변경할 수 있다. (O / X)

01 X 전부환지방식의 경우 시행자가 1년 이내에 실시계획의 인가를 신청하지 아니하는 경우 도시개발구역의 지정권자는 시행자를 변경할 수 있다.

02 [30회] 지정권자는 도시개발구역의 전부를 환지방식으로 시행하는 도시개발사업을 지방자치단체의 장이 집행하는 공공시설에 관한 사업과 병행하여 시행할 필요가 있다고 인정되는 경우 국가, 지방자치단체, 지방공사, 한국토지주택공사, 신탁업자를 시행자로 지정할 수 있다. (O / X)

02 X 지정권자는 국가를 시행자로 지정할 수는 없다.

03 [20회] 조합설립인가를 신청하기 위하여 동의를 한 토지소유자는 조합설립인가 전에는 그 동의를 철회 할 수 없다. (O / X)

03 X 조합설립인가 전에는 그 동의를 철회할 수 있다.

04 [24회] 도시개발조합 임원으로 이사의 자기를 위한 조합과의 계약이나 소송에 관하여는 조합장이 조합을 대표한다. (O / X)

04 X 감사가 조합을 대표한다.

05 [22회] 도시개발조합 총회의 의결사항 중 이사의 선임은 대의원회가 총회의 권한을 대행할 수 없으며, 임원은 의결권을 가진 조합원이어야 한다. (O / X)

05 O

06 [29회] 의결권을 가진 조합원의 수가 100인인 조합은 총회의 권한을 대행하게 하기 위하여 대의원회를 둘 수 있다. (O / X)

06 O 100인은 50인 이상이므로 대의원회를 둘 수 있다.

07 [31회] 도시개발구역은 개발계획을 수립·고시한 날부터 (ㄱ)년이 되는 날까지 실시계획 인가를 신청하지 아니하는 경우에는 그 (ㄱ)년이 되는 날 [다만, 도시개발구역의 면적이 330만㎡ 이상인 경우에는 (ㄴ)년으로 한다.]의 다음 날에 해제된 것으로 본다.

07 ㄱ 3년, ㄴ 5년

08 [31회] 조합 설립의 인가를 신청하려면 해당 도시개발구역의 토지면적의 2분의 1 이상에 해당하는 토지 소유자와 그 구역의 토지 소유자 총수의 3분의 2 이상의 동의를 받아야 하며, 토지 소유자가 조합 설립인가 신청에 동의하였다면 이후 조합 설립인가의 신청 전에 그 동의를 철회하였더라도 그 토지 소유자는 동의자 수에 포함된다. (O / X)

08 X 토지면적의 3분의 2 이상에 해당하는 토지 소유자와 그 구역의 토지소유자 총수의 2분의 1 이상의 동의를 받아야 하며, 토지 소유자가 조합 설립인가 신청에 동의하였다면 이후 조합 설립인가의 신청 전에 그 동의를 철회하면 그 토지 소유자는 동의자 수에 제외된다.

09 [31회] 도시개발조합 총회의 의결사항 중 정관의 변경, 개발계획의 수립, 조합장의 선임, 환지예정지의 지정, 조합의 합병에 관한 사항은 대의원회가 총회의 권한을 대행할 수 없다. (O / ×)

10 [31회] 고시된 실시계획의 내용 중 「국토의 계획 및 이용에 관한 법률」에 따라 도시·군관리계획으로 결정하여야 하는 사항이 종전에 도시·군 관리계획으로 결정된 사항에 저촉되면 종전에 도시·군관리계획으로 결정된 사항이 우선하여 적용된다. (O / ×)

11 [33회] 국가, 「한국부동산원법」에 따른 한국부동산원, 「한국수자원공사법」에 따른 한국수자원공사, 「한국관광공사법」에 따른 한국관광공사, 「지방공기업법」에 따라 설립된 지방공사는 도시개발사업 시행자로 지정될 수 있는 자에 해당한다. (O / ×)

12 [33회] 주된 사무소의 소재지를 변경하려면 지정권자로부터 변경 인가를 받아야 한다. (O / ×)

13 [34회] 조합이 조합 설립의 인가를 받은 사항 중 공고방법을 변경하려는 경우, 지정권자로부터 변경인가를 받아야 한다. (O / ×)

14 [34회] 조합장 또는 이사의 자기를 위한 조합과의 계약이나 소송에 관하여는 대의원회가 조합을 대표한다. (O / ×)

15 [34회] 의결권을 가진 조합원의 수가 50인 이상인 조합은 총회의 권한을 대행하게 하기 위하여 대의원회를 둘 수 있으며, 대의원회에 두는 대의원의 수는 의결권을 가진 조합원 총수의 100분의 10 이상으로 한다. (O / ×)

16 [34회] 도시개발사업의 시행자인 지방자치단체는 실시설계, 부지조성공사, 기반시설공사, 조성된 토지의 분양, 토지상환채권의 발행을 주택법에 따른 주택건설사업자 등으로 하여금 대행하게 할 수 있다. (O / ×)

---

09 × 환지예정지의 지정은 대행할 수 있다.

10 × 고시된 실시계획의 내용 중 「국토의 계획 및 이용에 관한 법률」에 따라 도시·군관리계획으로 결정하여야 하는 사항이 종전에 도시·군관리계획으로 결정된 사항에 저촉되면 실시계획 고시된 내용으로 변경된 것으로 본다.

11 × 「한국부동산원법」에 따른 한국부동산원은 도시개발사업의 시행자가 될 수 없다.

12 × 주된 사무소의 소재지를 변경하려면 지정권자에게 변경 신고하여야 한다.

13 × 경미한 사항으로 지정권자에게 신고하여야 한다.

14 × 감사가 조합을 대표한다.

15 ○

16 × 토지상환채권의 발행은 대행하게 할 수 없다.

17 [35회] 도시개발구역의 토지소유자가 도시개발을 위하여 설립한 조합은 수용 또는 사용방식으로 시행하는 도시개발사업의 시행자로 지정될 수 없다. (O / ×)

18 [35회] 다른 조합원으로부터 해당 도시개발구역에 그가 가지고 있는 토지 소유권 전부를 이전받은 조합원은 정관으로 정하는 바에 따라 본래의 의결권과는 별도로 그 토지 소유권을 이전한 조합원의 의결권을 승계할 수 있다. (O / ×)

19 [35회] 국가가 시행자인 때 전부환지방식에서 혼용방식으로의 변경은 도시개발구역 지정 이후 지정권자가 도시개발사업의 시행방식을 변경할 수 있는 경우이다. (O / ×)

17 O

18 O

19 × 혼용방식에서 전부 환지방식으로의 변경이 가능하다.

[제36회 기출문제]

01 도시개발법령상 특별자치도지사·시장·군수 또는 구청장에게 도시개발구역의 지정을 제안할 수 있는 자를 모두 고른 것은?

> ㄱ. 「한국공항공사법」에 따른 한국공항공사
> ㄴ. 「지방공기업법」에 따라 설립된 지방공사
> ㄷ. 「한국철도공사법」에 따른 한국철도공사

① ㄱ ② ㄷ ③ ㄱ, ㄴ
④ ㄴ, ㄷ ⑤ ㄱ, ㄴ, ㄷ

02 도시개발법령상 도시개발사업 조합에 관한 규정의 일부이다. ( )에 들어갈 숫자로 옳은 것은?

> ○ 조합을 설립하려면 도시개발구역의 토지 소유자 (ㄱ)명 이상이 정관을 작성하여 지정권자에게 조합 설립의 인가를 받아야 한다.
> ○ 의결권을 가진 조합원의 수가 (ㄴ)인 이상인 조합은 총회의 권한을 대행하게 하기 위하여 대의원회를 둘 수 있다.
> ○ 조합의 설립인가를 받은 조합의 대표자는 설립인가를 받은 날부터 (ㄷ)일 이내에 주된 사무소의 소재지에서 설립등기를 하여야 한다.

① ㄱ: 7,   ㄴ: 50,   ㄷ: 14
② ㄱ: 7,   ㄴ: 50,   ㄷ: 30
③ ㄱ: 7,   ㄴ: 100, ㄷ: 14
④ ㄱ: 10, ㄴ: 50,   ㄷ: 14
⑤ ㄱ: 10, ㄴ: 100, ㄷ: 30

정답 및 해설

이상곤 교수의 신바람 부동산공법 그림책

01 ⑤ ㄱ ㄴ ㄷ 모두 옳다. 국가 지방자치단체, 조합인 시행자가 아닌 시행자는 특별자치도지사·시장·군수·구청장에게 제안할 수 있다. 따라서 공공기관인 한국공항공사와 한국철도공사 그리고 지방공사도 제안할 수 있다.

02 ② ㄱ: 7,   ㄴ: 50,   ㄷ: 30

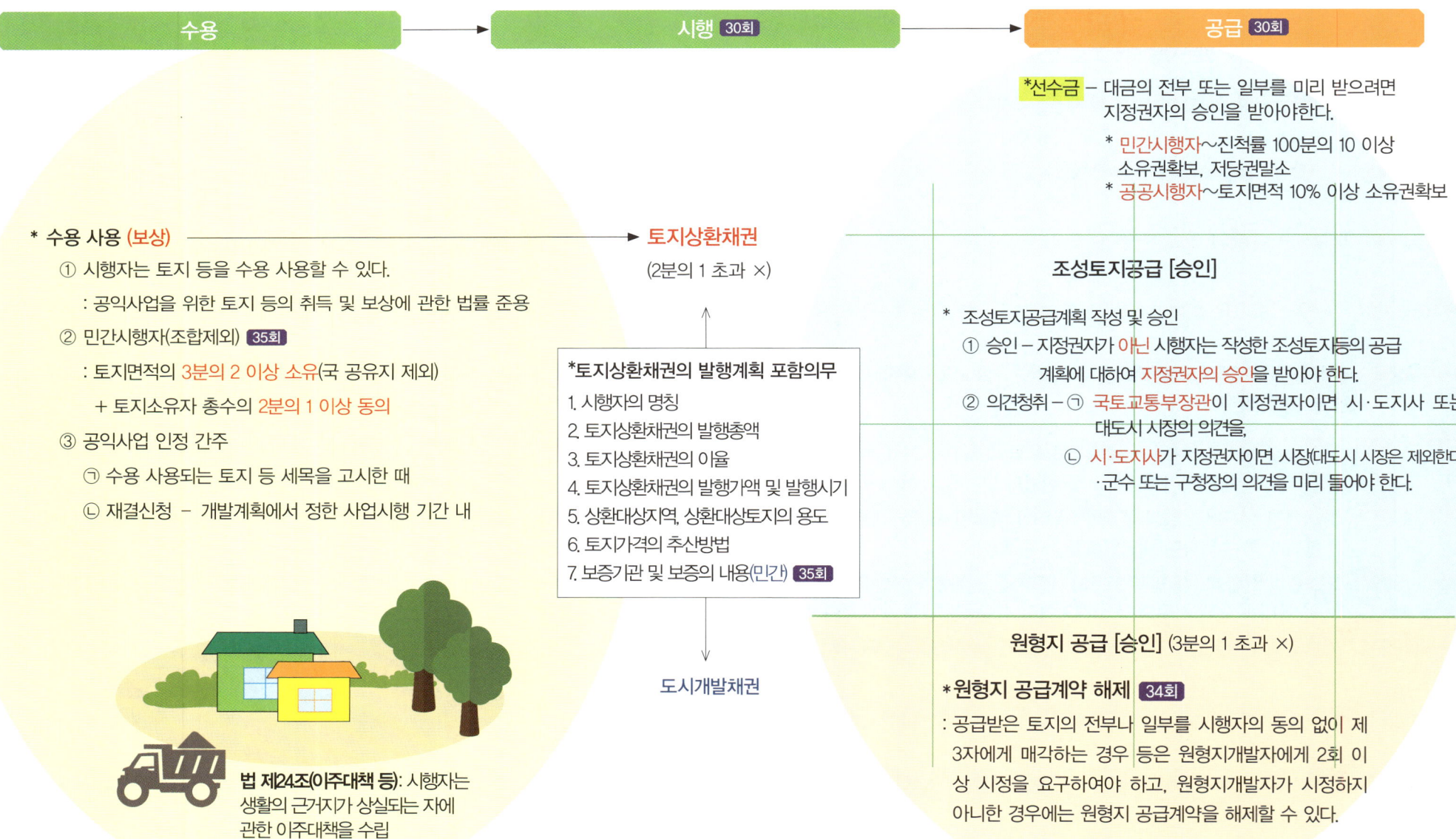

채권발행 30회 33회 → 공급 30회

(1) 토지상환채권 – 분양 토지 또는 건축물 면적의 2분의 1 초과할 수 없다. 32회

① 발행 – 시행자(토지소유자가 원하는 때)
② 지급보증 (은행, 보험, 공제조합) – 민간시행자인 경우
   발행승인 – 지정권자가 아닌 시행자는 지정권자의 승인을 받아야 한다.
③ 이율 – 발행자가 정하며, 기명식증권으로 발행
④ 이전 – 취득자는 성명과 주소를 채권원부에 기재해 줄 것을 요청해야 하며, 취득자의 성명과 주소가 채권에 기재되지 아니하면 취득자는 발행자, 그 밖의 제3자에게 대항하지 못한다.
⑤ 채권을 질권의 목적으로 하는 경우 질권자의 성명과 주소가 채권원부 기재되지 않으면 대항하지 못한다(채권에 질권설정 사실 표시하여야 한다).

(2) 도시개발채권 : 착오 매입 등 중도상환 할 수 있다. 36회

① 발행 – 시·도지사가 도시개발사업, 도시계획시설 사업 필요자금 조달 위해 행정안전부장관 승인으로 발행 32회
② 이율 – 시·도 조례로 정한다. 29회
③ 발행방법 – 전자등록 발행 or 무기명 증권(세부사항 조례)
④ 상환기간 – 발행일 부터 5년~10년 내 조례
⑤ 소멸시효 – 상환일부터 원금 5년, 이자 2년

발행일		상환일	
	5년 ~ 10년 내 조례 정한다.		소멸시효 원금 – 5년, 이자 – 2년

⑥ 매입의무자 : 민간 시행자
   개발행위허가 받는 자(토지형질변경허가)
   공공시행자와 공사의 도급계약 체결하는 자

······► 제출 받은 자가 매입필증 5년간 보관 하여야 한다.

(1) 조성토지공급   ► (자격제한, 공급조건 부여 할 수 있다.)

1) 시행자는 조성토지 등의 공급계획에 따라 조성토지 등을 공급해야 한다.
2) 경쟁입찰(원칙), 다음의 예외
   ① 수의계약 – 공공용지, 토지상환 채권의 상환 등 (신청량이 공급계획 초과 시는 추첨)
   ② 추첨 can – 단, 공공의 시행자가 ㉠의 토지 중 임대주택 건설용지를 공급하는 경우에는 추첨의 방법으로 분양하여야 한다.
      ㉠「주택법」에 따른 국민주택규모 이하의 주택건설용지
      ㉡「주택법」에 따른 공공택지
      ㉢ 330㎡ 이하의 단독주택용지 및 공장용지
3) 공급가격(감정가격으로 한다)
   ① 감정가격이하 can – 학교, 공공청사, 무상의 사회복지시설, 공장, 임대주택, 폐기물처리시설, 행정청이 직접 설치하는 시장, 자동차정류장, 종합의료시설, 방송통신시설 등
   ② 감정가격이하 must – 「공공」에게 임대주택건설용지를 공급하는 경우

(2) 원형지 공급 : 사업으로 조성되지 아니한 상태의 토지 32회 34회

① 원형지개발자 – 시행자는 지정권자의 승인[이행조건 첨부○]을 받아 다음 자에게 전체 면적의 3분의 1 이내로 원형지를 공급 할 수 있다.
   ㉠ 국가, 지방자치단체   ㉡ 공공기관   ㉢ 지방공사
   ㉣ 국가, 지자체, 공공기관인 시행자가 공모하여 선정된 자
   ㉤ 원형지를 학교 공장 등 부지로 직접 사용하는 자
② 수의계약 (㉤은 경쟁입찰 – 2회 이상 유찰 시 수의계약)
③ 매각금지 – ㉠을 제외한 원형지 개발자는 10년 내 제한할 수 있다.
   : 공급계약일 ~10년 or 공사완료공고일~5년 중(먼저 끝나는 기간 내)

공급계약일	공사완료 공고일	5년	10년

④ 공급가격 = 감정가격 + 기반시설 등 공사비
   시행자와 원형지 개발자가 협의하여 결정

[필수지문 정리 빵구노트]

01 조합을 제외한 민간사업시행자가 도시개발사업에 필요한 토지 등을 수용 사용하고자 하는 경우에는 사업대상 토지면적의 (   ) 이상에 해당하는 토지를 소유하고, 토지소유자 총수의 (   ) 이상에 해당하는 자의 동의를 받아야 한다.

02 시행자는 조성토지 등을 공급하려고 할 때에는 조성토지 등의 공급 계획을 작성하여야 하며, 지정권자가 아닌 시행자는 작성한 조성토지 등의 공급계획에 대하여 지정권자의 (   )을 받아야 한다. 또한, 시행자는 조성토지 등의 공급계획에 따라 조성토지 등을 (   )해야 한다.

03 시행자는 학교용지, 공공청사용지 등 공공용지를 국가, 지방자치단체 등에게 공급하는 경우 (   )의 방법으로 조성토지 등을 공급할 수 있으며, 시행자는 학교, 폐기물처리시설, 임대주택 등의 시설을 설치하기 위한 조성토지 등과 이주단지의 조성을 위한 토지를 공급하는 경우에는 해당 토지의 가격을 감정평가법인 등이 감정평가한 가격 (   )로 정할 수 있다.

04 토지상환채권의 발행규모는 그 토지상환채권으로 상환할 토지·건축물이 해당 도시개발사업으로 조성되는 분양토지 또는 분양 건축물 면적의 (   )을 초과하지 아니하도록 하여야 한다.

05 토지상환채권을 민간사업시행자가 발행하려면 은행 등의 (   )을 받아야 하며, 지정권자가 아닌 시행자가 발행하려면 (   )의 승인을 받아야 한다. 또한, 이율은 (   )가 정하고, (   )증권으로 발행한다.

06 (   )는 도시개발사업 또는 도시·군 계획시설사업에 필요한 자금을 조달하기 위하여 (   )의 승인을 받아 도시개발채권을 발행할 수 있으며, 소멸시효는 상환일부터 기산(起算)하여 원금은 (   ), 이자는 (   )으로 한다.

07 시행자는 도시를 자연 친화적으로 개발하거나 복합적 입체적으로 개발하기 위하여 필요한 경우에는 지정권자의 승인을 받아 (   )를 공급하여 개발하게 할 수 있다. 이 경우 공급될 수 있는 원형지의 면적은 도시개발구역 전체 토지면적의 (   ) 이내로 한정한다.

08 지정권자가 조성토지등의 공급 계획을 작성하거나 승인하는 경우 (   )이 지정권자이면 시·도지사 또는 대도시 시장의 의견을, (   )가 지정권자이면 시장(대도시 시장은 제외한다)·군수 또는 구청장의 의견을 미리 들어야 한다.

09 「공익사업을 위한 토지 등의 취득 및 보상에 관한 법률」을 준용할 때 수용 또는 사용의 대상이 되는 토지의 (   )을 고시한 경우에는 「공익사업을 위한 토지 등의 취득 및 보상에 관한 법률」에 따른 사업인정 및 그 고시가 있었던 것으로 본다. 다만, 재결신청은 개발계획에서 정한 도시개발사업의 (   ) 종료일까지 하여야 한다.

10 수용 또는 사용방식으로 시행하는 도시개발사업의 경우 공공시행자와 공사의 (   )계약을 체결하는 자, 「국토의 계획 및 이용에 관한 법률」에 따른 (   )를 받은 자 등은 도시개발채권을 매입하여야 한다.

정답 및 해설

01	3분의 2, 2분의 1	02	승인, 공급
03	수의계약, 이하	04	2분의 1
05	지급보증, 지정권자, 발행자, 기명식		
06	시·도지사, 행정안전부장관, 5년, 2년		
07	원형지, 3분의 1	08	국토교통부장관, 시 도지사
09	세부목록, 시행기간	10	도급, 토지형질변경허가

[기출지문 정리]

이상곤 교수의 신바람 부동산공법 그림책

01 [27회] 수용의 대상이 되는 토지의 세부목록을 고시한 경우에는 보상법에 따른 사업인정 및 그 고시가 있었던 것으로 본다. (O / X)

02 [20회] 토지상환채권의 이율은 발행 당시의 금융기관의 예금금리 및 부동산 수급상황을 고려하여 기획재정부장관이 정한다. (O / X)

03 [27회] 토지상환채권의 발행 규모는 조성되는 분양토지 또는 분양건축물 면적의 3분의 2를 넘지 않아야 하며, 국가에 공급될 수 있는 원형지의 면적은 도시개발구역 전체 면적의 3분의 2까지로 한다. (O / X)

04 [29회] 도시개발채권의 매입의무자가 아닌 자가 착오로 도시개발채권을 매입한 경우에는 채권을 중도에 상환할 수 있다. (O / X)

05 [29회] 도시개발채권 매입필증을 제출받은 자는 매입 필증을 3년간 보관하여야 한다. (O / X)

06 [24회] 시·도지사가 도시개발채권을 발행하는 경우 상환방법 및 절차에 대하여 행정안전부장관의 승인을 받아야 하며, 도시개발채권의 소멸시효는 상환일로부터 기산하여 원금은 5년, 이자는 2년으로 한다. (O / X)

07 [28회] 도시개발채권의 상환은 2년부터 10년까지의 범위에서 지방자치단체의 조례로 정한다. (O / X)

08 [30회] 지방공사가 시행자인 경우 토지소유자 전원의 동의 없이는 도시개발사업에 필요한 토지 등을 수용하거나 사용할 수 없으며, 지정권자가 아닌 시행자는 조성토지 등을 공급받거나 이용하려는 자로서 지정권자의 승인 없이 해당 대금의 전부 또는 일부를 미리 받을 수 있다. (O / X)

09 [26회] 시행자는 학교를 설치하기 위한 조성토지를 공급하는 경우 해당 가격을 감정평가법인 등이 감정평가한 가격 이하로 정할 수 있다. (O / X)

10 [26회] 원형지의 공급가격은 개발계획에 반영된 원형지의 감정가격으로 하며, 지방자치단체인 원형지 개발자는 원형지 공사완료 공고일부터 5년이 경과하기 전에는 원형지를 매각할 수 없다. (O / X)

01 O

02 X 토지상환채권의 이율은 발행자가 정한다.

03 X 토지상환채권의 발행규모는 2분의 1을 넘지 않아야 하며, 원형지 면적은 3분의 1까지로 한다.

04 O

05 X 도시개발채권의 매입필증은 5년간 보관하여야 한다.

06 O

07 X 도시개발채권의 상환은 5년부터 10년까지의 범위에서 지방자치단체의 조례로 정한다.

08 X 지방공사는 수용하는 경우 소유 동의요건은 없으며, 대금의 전부 또는 일부를 미리 받으려는 경우에는 지정권자의 승인을 받아야 한다.

09 O

10 X 원형지 공급가격은 "원형지의 감정가격 + 기반시설 공사비 = 협의"하여 정하고, 지방자치단체는 원형지매각제한 받지 아니한다.

[기출지문 정리]

11 [30회] 지방자치단체가 시행자인 경우 지급보증없이 토지상환채권을 발행할 수 있으며, 원형지의 면적은 도시개발구역 전체 토지 면적의 3분의 1을 초과하여 공급할 수는 없다. (O / ×)

12 [33회] 지방공사인 시행자는 「은행법」에 따른 은행으로부터 지급보증을 받은 경우에만 토지상환채권을 발행할 수 있고, 토지상환채권은 이전할 수 없다. 또한 토지가격의 추산방법은 토지상환채권의 발행계획에 포함되지 않는다. (O / ×)

13 [34회] 원형지를 공장 부지로 직접 사용하는 원형지개발자의 선정은 경쟁입찰의 방식으로 하며, 경쟁입찰이 2회 이상 유찰된 경우에는 수의계약의 방법으로 할 수 있다. (O / ×)

14 [34회] 원형지 공급가격은 원형지의 감정가격과 원형지에 설치한 기반시설 공사비의 합산금액을 기준으로 시·도의 조례로 정한다. (O / ×)

15 [34회] 지정권자는 원형지의 공급을 승인할 때 용적률 등 개발밀도에 관한 이행조건을 붙일 수 없다. (O / ×)

16 [34회] 원형지개발자가 공급받은 토지의 전부를 시행자의 동의 없이 제3자에게 매각하는 경우, 시행자는 원형지개발자에 대한 시정요구 없이 원형지 공급계약을 해제할 수 있다. (O / ×)

17 [35회] 보증기관 및 보증의 내용은 한국토지주택공사가 발행하려는 토지상환채권의 발행계획에 포함되어야 하는 사항이다. (O / ×)

---

11 O

12 × 지방공사는 공공의 시행자이므로 지급보증을 받지 아니하며, 토지상환채권은 이전할 수 있다. 또한 토지가격의 추산 방법은 토지상환채권의 발행계획에 포함된다.

13 O

14 × 시행자와 원형지개발자가 협의하여 정한다.

15 × 용적률 등 개발밀도에 관한 이행조건을 붙일 수 있다.

16 × 원형지 개발자에게 2회 이상 시정을 요구하여야 하고, 원형지개발자가 시정하지 아니한 경우에는 원형지 공급계약을 해제할 수 있다. (영 제55조의2 제5항)

17 × 한국토지주택공사가 발행하는 경우에는 보증받지 아니하므로 포함하여야 하는 사항이 아니다.

[제36회 기출문제]

01 도시개발법령상 도시개발채권에 관한 설명으로 옳은 것은?

① 시·도지사가 도시개발채권을 발행하는 경우에는 국토교통부장관의 승인을 받아야 한다.

② 도시개발채권의 상환은 3년부터 10년까지의 범위에서 지방자치단체의 조례로 정한다.

③ 도시개발채권은 무기명으로 발행할 수 없다.

④ 도시개발채권의 소멸시효는 상환일부터 기산하여 원금은 3년, 이자는 1년으로 한다.

⑤ 도시개발채권 매입필증을 제출받는 자는 매입자로부터 제출받은 매입필증을 5년간 따로 보관하여야 한다.

정답 및 해설

01
① 행정안전부장관의 승인이다.
② 5년부터 10년까지의 범위이다.
③ 무기명으로 발행할 수 있다.
④ 원금은 5년 이자는 2년이다.
⑤ 정답

제4장 『환지방식』 29회 31회

① 대지로서 효용증진 등 ② 지가가 인근의 다른 지역에 비하여 **현저히 높아** 수용 사용 방식으로 시행하는 것이 어려운 경우

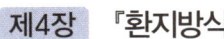

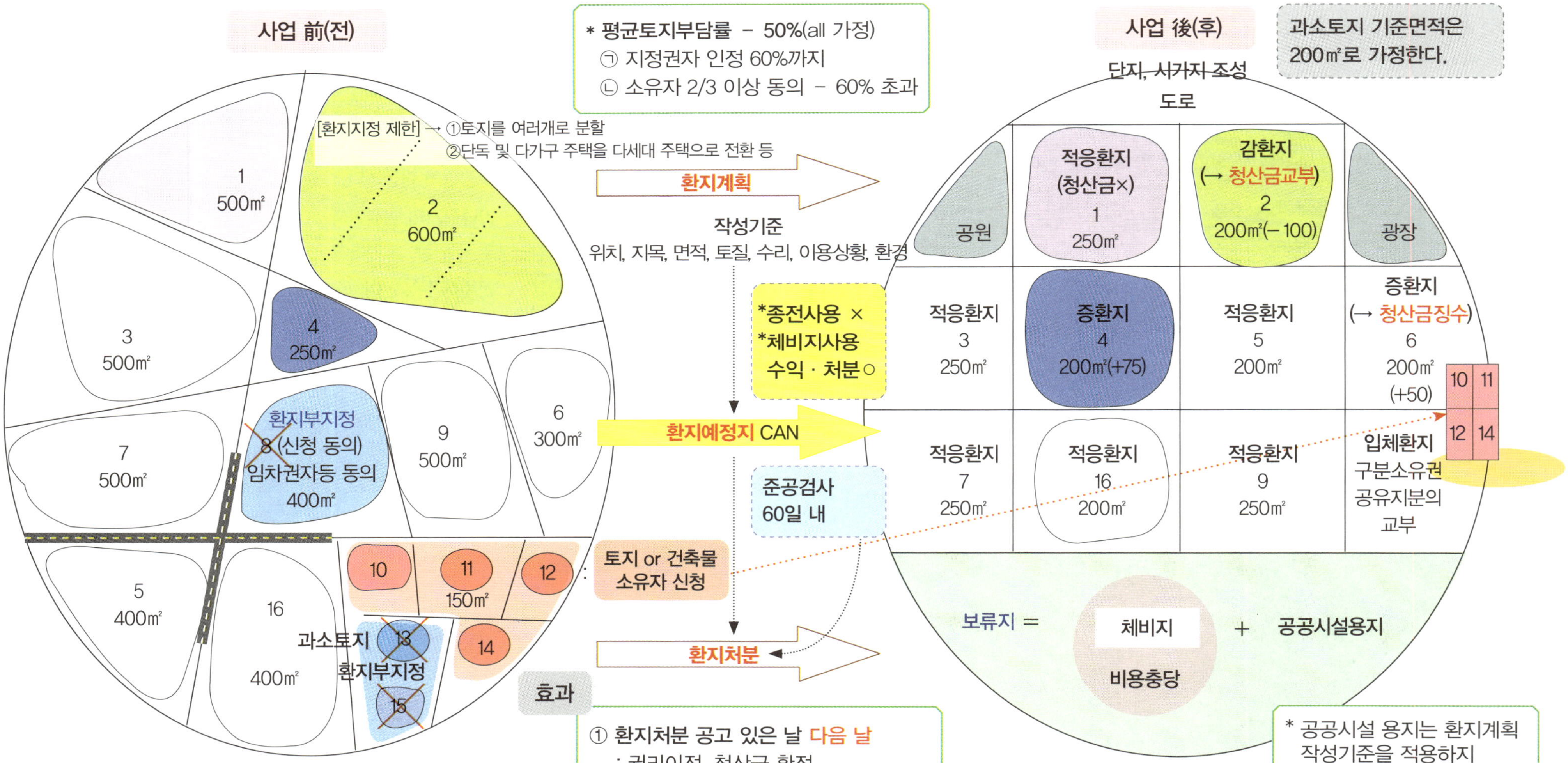

① **환지처분 공고 있은 날 다음 날**
: 권리이전, 청산금 확정
② 처분 공고 후 **14일 내 등기**를 촉탁 or 신청(다른 등기 제한→예외 있음)

* 공공시설 용지는 환지계획 작성기준을 적용하지 아니할 수 있다.
* 도로 등은 준공검사신청일까지 설치를 끝내야 한다.

: 감정평가법인 등 평가 → 토지평가협의회 심의

이상곤 교수의 신바람 부동산공법 그림책

| 환지계획 30회 | 환지예정지 | 환지처분 33회 |

→ 기준 : 국토교통부령

(1) 내용 : 특도, 시군구의 인가 [14일 이상 공람]
1) 환지설계, 필지별로 된 환지명세
2) 필지별과 권리별로 된 청산대상 토지명세
3) 체비지 또는 보류지 명세 [청산금 결정 ×]
4) 입체환지를 계획하는 경우 입체환지용 건축물 명세
  : 규칙 26조 입체환지의 건축계획 32회
  경미(인가 ×) : 종전토지 합필·분필로 인한 환지명세가 변경되는 경우, 금전으로 청산하는 경우 등 31회

(2) 비례율(평가식) 34회 **(원칙)** : 입체환지는 반드시 평가식

$$\frac{\text{조성 토지등 평가액 합계(80억)} - \text{총사업비(20억)}}{\text{환지 전 토지 등 평가액 합계(40억)}} = 150\%$$

(3) 작성기준 – 위치, 지목, 면적, 토질, 수리, 이용상황, 환경
1) 신청 동의 등 환지제외 – 임차권자 등의 동의
2) 증환지, 감환지, 과소 토지 환지부지정
평면환지 ↔ 3) **입체환지** – 토지 건축물 소유자 신청을 받아 건축물 일부와 그 건축물 있는 토지의 공유지분 교부할 수 있다.
  (신청기간 등은 정비법의 관리처분계획과 유사)
4) 보류지 – 시행자는 사업 필요경비에 충당하거나 실시계획이 정하는 목적을 위해 환지로 정하지 않고 보류지로 정할 수 있으며, 그 중 일부를 체비지로 정하여 사업 필요경비에 충당할 수 있다.

*부담률(면적식) – [토지이동경미 or 기반시설 단순정비]

보류지면적 – [시행자무상귀속면적 + 시'소유면적]
환지계획구역면적 – [시행자무상귀속면적 + 시'소유면적]

(1) 지정(사권제한 최소화)
시행자는 환지예정지를 지정할 수 있다. 임차권자 등이 있으면 아울러 지정하여야 한다. 36회

(2) 지정효과 – 사용수익 개시일 별도지정 가능 32회
1) **사용수익정지**
  환지처분 공고되는 날까지 예정지에 권리를 행사할 수 있으며, 종전 토지는 사용 수익할 수 없다. 주거용 장애물 이전제거는 2개월 전 통지해야한다.
2) **수인의무**
  종전의 소유자는 다른 자의 권리 행사 방해 불가
3) **체비지 사용 수익 처분**
  시행자는 사업비용 충당을 위하여 예정지를 사용 수익 처분할 수 있다.
4) **임차권자 등 보호 [환지예정지, 환지처분]** 35회
  ① 불합리 – 차임 증감청구
  ② 불가능 – 계약 해지
   → 60일 이내 청구
5) **환지 부 지정 토지** 32회
   → 사용 수익 정지 시킬 수 있다./ 시행자가 관리한다.

(3) 청산금 34회 – 환지처분 하는 때 결정. 다음 날 확정
단, 환지 부지정 토지는 청산금 교부하는 때 결정할 수 있으며, 환지처분 전이라도 교부할 수 있다.

(1) 절차 : **공사완료공고**(시행자가 14일 이상)
  ↓ **준공검사**(지정권자, 공고): 준공검사 전에는 조성토지 사용 불가. 단, 허가받아 사용할 수 있다. 체비지 제외)
  ↓ **환지처분** (60일 이내) → 공고(사업비 정산내역 등)

(2) 환지처분 효과 36회
1) 권리의 발생 및 소멸
  ① 발생 – 환지처분 공고된 날의 다음 날
  ② 소멸 – 환지처분이 공고된 날이 끝나는 때
2) 종전 토지에 전속 및 존속
  ① 행정상 재판상 처분 – 종전 토지 전속분 영향 ×
  ② 지역권 – 단, 행사할 이익이 없어진 지역권은 환지처분이 공고된 날이 끝나는 때 소멸한다.
3) 입체환지
  ① 환지처분 공고된 날 다음 날 – 건축물 일부, 토지의 공유지분을 취득한다.
  ② 저당권 – 환지처분이 공고된 날의 다음 날부터 해당 건축물일부와 지분위에 존재하는 것으로 본다.
4) 체비지 및 보류지
  ① 환지처분 공고된 날의 다음 날 – 체비지는 시행자가 보류지는 환지계획에서 정한 자가 각각 취득
  ② 이미 처분된 체비지 – 체비지를 매입한 자가 소유권 이전 등기를 마친 때 소유권 취득

→ ① 이자 붙여 분할징수, 교부할 수 있다.
② 소멸시효: 5년
③ 미수령시 공탁할 수 있다.
④ 미납부시 강제징수 〈국세 지방세 체납처분의 예 관한 법률〉
  (행정청이 아닌 경우에는 징수위탁) → 수수료 4%

*감가보상금 : 도시개발사업시행 후 토지가액의 총액이 사업시행 전 총액보다 줄어든 경우 행정청인 시행자는 차액에 해당하는 감가보상금을 종전 토지소유자 임차권자 등에게 지급해야 한다.

필수지문 정리 빵구노트

01 환지 계획의 내용 – ① 환지( ) ② 필지별로 된 ( ) ③ 필지별과 권리별로 된 ( )대상 토지명세 ④ ( ) 또는 보류지 명세 ⑤ ( )를 계획하는 경우 입체환지용 건축물의 명세 등

02 시행자는 지정권자에 의한 준공검사를 받은 경우 (지정권자가 시행자인 경우에는 공사완료공고가 있는 때)에는 ( )이내에 환지처분을 하여야 한다.

03 시행자는 토지면적의 규모를 조정할 특별한 필요가 있으면 면적이 작은 토지는 과소토지가 되지 아니하도록 면적을 ( ) 환지를 정하거나, 환지대상에서 ( )할 수 있다. 면적이 넓은 토지는 그 면적을 ( )서 환지를 정할 수 있다.

04 도시개발구역의 토지에 대한 ( )은 종전의 토지에 존속한다. 다만, 도시개발사업의 시행으로 행사할 이익이 없어진 ( )은 환지처분이 공고된 날이 끝나는 때에 소멸한다.

05 ( )는 시행자가, ( )는 환지 계획에서 정한 자가 각각 환지처분이 공고된 날의 다음 날에 해당 소유권을 취득한다. 다만, ( )는 그 체비지를 매입한 자가 소유권 이전 등기를 마친 때에 소유권을 취득한다.

06 청산금은 환지처분을 하는 때에 ( )하여야 하고, 환지처분이 공고된 날의 다음날에 ( )된다. 이 경우 청산금을 받을 권리나 징수할 권리는 ( )간 행사하지 아니하면 시효로 소멸한다.

07 ( ) – 시행자는 환지방식으로 사업을 시행하는 때 도시개발사업을 원활히 시행하기 위하여 특히 필요한 경우에는 토지 또는 건축물 소유자의 신청을 받아 건축물의 일부와 그 건축물이 있는 토지의 공유지분을 부여할 수 있다.

08 시행자는 도시개발사업에 필요한 경비에 충당하거나, 규약 정관 시행규정 또는 실시계획으로 정하는 목적을 위하여 일정한 토지를 환지로 정하지 아니하고 ( )로 정할 수 있으며, 그 중 일부를 ( )로 정하여 도시개발사업에 필요한 경비에 충당할 수 있다.

09 환지계획에서 정해진 환지는 그 환지처분이 공고된 날의 ( )부터 종전의 토지로 보며, 환지계획에서 환지를 정하지 아니한 종전의 토지에 있던 권리는 그 환지처분이 공고된 날이 ( )에 소멸한다.

10 시행자는 도시개발사업의 시행을 위하여 필요하면 도시개발구역의 토지에 대하여 환지 (ㄱ)를 지정할 수 있다. 이 경우 종전의 토지에 대한 (ㄴ)이 있으면 해당 환지(ㄱ)에 대하여 해당 권리의 목적인 토지 또는 그 부분을 아울러 지정하여야 한다.

11 환지(ㄱ)가 지정되면 종전의 토지의 소유자와 임차권자 등은 환지(ㄱ) 지정의 효력발생일부터 환지처분이 공고되는 날까지 환지(ㄱ)나 해당 부분에 대하여 종전과 같은 내용의 권리를 행사할 수 있으며 (ㄴ)의 토지는 사용하거나 수익할 수 없다

정답 및 해설

01 ① 설계 ② 환지명세 ③ 청산 ④ 체비지 ⑤ 입체환지
02 60일
03 늘려, 제외, 줄여
04 지역권, 지역권
05 체비지, 보류지, 이미 처분된 체비지
06 결정, 확정, 5년
07 입체환지
08 보류지, 체비지
09 다음날, 끝나는 때
10 ㄱ 예정지, ㄴ 임차권자 등
11 ㄱ 예정지, ㄴ 종전

[기출지문 정리]

이상곤 교수의 신바람 부동산공법 그림책

01 [30회] 계획적이고 체계적인 도시개발 등 집단적인 조성과 공급이 필요한 경우에는 환지방식으로 정하여야 하며, 다른 시행방식에 의할 수 없으며, 분할 후 혼용방식은 수용 또는 사용 방식이 적용되는 지역과 환지방식이 적용되는 지역을 사업시행지구별로 분할하여 시행하는 방식이다. (O / ×)

02 [30회] 시행자는 도시개발사업의 시행방식을 토지 등을 수용 또는 사용하는 방식, 환지방식 또는 이를 혼용하는 방식 중에서 정하여 국토교통부장관의 허가를 받아야 한다. (O / ×)

03 [30회] 환지계획에는 필지별로 된 환지 명세와 필지별 권리별로 된 청산대상 토지 명세가 포함되어야 하며, 환지예정지가 지정되어도 종전 토지의 임차권자는 환지처분 공고일까지 종전 토지를 사용 수익할 수 있다. (O / ×)

04 [29회] 행정청이 아닌 시행자가 환지계획을 작성한 경우에는 특별자치도지사·시장·군수 또는 구청장의 인가를 받아야 한다. (O / ×)

05 [29회] 시행자는 환지방식이 적용되는 도시개발구역에 있는 조성토지 등의 가격을 평가할 때에는 토지평가협의회의 심의를 거쳐 결정하되, 그에 앞서 감정평가법인 등이 평가하여야 한다. (O / ×)

06 [26회] (　　): 환지 전 토지나 건축물(무허가 건축물은 제외)에 대한 권리를 도시개발사업으로 건설되는 구분건축물에 이전하는 방식.

07 [26회] 종전의 토지의 임차권자는 환지예정지 지정 이후에도 환지처분이 공고되는 날까지 종전의 토지를 사용하거나 수익할 수 있다. (O / ×)

08 [26회] 환지처분은 행정상 처분으로서 종전의 토지에 전속하는 것에 관하여 영향을 미치지 아니하며, 보류지는 환지계획에서 정한 자가 환지처분이 공고된 날의 다음날에 해당 소유권을 취득하고, 청산금은 환지처분 공고 있은 날 다음날에 확정된다. (O / ×)

09 [28회] 도시개발사업의 시행으로 행사할 이익이 없어진 지역권은 환지처분이 공고된 날의 다음날이 끝나는 때 소멸한다. (O / ×)

---

01 × 계획적이고 체계적인 도시개발 등 집단적인 조성과 공급이 필요한 경우에는 수용방식으로 정하여야 한다.

02 × 도시개발사업의 시행방식은 지정권자가 개발계획을 수립할 때 정하며, 시행자가 개발계획에 맞게 실시계획을 수립하여 시행하는 것이지 시행방식을 국토교통부장관에게 허가받아 정하는 것은 아니다.

03 × 환지예정지가 지정되면 종전 토지의 임차권자는 환지처분 공고일까지 종전 토지를 사용·수익할 수 없다.

04 O

05 O

06 입체환지

07 × 종전의 토지를 사용하거나 수익할 수 없다.

08 O

09 × 행사할 이익이 없어진 지역권은 환지처분이 공고된 날이 끝나는 때 소멸한다.

[기출지문 정리]

10 [19회] 이미 처분된 체비지는 그 체비지를 매입한 자가 소유권 이전등기를 마친 때에는 소유권을 취득한다. (O / ×)

11 [30회] 시행자는 준공검사를 받은 후 60일 이내에 지정권자에게 환지처분을 신청하여야 하며, 도시개발구역에 있는 조성토지 등의 가격은 개별공시지가로 한다. (O / ×)

12 [27회] 시행자는 준공 전에는 지정권자의 사용허가를 받지 아니하고는 조성토지인 체비지를 사용할 수 없다. (O / ×)

13 [31회] 행정청이 아닌 시행자가 인가받은 환지 계획의 내용 중 종전 토지의 합필 또는 분필로 환지명세가 변경되는 경우에는 변경인가를 받아야 한다. (O / ×)

14 [33회] 시행자는 지정권자에 의한 준공검사를 받은 경우에는 90일 이내에 환지처분을 하여야 한다. (O / ×)

15 [34회] 환지 설계를 평가식으로 하는 경우 ○ 총 사업비: 250억 원 ○ 환지 전 토지·건축물의 평가액 합계: 500억 원 ○ 도시개발사업으로 조성되는 토지·건축물의 평가액 합계: 1,000억 원이면 환지계획에 포함되어야 하는 비례율은 (   )%이다.

16 [34회] 토지소유자의 신청에 따라 환지대상에서 제외한 토지에 대하여는 청산금을 교부하는 때에 청산금을 결정할 수 없다. (O / ×)

17 [34회] 행정청이 아닌 시행자가 군수에게 청산금의 징수를 위탁한 경우, 그 시행자는 군수가 징수한 금액의 100분의 4에 해당하는 금액을 해당 군에 지급하여야 한다. (O / ×)

18 [35회] 도시개발사업으로 임차권의 목적인 토지의 이용이 방해를 받아 종전의 임대료가 불합리하게 된 경우라도, 환지처분이 공고된 날의 다음 날부터는 임대료 감액을 청구할 수 없다. (O / ×)

---

10 ○

11 × 시행자는 준공검사를 받은 후 60일 이내에 환지처분을 하여야 하며, 도시개발구역에 있는 조성토지 등의 가격은 감정평가법인 등이 평가 후 토지평가협의회 심의를 거쳐 정한다.

12 × 조성토지를 사용할 수 없으나, 체비지를 제외한다.

13 × 종전 토지의 합필 또는 분필로 환지명세가 변경되는 경우에는 경미한 변경으로 변경인가 받지 아니한다.

14 × 시행자는 지정권자에 의한 준공검사를 받은 경우에는 60일 이내에 환지처분을 하여야 한다.

15 150 [= 1000억 − 250억 / 500억) × 100)]

16 × 청산금을 교부하는 때에 청산금을 결정할 수 있다.

17 ○

18 × 환지처분이 공고된 날부터 60일이 지나면 임대료 지료 그 밖의 사용료 등의 증감을 청구할 수 없다.

[제36회 기출문제]

01 도시개발법령상 환지 예정지에 관한 설명으로 옳은 것은?

① 종전의 토지의 소유자는 환지 예정지 지정 이후에도 환지처분이 공고되는 날까지 종전의 토지를 사용하거나 수익할 수 있다.

② 환지 예정지가 지정되면 종전의 토지의 임차권자는 환지 예정지 지정의 효력발생일부터 환지처분 공고일까지 환지 예정지에 대하여 종전과 같은 내용의 권리를 행사할 수 없다.

③ 환지 예정지 지정의 효력이 발생하는 경우에 해당 환지 예정지의 종전의 소유자는 환지처분 공고일의 다음날까지 이를 사용하거나 수익할 수 있다.

④ 시행자가 환지 예정지를 지정할 때 종전의 토지에 대한 임차권자 등이 있으면 해당 환지 예정지에 대하여 해당 권리의 목적인 토지 또는 그 부분을 아울러 지정하여야 한다.

⑤ 체비지의 용도로 환지 예정지가 지정된 경우 시행자는 도시개발사업에 드는 비용을 충당하기 위하여 이를 사용하게 할 수 있으나 처분할 수는 없다.

02 도시개발법령상 환지 방식에 의한 사업시행에 관한 설명으로 틀린 것은? (단, 시행자는 행정청이 아님)

① 시행자는 입체 환지를 시행하는 경우 건축 계획이 포함된 환지 계획을 작성하여야 한다.

② 환지 설계를 평가식으로 하는 경우 평균부담률은 '[총사업비/(권리가액의 합계+체비지 평가액의 합계)]× 100'의 계산식에 따른다.

③ 환지 계획에서 환지를 정하지 아니한 종전의 토지에 있던 권리는 그 환지처분이 공고되고 소유권이전등기를 마친 때에 소멸한다.

④ 시행자는 토지 면적의 규모를 조정할 특별한 필요가 있으면 면적이 작은 토지는 과소 토지가 되지 아니하도록 면적을 늘려 환지를 정하거나 환지 대상에서 제외할 수 있다.

⑤ 평면 환지는 환지 전 토지에 대한 권리를 도시개발사업으로 조성되는 토지에 이전하는 방식이다.

정답 및 해설

01
① 종전의 토지를 사용하거나 수익할 수 없다.
② 환지 예정지에 종전과 같은 내용의 권리를 행사할 수 있다.
③ 환지처분 공고일까지 이를 사용하거나 수익할 수 있다.
④ 정답
⑤ 체비지는 처분할 수도 있다.

02 ③ 환지처분 공고된 날이 끝나는 때 소멸한다.

제4편 도시 및 주거환경정비법 (6문제)

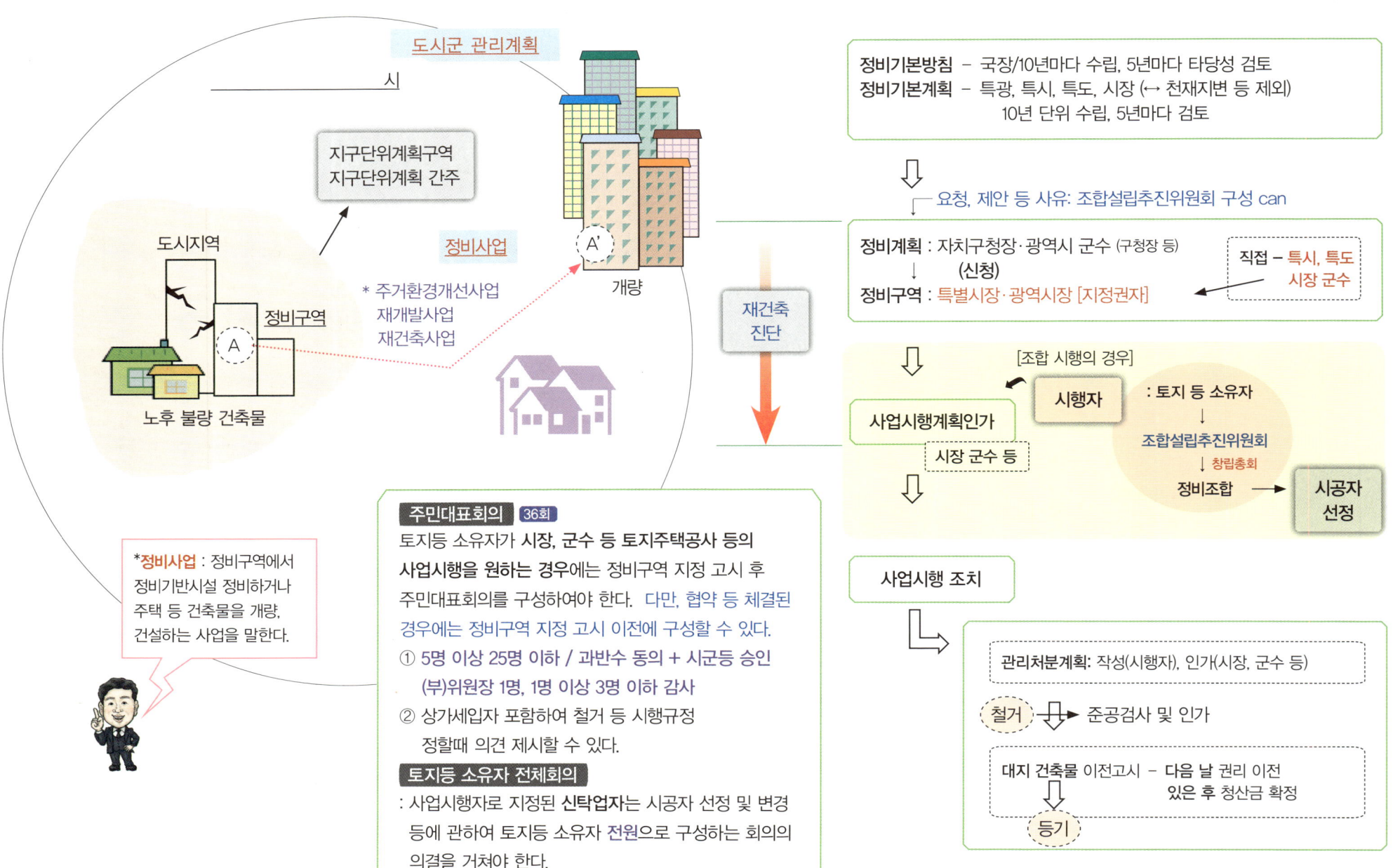

제1장 용어 정의

(1) 정비사업

* **공공재개발** [모든 요건 만족]
  ① 시장군수등, LH 등 시행자일것
  ② 토지등 소유자 분양분 제외하고 지분형주택, 공공임대주택 등을 20% 이상 50% 이하 조례 정하는 비율 이상 건설 공급할것

* **공공재건축** [모든 요건 만족]
  ① 시장군수등, LH 등 시행자일것
  ② 종전 세대수의 100분의 160 이상 건설 공급할것

의의

주거환경개선사업 [32회]
① 도시저소득 주민집단 거주+정비기반시설 극히열악+노후 불량 건축물 과도 밀집한 지역에서 주거환경개선
② 단독주택 다세대 주택 밀집 + 정비기반시설, 공동이용시설 확충 +주거환경을 보전 정비 개량 사업

재개발사업
① 정비기반시설 열악, 노후불량건축물 밀집한 지역에서 주거환경 개선
② 상업지역·공업지역 등에서 도시 기능의 회복 및 상권 활성화 등을 위해 도시 환경 개선 하기 위한 사업

재건축사업 [35회]
* (재건축 진단)
정비기반시설 양호, 노후 불량 건축물인 공동주택 밀집한 지역에서 주거환경을 개선하기 위한 사업

* 공동주택 외 건축물 특례: 준주거, 상업지역 (전체 연면적에 30% 이하)

시행방법 [35회]

- 스스로 개량, 수용방식, 환지, 관리처분계획 (주택, 부대·복리시설)
  * (혼용가능)
- 관리처분계획 (건축물) 환지방식
- 관리처분계획 [건축물: 주택 부대 복리시설 (공동주택)]
  + 주택단지 밖 건축물(지형여건 등 불가피한 경우 한정)

토지 등 소유자 [35회]

- 정비구역에 위치한 토지 또는 건축물 소유자 또는 그 지상권자 (주택공급 ×, 임차권자 ×)
- 정비구역에 위치한 건축물 및 그 부속토지의 소유자

(2) 노후불량건축물
① 안전사고 우려가 있는 건축물
② 내진성능이 확보되지 아니한 건축물 등
③ 40년까지 사용 보수 보강 비용이 더 큰 건축물
④ 20년 이상 30년 이하 조례로 정하는 기간 지난 건축물

(3) 정비기반시설 ⇔ 경찰서 × [32회] [33회]

도로, 상하수도, 구거(도랑), 공원, 공용주차장, 공동구 그 밖에 대통령령(녹지, 하천, 공공공지, 광장, 가스공급 및 소방용수시설, 지역난방시설): 와 임시거주시설은 시장·군수 등이 비용의 전부·일부를 부담할 수 있다.

(4) 공동이용시설 ⇔ 유치원 × [29회]

주민이 공동으로 사용하는 놀이터, 마을회관, 공동 작업장, 그 밖에 대통령령(구판장, 세탁장, 화장실 및 수도, 탁아소, 어린이집, 경로당 등 노유자 시설)

(5) 주택단지
① 「주택법」 제15조에 따른 사업계획승인을 받아 주택 및 부대시설·복리시설을 건설한 일단의 토지 등
② 「건축법」 제11조에 따라 건축허가를 받아 아파트 또는 연립주택을 건설한 일단의 토지

(6) 시장, 군수 등 = 특시, 특도, 시군 자치구를 말한다.
토지주택공사 등 (지방공사)

(7) 조합 → 정관 / 토지등 소유자 → 규약
시장군수등, 토지주택공사등, 신탁업자 → 시행규정

[필수지문 정리 빵구노트]

01 ( )사업이란 도시 저소득 주민이 집단거주하는 지역으로서 정비기반시설이 극히 열악하고 노후도·불량건축물이 과도하게 밀집한 지역의 주거환경을 개선하거나, 단독주택 및 다세대주택이 밀집한 지역에서 정비기반시설과 공동이용시설 확충을 통하여 주거환경을 보전·정비·개량하기 위한 사업이다.

02 ( )사업이란 정비기반시설은 양호하나 노후 불량 건축물에 해당하는 공동주택이 밀집한 지역에서 주거환경을 개선하기 위한 사업이다.

03 도시 및 주거환경정비 법령상 도로·상하수도·구거(도랑)·공원·공용주차장·공동구·녹지·하천·공공공지·광장·가스공급 및 지역난방시설은 ( )이다.

04 ( )이란 주민이 공동으로 사용하는 놀이터·마을회관·공동작업장, 그 밖에 대통령령으로 정하는 시설(구판장, 세탁장, 화장실 및 수도, 탁아소, 어린이집, 경로당 등 노유자시설)을 말한다.

05 도시 및 주거환경정비법령상 주거환경개선사업 및 재개발 사업의 토지 등 소유자는 정비구역에 위치한 토지 또는 건축물 소유자 또는 그 ( )를 말한다.

06 공공 재개발사업 ① 시장·군수 등 또는 토지주택공사 등이 시행자 등일 것 ② 건설되는 주택의 전체 세대수 또는 전체 연면적 중 토지 등 소유자 대상분양분을 제외한 나머지 주택의 세대수 또는 연면적의 100분의 ( ) 이상 100의 ( ) 이하를 지분형주택, 공공임대주택 등으로 건설 공급할 것

07 공공 재건축사업 ① 시장 군수 등 또는 토지주택공사 등이 시행자 등일 것 ② 종전의 용적률, 토지면적, 기반시설 현황 등을 고려하여 공공재건축사업을 추진하는 단지의 종전 세대수의 100분의 ( ) 이상을 건설 공급할 것

08 재건축사업은 정비구역에서 인가받은 관리처분계획에 따라 건축물을 건설하여 공급하는 방법으로 한다. 건축물 건설하여 공급하는 경우 주택 부대시설 및 복리시설을 제외한 건축물(공동주택 외 건축물)은 ( ) 및 상업지역에서만 건설할 수 있다. 이 경우 공동주택 외 건축물의 연면적은 전체 건축물 연면적의 ( ) 이하이어야 한다.

정답 및 해설

01	주거환경개선
02	재건축
03	정비기반시설
04	공동이용시설
05	지상권자
06	20, 50
07	160
08	주택, 복리시설, 혼용/ 준주거지역, 100분의 30

[기출지문 정리]

이상곤 교수의 신바람 부동산공법 그림책

01 [18회] 정비기반시설은 양호하나 노후불량 건축물에 해당하는 공동주택이 밀집한 지역에서 주거환경을 개선하기 위하여 시행하는 사업은 재건축 사업이다. (O / ×)

02 [29회] 주민이 공동으로 사용하는 유치원, 경로당, 탁아소, 놀이터, 어린이집 등은 공동이용시설이다. (O / ×)

03 [28회] 하천, 공공공지, 공용주차장, 공원, 공동작업장은 정비기반시설이다. (O / ×)

04 [17회] 주거환경개선사업에 있어서 토지 등 소유자는 토지 또는 건축물 소유자 또는 임차권자이다. (O / ×)

05 [29회] 주거환경개선사업은 사업시행자가 정비구역에서 인가받은 관리처분계획에 따라 주택 부대시설 복리시설 및 오피스텔을 건설하여 공급하는 방법으로 할 수 있다. (O / ×)

06 [30회][36회] 재건축 사업을 하는 정비구역에서 공동주택(주택 부대시설 복리시설) 외의 건축물을 건설하여 공급하는 경우에는 국토의 계획 및 이용에 관한 법률에 따른 준주거지역 및 상업지역 이외의 지역에서 공동주택 외의 건축물을 건설할 수 있다. (O / ×)

07 [33회] 시장·군수 등이 아닌 사업시행자가 시행하는 정비사업의 정비계획에 따라 설치되는 도시·군 계획시설 중 공원, 공공공지, 공동구, 공용주차장은 그 건설에 드는 비용을 시장·군수 등이 부담할 수 있는 시설이다. (O / ×)

08 [34회] 주민이 공동으로 사용하는 구판장은 정비기반시설에 해당한다. (O / ×)

09 [35회] 재건축 사업의 토지 등 소유자는 정비구역에 위치한 건축물 부속 토지의 지상권자이다. (O / ×)

01 O

02 × 유치원은 공동이용시설이 아니다.

03 × 공동작업장은 공동이용시설이다.

04 × 토지 또는 건축물 소유자 또는 지상권자이다.

05 × 주거환경개선사업의 토지 등 소유자는 주택 및 부대시설 복리시설을 말하며, 오피스텔은 규정 없다.

06 × 재건축 사업의 공동주택 외의 건축물은 전체 연면적 30% 이하 준주거지역 및 상업 지역에서 건설할 수 있다.

07 O

08 × 공동이용시설이다.

09 × 지상권자는 재건축 사업의 토지 등 소유자가 아니다.

[제36회 기출문제]

01 도시 및 주거환경정비법령상 주민대표회의에 관한 설명으로 틀린 것은?

① 주민대표회의는 토지등소유자의 과반수의 동의를 받아 구성하며, 시장·군수등의 승인을 받아야 한다.

② 주민대표회의는 사업시행자가 정비사업비의 부담에 관하여 시행규정을 정하는 때에 의견을 제시할 수 있다.

③ 주민대표회의에는 위원장 1명, 부위원장과 감사 각 2명을 둔다.

④ 시장·군수등 또는 토지주택공사등은 주민대표회의의 운영에 필요한 경비의 일부를 해당 정비사업비에서 지원할 수 있다.

⑤ 주민대표회의의 위원의 선출·교체 및 해임에 필요한 사항은 주민대표회의가 정한다.

정답 및 해설

01 ③ 위원장 1명, 부위원장 1명, 1명 이상 3명 이하의 감사이다.

제2장 계획 및 구역의 지정 [계획의 작성기준은 국장이 정한다.]

정비기본방침 → 정비기본계획 (14일 이상 공람)/국장 보고 → 재건축 진단 28회

: 시장군수 등은 보고서를 특광도에게 제출
국장이 요청하면 제출

→ (국토안전관리원 등)에 적정성 검토 의뢰 Can

: 시장군수 등 → 재건축 진단기관에 의뢰실시
← 재건축 진단기관이 결과 보고서 제출

① 국장이 10년마다 수립
② 5년마다 타당성 검토
③ 내용
  ㉠ 국가정책방향
  ㉡ 정비기본계획의 수립방향
  ㉢ 노후불량 주거지 조사 개선계획의 수립
  ㉣ 재정지원계획

① 특광, 특시, 특도, 시장이 10년 단위로 수립하여야 하며, 5년마다 타당성 검토
② 대도시 아닌 시장은 도지사가 필요 없다고 인정 시는 수립하지 아니할 수 있다.
  (승인 – "대도시 아닌 시장은" 도지사 승인)
③ 내용
  ㉠ 녹지조경 등 환경계획
  ㉡ 정비예정구역의 개략적 범위
  ㉢ 단계별 정비사업의 추진계획
  ㉣ 세입자에 대한 주거안정대책
  ㉤ 건폐율 용적률 등에 관한 건축물 밀도계획
  ㉥ 주거지 관리계획
  ㉦ 사회복지시설 및 주민문화시설 등의 설치계획
  ㉧ 도시의 광역적 재정비를 위한 기본방향 등
  *㉡㉢은 생활권 내용 포함 시 생략 ○
④ 절차(의견청취 → 협의 → 심의 → 승인) 30회
  ㉠ 의견청취 – 14일 이상 공람 / 지방의회 60일 내 의견제시
  ㉡ 생략 – 기간 단축 / 시설규모 10% 미만 36회 축소 / 면적 20% 미만 변경 / 공동이용시설 설치계획 변경 등의 경우

(1) 의의
  ① 의무 :
    시장·군수등은 정비예정구역별 정비계획의 수립시기가 도래한 때부터 사업시행계획인가 전까지 재건축 진단을 실시하여야 한다.
  ② 요청(비용을 요청하는 자에게 부담시킬 수 있다.) → 30일 내 결정통보
    건축물 및 그 부속토지의 소유자 10분의 1 이상의 동의를 받아 요청하는 때 / 승인받은 추진위원회 or 시행자가 요청하는때 등

(2) 재건축진단 제외 – 주택단지 안 건축물 중 다음을 제외할 수 있다.

① 천재지변 등 주택이 붕괴되어 신속히 재건축 추진필요 시장군수 등이 인정
② 주택의 구조 안전상 사용금지 필요하다고 시장군수 등이 인정
③ 노후불량 건축물 수에 관한 기준에 충족한 경우 잔여건축물
④ 진입도로 등 기반시설 설치를 위하여 불가피 시장군수 등이 인정 건축물
⑤ 시설물 관련법상 시설물로서 지정받은 안전등급이 D(미흡), E(불량)

(3) 결정
  시장·군수등은 재건축진단의 결과와 도시계획 및 지역여건 등을 종합적으로 검토하여 사업시행계획인가 여부를 결정하여야 한다.

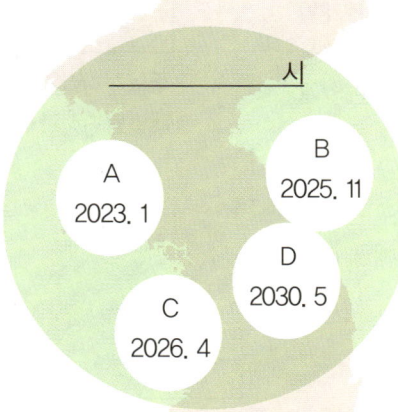

시
A 2023. 1
B 2025. 11
C 2026. 4
D 2030. 5

→ 경미: 건축물 용적률 10% 미만 확대, 최고높이 변경

정비계획

(30일 이상 공람) / 재건축은 기존 200세대이상 또는 부지면적 1만㎡ 이상

(1) 정비구역 지정권자 = 특시, 특도, 시군 / 특광

① 정비계획 – 특시, 특도, 시군 (입안) / 구청장 등(광역시 군수, 자치구 구청장)(지정신청)

② 정비구역 – 특시, 특도, 시군 (지정) / 특별시장 광역시장이 지정

TIP
㉠ 지정권자는 직접계획을 입안할 수 있고, 진입로 지역 포함하여 구역을 지정할 수 있다.
㉡ 국민주택규모주택 (90%이하), 임대주택 (30%이하) 건설 반영하여야 한다. 35회
㉢ 정비계획의 내용 – 정비사업조합 조합원 권리 의무 ×(정관내용)
: 도시 군 계획시설의 설치에 관한 계획 정비사업 명칭, 정비구역 면적, 토지 등 소유자 유형별 분담금 추산액 및 산출근거, 건축물 주용도, 건폐율 용적률 높이에 관한 계획 / 정비구역 주변의 교육환경 보호에 관한 계획 / 정비사업 시행 예정시기 / 지구단위계획(필요시 한정) / 세입자 주거대책
㉣ 토지 등 소유자, 추진위원회의 정비계획 입안 요청 및 입안 제안
: (공통사유) – 정비계획 수립 시기가 지난 지역 등, 천재지변 등 불가피한 사유로 긴급 사업 시행 필요한 경우
㉮ 정비구역 지정을 위한 정비계획의 입안 요청 –단계별 정비사업 추진계획을 생략한 경우 등
㉯ 정비계획의 입안 제안 – 공공재개발 및 공공재건축 사업을 추진하려는 경우 등

(2) 예외 – 천재지변 등에 따라 정비사업을 시행하려는 경우에는 정비 기본계획을 수립, 변경하지 아니하고 정비구역을 지정할 수 있다.

(3) 지정효과 등 – ① 국토계획법의 지구단위계획구역 및 지구단위계획으로 결정 고시된 것으로 본다. (반대도 간주)
36회 ② 정비구역 등에서 지역주택조합 조합원 모집금지 (위반 시 1년, 1천)

(4) 정비구역 분할, (연접) 통합 및 (연접×) 결합 가능

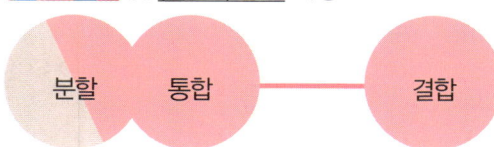

정비구역 36회

정비법 제101조의 8
*지정제안 – 토지주택공사등, 신탁업자인 지정개발자는 토지등소유자의 3분의 2 이상 동의받아 지정권자에게 정비구역 지정을 제안할 수 있다.

(5) 정비구역에서 개발행위허가 35회

1) 허가사항   * 기득권 보호 – 착수한 자 : 30일 내 신고 계속 can

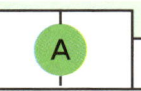
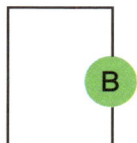

정비구역
정비사업 → A 개발행위허가 → 국토계획법의 개발행위허가 간주

① 건축물(가설 포함)건축, 용도변경, 공작물 설치
② 토지형질변경 ③ 토석채취 ④ 토지분할
⑤ 1개월 이상 물건적치 ⑥ 죽목의 벌채 식재

* 다음은 허가 제외

㉠ 재해복구 재난수습 응급조치 ㉡ 국토계획법의 허가제외사항으로서→ 농림수산물 생산 직접이용 간이공작물/ 경작 토지형질변경/개발지장없고, 경관훼손없는 토석채취/ 구역에 남겨두기로 결정된 대지에 물건적치/ 관상용 죽목임시식재(경작지 허가o) ㉢ 기존 건축물 붕괴 등 안전사고 우려가 있는 경우 해당 건축물에 대한 안전 조치를 위한 행위

B 국토계획법의 개발행위허가

2) 허가제한 : 국장, 시도, 시군구장

① 건축물 건축/ 토지분할/ 일반건축물 대장을 집합건축물 대장으로 전환/ 집합건축물 대장의 전유부분 분할
② 3년 이내, 1년 내 한차례만 연장 할 수 있다.

(6) **정비구역 해제** – 지정권자는 구역을 심의거쳐 **해제하여야 한다.** (30% 이상 동의요청 2년내 연장가능)
   ① **정비예정구역** : 기본계획에서 정한 정비구역 지정 예정일부터 3년 되는 날까지 정비구역 지정 또는 신청하지 아니하는 경우
   ② **재개발, 재건축사업** [조합 시행]

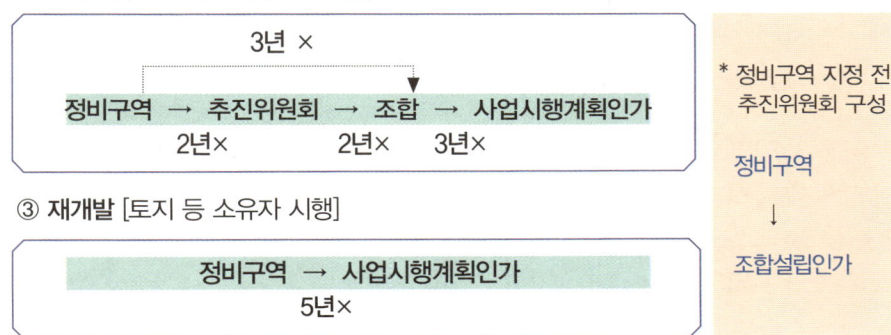

   ③ **재개발** [토지 등 소유자 시행]

```
       정비구역  →  사업시행계획인가
                5년×
```

(7) **직권해제** – 지정권자는 심의를 거쳐 **해제할 수 있다.** → 30일 이상 주민 공람 [36회]
   ① 토지 등 소유자에게 과도한 부담 발생이 예상
   ② 추진 상황으로 보아 지정목적 달성 불가능 인정
   ③ 토지 등 소유자 **30% 이상** 정비구역 해제 요청 [추진위 구성 전]
   ④ 스스로 개량방식으로 시행하는 주거환경개선사업의 정비구역이 지정 고시일부터 10년 이상 경과하고 **과반수**가 해제 동의하는 경우 등
   ⑤ 추진위 조합 **동의한** 토지등 소유자 **2분의 1 이상~3분의 2 이하** 요청
   ⑥ 추진위 조합 **설립된** 토지등 소유자 **과반수** 요청

(8) **해제효력** – 구역 지정 전의 상태로 환원 간주
   ① 재개발, 재건축 사업 구역에서 해제된 경우 **주거환경개선구역**으로 지정할 수 있다.
   ② 해제된 경우 **추진위, 조합**은 취소된 것으로 본다. [공보 고시하여야한다.]
   ③ 정비구역이 해제된 경우 지정권자는 해제된 정비구역 등을 도시재생 선도지역으로 지정하도록 국토교통부 장관에게 요청할 수 있다. (법 제21조의 2)

공공 재개발사업 등

(1) 공공재개발 사업 예정구역의 지정 고시

정비구역의 지정권자는 비경제적인 건축행위 및 투기수요의 유입을 방지하고 합리적인 사업계획을 수립하기 위하여 공공재개발 사업을 추진하려는 구역을 공공재개발 사업 예정구역으로 지정할 수 있다.

(2) 절차
① 14일 이상 주민 공람 – 지정권자는 타당하다고 인정되면 반영하여야 한다.
② 입안권자, 토지주택공사 등은 정비구역의 지정권자에게 공공재개발 사업 예정구역을 신청할 수 있다. → 지방도시계획위원회는 신청일로 부터 30일 이내 심의를 완료하여야 한다. (30일 내 한차례 연장 can) [32회]

(3) 해제하여야 한다.

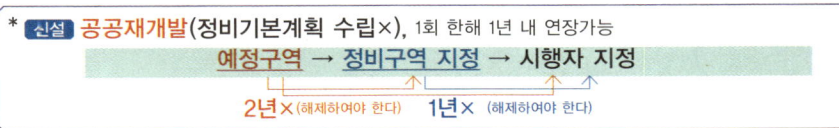

① 정비구역의 지정권자는 공공재개발사업 예정구역이 지정·고시된 날부터 2년이 되는 날까지 공공재개발사업 예정구역이 공공재개발사업을 위한 정비구역으로 지정되지 아니하거나, 공공재개발사업 시행자가 지정되지 아니하면 그 2년이 되는 날의 다음 날에 공공재개발사업 예정구역 지정을 해제하여야 한다. 다만, 정비구역의 지정권자는 1회에 한하여 1년의 범위에서 공공재개발사업 예정구역의 지정을 연장할 수 있다.

② 정비계획의 지정권자는 공공재개발사업을 위한 정비구역을 지정·고시한 날부터 1년이 되는 날까지 공공재개발사업 시행자가 지정되지 아니하면 그 1년이 되는 날의 다음 날에 공공재개발사업을 위한 정비구역의 지정을 해제하여야 한다. 다만, 정비구역의 지정권자는 1회에 한하여 1년의 범위에서 공공재개발사업을 위한 정비구역의 지정을 연장할 수 있다.

(4) 정비 기본계획의 수립제외

정비구역 지정권자는 정비기본계획을 수립 변경하지 아니하고 공공재개발 사업을 위한 정비계획을 결정하여 정비구역을 지정할 수 있다.

[필수지문 정리 빵구노트]

01 특별시장·광역시장·특별자치시장·특별자치도지사·시장은 관할구역에 대하여 도시·주거환경정비기본계획을 (　　) 단위로 수립하여야 한다. 다만, 도지사가 (　　　　　)로서 기본계획을 수립할 필요가 없다고 인정하는 시에 대하여는 기본계획을 수립하지 아니할 수 있다. 또한, 기본계획은 (　　)마다 검토하여 반영하여야 한다.

02 시장·군수 등은 정비예정구역별 정비계획의 수립시기가 도래한 때부터 사업시행계획인가 전까지 (　　　) 진단을 실시하여야 한다. 또한 시장 군수 등은 재건축 진단의 결과와 도시계획 및 지역여건 등을 종합적으로 검토하여 (　　) 여부를 결정하여야 한다.

03 「시설물의 안전 및 유지관리에 관한 특별법」의 시설물로서 지정받은 안전등급이 D(미흡) 또는 E(불량)인 건축물은 (　　)진단 대상에서 제외할 수 있다.

04 정비구역의 (　　　)는 특별시장, 광역시장/특별자치시장, 특별자치도지사, 시장 또는 군수(광역시 군수 제외)이고, 정비구역의 (　　　　)는 직접 정비계획을 입안할 수 있다.

05 국토계획법령상 개발행위허가대상이 아닌 것으로 정비구역에서 (　　　　)의 생산에 직접 이용되는 비닐하우스 등의 설치, 경작을 위한 (　　　　　), 정비구역의 개발에 지장을 주지 아니하고 자연경관을 손상하지 아니하는 범위에서 (　　　　), 정비구역에 존치하기로 결정된 대지에 (　　　　　), 경작지를 제외한 관상용 죽목의 (　　　　), 기존 건축물 붕괴 등 안전사고 우려가 있는 경우 해당 건축물에 대한 안전조치를 위한 행위는 시장·군수 등의 허가를 받지 아니하고 할 수 있다.

06 정비구역 지정권자는 토지등 소유자가 시행하는 재개발 사업으로서 토지 등 소유자가 정비구역으로 지정 고시된 날부터 (　　　　)이 되는 날까지 사업시행계획인가를 신청하지 아니하는 경우에는 지방도시계획위원회의 심의를 거쳐 정비구역을 해제하여야 한다.

07 국토교통부장관은 도시 및 주거환경을 개선하기 위하여 (　　)마다 다음 각 호의 사항을 포함한 기본방침을 정하고, (　　)마다 타당성을 검토하여 그 결과를 기본방침에 반영하여야 한다.

1) 도시 및 주거환경 정비를 위한 (　　　)
2) 도시·주거환경(　　　)의 수립 방향
3) 노후·불량 (　　　) 조사 및 개선계획의 수립
4) 도시 및 주거환경 개선에 필요한 (　　　)

08 정비기본계획에는 정비사업의 기본방향, 주거지 관리계획, 녹지·조경·에너지공급·폐기물처리 등에 관한 환경계획, 사회복지시설 및 주민문화시설 등의 설치계획, 정비(　　　)구역의 개략적 범위, (　　　　) 정비사업 추진계획, 건폐율·용적률 등에 관한 건축물의 (　　　)계획, 세입자에 대한 주거안정대책 등이 포함되어야 한다.

09 토지등소유자 또는 추진위원회는 공공재개발사업 또는 공공재건축사업을 추진하려는 경우 해당하는 경우에는 정비계획의 입안권자에게 정비계획의 입안을 (　　)할 수 있다.

10 정비구역의 지정권자는 정비사업의 효율적인 추진 또는 도시의 경관보호를 위하여 필요하다고 인정하는 경우에는 다음 각 호의 방법에 따라 정비구역을 지정할 수 있다.

1) 하나의 정비구역을 둘 이상의 정비구역으로 ( )

2) 서로 연접한 정비구역을 하나의 정비구역으로 ( )

3) 서로 연접하지 아니한 둘 이상의 구역 또는 정비구역을 하나의 정비구역으로 ( )

11 국토교통부장관, 시·도지사, 시장, 군수 또는 구청장은 비경제적인 건축행위 및 투기 수요의 유입을 막기 위하여 기본계획을 공람 중인 정비예정구역 또는 정비계획을 수립 중인 지역에 대하여 ( ) 이내의 기간(1년의 범위에서 한 차례만 연장할 수 있다)을 정하여 대통령령으로 정하는 방법과 절차에 따라 다음 각 호의 행위를 제한할 수 있다.

1) 건축물의 ( )

2) 토지의 ( )

3) 「건축법」 제38조에 따른 건축물대장 중 일반건축물대장을 집합건축물대장으로 ( )

4) 「건축법」 제38조에 따른 건축물대장 중 집합건축물대장의 전유부분 ( )

12 정비구역의 (   )는 정비사업의 시행으로 토지등 소유자에게 과도한 부담이 발생할 것으로 예상되는 경우, 정비구역 등의 추진 상황으로 보아 지정 목적을 달성할 수 없다고 인정되는 경우, 토지 등 소유자의 100분의 30 이상이 정비구역등(추진위원회가 구성되지 아니한 구역으로 한정한다)의 해제를 요청하는 경우 등에는 지방도시계획위원회의 심의를 거쳐 정비구역등을 ( )할 수 있다.

13 정비구역등(재개발사업 및 재건축사업을 시행하려는 경우로 한정한다.)이 해제된 경우 정비구역의 지정권자는 해제된 정비구역 등을 스스로 개량 방법으로 시행하는 (   )으로 지정할 수 있다.

정답 및 해설

01	10년, 대도시가 아닌 시, 5년
02	재건축, 사업시행계획인가
03	재건축
04	지정권자, 지정권자
05	농림수산물, 토지형질변경, 토석채취, 물건을 쌓아놓는 행위, 임시식재
06	5년
07	10년, 5년, 1) 국가 정책 방향 2) 정비기본계획 3) 주거지 4) 재정지원계획
08	예정, 단계별, 밀도
09	제안
10	1) 분할 2) 통합 3) 결합
11	3년, 1) 건축 2) 분할 3) 전환 4) 분할
12	지정권자, 해제
13	주거환경개선구역

[기출지문 정리]

01 [29회] 국토교통부장관은 정비기본계획에 대하여 5년마다 타당성 여부를 검토하여 그 결과를 기본계획에 반영하여야 한다. (O / X)

02 [20회] 대도시가 아닌 시장은 도지사가 도시 주거환경 정비기본계획의 수립이 필요 없다고 인정한 경우에는 정비기본계획을 수립하지 아니할 수 있다. (O / X)

03 [26회] 정비기본계획에 대하여는 3년마다 그 타당성 여부를 검토하여 그 결과를 정비기본계획에 반영하여야 하며, 정비사업조합 조합원의 권리 의무에 관한 사항은 정비계획의 내용이다. (O / X)

04 [30회] 정비기본계획의 수립권자는 기본계획을 수립하려는 경우에는 14일 이상 주민에게 공람하여 의견을 들어야 하며, 진입로 설치를 위하여 필요한 경우에는 진입로 지역과 그 인접지역을 포함하여 정비구역을 지정할 수 있다. 또한 정비구역에서는 「주택법」에 따른 지역주택조합의 조합원을 모집해서는 아니된다. (O / X)

05 [30회] 정비구역에서 이동이 쉽지 아니한 물건을 14일 이상 쌓아두기 위해서는 시장·군수 등의 허가를 받아야 한다. (O / X)

06 [25회] 정비구역에서 가설건축물 건축, 공유수면의 매립, 이동이 용이하지 아니한 물건을 1월 이상 쌓아놓는 행위, 경작지에서 관상용 죽목의 임시식재는 시장·군수 등의 허가를 받아야 한다. (O / X)

07 [24회] 재개발 사업을 토지 등 소유자가 시행하는 경우로서 정비구역으로 지정·고시된 날부터 4년이 되는 날까지 사업시행인가를 신청하지 아니한 경우 지정권자는 정비구역을 해제하여야 한다. (O / X)

08 [28회] 주택의 구조 안전상 사용금지가 필요하다고 시장·군수 등이 인정한 경우, 진입도로 등 기반시설 설치를 위하여 불가피하게 정비구역에 포함된 것으로 시장·군수 등이 인정한 주택단지 내의 건축물은 재건축 진단 대상에서 제외할 수 있다. (O / X)

---

01 X 특별시장·광역시장·특별자치시장·특별자치도지사·시장은 정비기본계획에 대하여 5년마다 타당성을 검토하여 그 결과를 기본계획에 반영하여야 한다.

02 O

03 X 5년마다 그 타당성을 검토하여 그 결과를 정비기본계획에 반영하여야 하며, 정비사업조합 조합원의 권리의무에 관한 사항은 정비계획의 내용이 아니라 조합 정관의 내용이다.

04 O

05 X 이동이 쉽지 아니한 물건을 1개월 이상 쌓아두기 위해서는 시장·군수 등의 허가를 받아야 한다.

06 O

07 X 재개발 사업을 토지 등 소유자가 시행하는 경우에는 정비구역으로 지정 고시된 날부터 5년이 되는 날까지 사업시행인가를 신청하지 아니한 경우 지정권자는 정비구역을 해제하여야 한다.

08 O

09 〔35회〕 정비계획의 입안권자는 주택법에 따른 국민주택규모의 주택이 전체 세대수의 100분의 (ㄱ) 이하에서 대통령령으로 정하는 범위, 공공임대주택 및 민간임대주택이 전체 세대수 또는 전체 연면적의 100분의 (ㄴ) 이하에서 대통령령으로 정하는 범위에서 국토교통부장관이 정하여 고시하는 임대주택 및 주택규모별 건설비율 등을 정비계획에 반영하여야 한다.

09 ㄱ 90, ㄴ 30

[제36회 기출문제]

01 도시 및 주거환경정비법령상 도시·주거환경정비기본계획(이하 "기본계획")에 관한 설명으로 틀린 것은?

① 국토교통부장관은 기본계획에 대하여 5년마다 타당성을 검토하여 그 결과를 기본계획에 반영하여야 한다.

② 도지사가 대도시가 아닌 시로서 기본계획을 수립할 필요가 없다고 인정하는 시에 대하여는 기본계획을 수립하지 아니할 수 있다.

③ 기본계획에는 건폐율·용적률 등에 관한 건축물의 밀도계획이 포함되어야 한다.

④ 기본계획의 내용 중 정비사업의 계획기간을 단축하는 경우에는 주민공람 절차를 거치지 아니할 수 있다.

⑤ 기본계획의 내용 중 공동이용시설에 대한 설치계획을 변경하는 경우에는 지방의회의 의견청취 절차를 거치지 아니할 수 있다.

정답 및 해설

01 ① 정비기본계획은 특별시장, 광역시장, 특별자치시장, 특별자치도지사, 시장이 수립권자이므로 타당성 검토도 수립권자가 한다.

제3장 시행자 등

제1절 시행자

주거환경개선사업

(1) 스스로 개량방식
① 시장, 군수 등이 직접 시행
② 토지주택공사 등을 사업시행자로 지정
(토지 등 소유자 과반수의 동의)

(2) 위 외의 방식
시장, 군수 등이 직접 시행하거나 다음 각 호에서 정한 자에게 시행하게 할 수 있다.
1) 시행자 지정
① 시장, 군수 등이 다음의 자를 지정
  ㉠ 토지주택공사 등
  ㉡ 국가, 지단, 토주공 등 또는 공공기관이 총지분 50%를 초과 출자 설립법인
② 시장 군수 등이 ①과 다음 자를 공동시행 지정
  ㉠ 건설업자
  ㉡ 등록사업자

2) 동의 32회
[토지등소유자 3분의 2 이상 동의 + 세입자 과반수]
① 세입자 세대수가 토등소의 2분의 1 이하인 경우 등은 거치지 아니할 수 있다. (수용방식이어도)
② 천재지변, 그 밖 불가피한 사유 붕괴 우려
  : 토등소 및 세입자 동의 × → 시장·군수등, LH등이 시행할 수 있다.

재개발사업

(1) 조합이 시행하거나 조합원 과반수 동의를 받아 다음 자와 공동으로 시행하는 방법
① 시장, 군수 등 토지주택공사 등
② 건설업자, 등록사업자(신탁업자, 부동산원)

(2) 토지등소유자가 **20인 미만**인 경우 35회
① 토지 등 소유자가 시행하거나
② 토지 등 소유자가 토지 등 소유자의 과반수 동의를 받아 시장·군수·토주공 등 건설업자 등록사업자 (신탁업자, 부동산원)와 공동으로 시행하는 방법

재건축사업

(1) 조합이 시행하거나 **조합원 과반수** 동의를 받아 다음 자와 공동으로 시행할 수 있다.
① 시장·군수 등, 토지주택공사 등
② 건설업자, 등록사업자

*협약체결 등(법 제26조) : 토지주택공사등과 재개발사업 또는 재건축사업의 준비·추진에 필요한 사항에 대하여 협약등을 체결하려는 자(토지등소유자로 구성된 자를 말한다)는 주요내용등을 포함한 주민설명회 개최 절차를 거친 사실을 시장·군수등에게 확인받은 후 100분의 30 이상의 토지등소유자의 동의를 받아 사업시행자 지정 이전에 협약등을 체결할 수 있다.

공공시행자 - 시·군 등이 직접시행 or 토지주택공사 등을 시행자로 지정하여 시행할 수 있다. [주민대표회의 구성]
① **천재지변**, 재난 및 안전관리기본법 등에 따른 사용제한 사용금지, 긴급정비사업 시행 필요 인정
② 정비계획 정한 시행예정일부터 2년 이내 사업시행계획인가 신청 ×, 위법 부당(재건축 제외)
③ 추진위 → 조합(3년×) or 조합 → 사업시행계획인가(3년×)
④ 지방자치단체장이 도시·군 계획사업과 병행 시행필요 인정/ 순환정비방식/ 사업시행인가 취소
⑤ 국공유지면적이 2분의 1 이상 + 토지 등 소유자 과반수 동의하는 때
⑥ 해당 정비구역 토지면적의 2분의 1 이상 + 토지 등 소유자의 3분의 2 이상 요청하는 때

지정개발자 - 토지 등 소유자, 민관합동법인, 신탁업자를 시행자로 지정하여 시행할 수 있다.
: 위 공공시행자 시행사유 중 ①②와 "재개발 및 재건축사업의 조합설립동의요건 이상에 해당하는 자가 신탁업자를 시행자로 지정하는 것에 동의한 때

취소간주 (공공 및 지정개발자가 시행 시)
: 사업시행자 지정 고시한 때 고시일 다음 날에 "추진위 승인, 조합 인가"는 취소된 것으로 본다.

제2절 정비사업 조합 [법인(민법 중 사단법인 규정 준용)으로 한다. → 30일 내 등기 → 성립 간주]

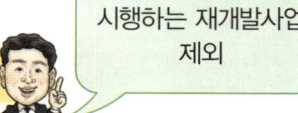

토지 등 소유자가 시행하는 재개발사업 제외

조합설립추진위원회 33회

(1) 구성 및 승인: 다음 각 호의 사항에 대하여 토지 등 소유자 과반수 동의를 받아 추진위원회를 구성하여 시장·군수 등의 승인을 받아야 한다. [공공지원 – 구성 ×]
① 추진위원장 포함한 5명 이상의 추진위원
② 운영규정 (국장이 정하여 고시)

(2) 구성대상 지역
① 정비구역으로 지정 고시된 지역
② 정비구역으로 지정 고시되지 아니한 지역
  ㉠ 기본계획 수립하지 아니한 지역 등
  ㉡ 기본계획에 따른 정비예정구역이 설정된 경우
  ㉢ 입안요청 및 입안제안에 따라 정비계획 입안 결정한 지역
  ㉣ 정비계획 입안을 위해 주민에게 공람한 지역

(3) 업무
① 정비사업전문관리업자의 선정 및 변경
② 설계자의 선정 및 변경
③ 개략적인 사업계획서의 작성
④ 조합설립을 위한 준비업무
⑤ 추진업무 (운영규정의 작성, 동의서 접수, 창립총회 개최, 정관 초안 작성 등)

창립총회

(1) 개최
추진위원회는 조합설립인가를 신청하기 전에 조합설립을 위한 창립총회를 개최하여야 한다.

(2) 업무
① 조합 정관의 확정
② 조합 임원의 선임
③ 대의원의 선임

(3) 포괄승계
추진위원회는 수행한 업무를 총회에 보고하여야 하며, 그 업무와 관련된 권리 의무는 조합이 포괄승계한다. [30일 내 조합에 인계 하여야 한다.]

(4) 동의 간주: 추진위는 동의 받기전 추정 분담금 등을 토지 등 소유자에게 제공하여야한다.
① 추진위원회의 구성에 동의한 토지 등 소유자는 조합설립에 동의한 것으로 본다.
② 토지등 소유자가 정비계획 입안요청동의, 입안제안 동의, 추진위원회 구성동의, 어느 하나 동의하면 요건충족할 때 다른사항 동의 간주한다.

(5) 조직: 추진위원회를 대표하는 추진위원장 1명과 감사를 두어야 한다. [이사 ×]
*선거관리위원회 위탁 가능/ 임원 결격 준용

조합 35회

(1) 설립의무 – 시장·군수 등, 토지주택공사 등 또는 지정 개발자가 아닌 자가 정비사업을 시행하려는 경우에는 토지 등 소유자로 구성된 조합을 설립하여야 한다.

(2) 동의요건 + 정비구역 지정 고시 후 시장·군수 등의 인가
① **재개발** = 토지등 소유자의 4분의 3 이상 및 토지 면적의 2분의 1 이상 토지소유자의 동의
② **재건축**
  ㉠ 주택단지 안 = 각 동 구분소유자 과반수(복리시설 3분의 1 이상)와 주택단지 전체 구분소유자 100분의 70 이상 및 토지면적의 100분의 70 이상 토지소유자의 동의를 받아야 한다.
  ㉡ 주택단지 밖 = 토지 또는 건축물 소유자의 4분의 3 이상 및 토지면적의 3분의 2 이상 토지소유자의 동의를 받아야 한다.

***변경** – 조합원의 3분의 2 이상 찬성으로 의결하여 시장·군수 등의 인가 [다음은 경미 신고] 35회
① 착오 오기 또는 누락임이 명백한 사항
② 조합의 명칭, 주된 사무소 소재지와 조합장의 성명 및 주소(조합장 변경 없는 경우 한정)
③ 토지 건축물의 매매 등으로 조합원 권리 이전
④ 조합 임원 및 대의원 변경 (총회 대의원회 의결거친 경우)
⑤ 정비구역 면적이 10% 미만 범위에서 변경등

*시장군수 등은 신고받은날부터 20일 이내 수리여부를 신고인에게 통지해야한다.(없으면 다음날 신고수리간주한다.)

조합원 → 임원 33회

*교육: 국장, 시도, 시군구장은 교육실시 하여야 한다.
→ 임원 등은 6개월 내 교육이수 하여야 한다.

조합원

(1) 조합원의 자격

토지 등 소유자(재건축사업은 동의한 자에 한함)로 한다. 토지 건축물 소유권, 지상권이 수인의 공유에 속하는 때 등에는 대표하는 1인을 조합원으로 본다.

(2) 투기과열지구(매매·증여 포함, 상속·이혼 제외)

투기과열지구에서 다음의 경우 지위를 양수한 자는 조합원 될 수 없다(상속 등 예외). (손실보상해야 한다)

① 재건축 사업 – 조합설립 인가 후
② 재개발 사업 – 관리처분계획 인가 후

재개발 사업 동의자수 산정방법

① 1필지의 토지 or 건축물을 공유 – 1명
   (4분의 3 이상 동의받은 대표자 1인)
② 토지에 지상권 설정 – 1명
③ 1인이 다수의 토지 및 건축물 소유 – 1명
④ 2이상 토지 or 건축물 소유한 공유자 동일한 경우 – 1명

ex) 토지 / 건축물 / 지상권자 = 4명
1. ABC¹   D¹   = 2명
2. E¹   = 1명
3. E   = 0명
4. F ————————— G¹   = 1명
5. ABC   = 0명

---

* 동의한 자로부터 취득한 자는 동의한 것으로 본다.

임원

(1) 임원의 자격요건: 법인인 토지등 소유자가 조합원일 경우 법인의 대리인은 조합임원으로 선임 될 수 있다. (법45조5항) 36회

조합은 다음 각 호의 어느 하나의 요건을 갖춘 조합장 1명과 이사, 감사를 임원으로 둔다(공유한 경우 가장 많은 지분 소유한 자 한정). 이 경우, 조합장은 선임일부터 관리처분계획 인가를 받을 때까지는 해당 정비구역에 거주하여야 한다.

① 정비구역에서 거주하고 있는 자로서 선임일 직전 3년 동안 정비구역 내 거주기간이 1년 이상일 것
② 정비구역에 위치한 건축물 또는 토지(재건축은 건축물과 부속토지)를 5년 이상 소유하고 있을 것

(2) 임원의 구성 등 (선거관리는 선거관리위원회에 위탁 할 수 있다.)

① 조합장 or 이사(3명 이상, 100명 초과는 5명 이상)의 자기를 위한 조합과의 계약이나 소송에 관하여는 감사(1명 이상 3명 이하)가 조합을 대표한다.
② 조합임원은 같은 목적의 정비사업을 하는 다른 조합의 임원 or 직원을 겸할 수 없다.
③ 임원의 임기는 3년 이하 정관으로 정하되, 연임할 수 있다.
④ 결격사유(임원 및 전문조합 관리인) → *전문조합 관리인(변호사 등) → 시·군 등이 선정 ㉠ 과반수 출석 + 과반수 동의로 요청
   → 임기 3년으로 한다. 36회
   ㉡ 조합임원이 6월 이상 선임되지 않은 경우
   → 임원선출을 위한 총회 소집 할 수 있다.

㉠ 미성년자, 피성년후견인 또는 피한정후견인
㉡ 파산선고를 받고 복권되지 아니한 자
㉢ 금고 이상의 실형 선고받고 그 집행이 종료되거나 면제된 날로 부터 2년이 지나지 아니한 자
㉣ 금고 이상의 형의 집행유예를 받고 그 유예기간 중에 있는 자
㉤ 이 법을 위반하여 벌금 100만원 이상 형 선고받고 10년이 지나지 아니한 자
㉥ 조합설립인가권자에 해당하는 지방자치단체장, 지방의회 의원, 그 배우자, 직계존속, 직계비속

→ 임원이 결격사유에 해당 or 임원의 자격요건을 갖추지 못한 경우에는 당연퇴임(개발법은 다음날 자격상실)하며, 퇴임 전 관여행위는 효력을 잃지 아니한다. 34회

* 시장·군수 등이 전문조합관리인을 선정할 경우 전문조합관리인이 업무를 대행할 임원은 당연 퇴임한다.

이상곤 교수의 신바람 부동산공법 그림책

| 총회 | → | 대의원회 | : 시공자 선정 |

: 합동 설명회를 2회 이상 개최해야 한다.

총회

(1) 총회의 소집 : 7일 전까지 조합원에게 통지
① 조합에는 조합원으로 구성되는 총회를 둔다.
② 총회는 조합장 직권으로 소집 or 조합원 5분의 1 이상 또는 대의원 3분의 2 이상 요구로 조합장이 소집한다. [34회]
③ 정관의 기재사항 중 조합 임원의 선임방법 변경 및 해임 등에 관한 사항을 변경하기 위한 총회는 조합원의 10분의 1 이상으로 한다.(해임의결 총회)
④ 직접출석 : 총회의 의결은 조합원의 100분의 10 이상이 직접 출석하여야 한다. [시공자 선정은 과반수, 창립총회·사업시행계획 및 관리처분계획의 수립 변경·시공자 선정취소는 20%]

(2) 의결방법 (전자적방법, 우선이용 노력하여야 한다.)
① 정관변경 ↔ 조합원 과반수 찬성 [34회]

다음은 조합원 3분의 2 이상
 i) 조합원 자격, 제명 탈퇴 및 교체
 ii) 정비구역의 위치 및 면적/ 조합비용부담 회계
 iii) 정비사업비의 부담시기 절차
 iv) 시공자 설계자의 선정, 계약서 포함될 내용
* 정관 경미변경 신고→20일 내 신고 수리여부 통지 준용
 → 조합 임원의 수 및 업무의 범위 변경

② 일반적 의결
조합원 과반수 출석 + 출석 조합원 과반수 찬성
(단, 사업시행계획 및 관리처분계획의 수립 변경은 조합원 과반수 찬성)

대의원회

(1) 구성 (선임 해임은 정관으로 정한다.)
① 조합원 수가 100명 이상인 조합은 대의원회를 두어야 한다.
② 조합원의 1/10 이상으로 구성한다. 다만, 00인 초과 시는 1/10 범위 내 100인 이상으로 한다.

(2) 임원의 관계 [34회]
① 조합장이 아닌 조합 임원은 대의원이 될 수 없다.
② 조합장이 대의원회의 의장이 되는 경우 대의원으로 본다.

(3) 대행할 수 없는 사유 [총회 의무 ↔ 경미제외] [36회]
정관변경/ 시공자·설계자·감정평가법인 등·정비사업 전문관리업자의 선정 및 변경에 관한 사항, 조합 임원 (조합장 보궐 선임) 및 대의원 선 해임, 조합의 합병 해산 (사업완료 해산 제외), 사업시행 계획서의 작성 및 변경에 관한 사항, 관리처분계획의 수립 및 변경에 관한 사항, 정비사업비 변경에 관한 사항 등.

(3) 온라인 총회
① 조합은 총회의 의결을 거쳐 총회와 병행하여 정보통신망을 이용한 총회온라인총회)를 개최하여 조합원이 참석하게 할 수 있다.
② 조합은 조합원의 참여를 확대하기 위하여 조합원이 전자적 방법을 우선적으로 이용하도록 노력하여야 한다.

: 시공자 선정

(1) 계약의 방법
추진위원장 또는 사업시행자는 계약을 체결하려면 일반경쟁에 부쳐야 한다.

(2) 시공자 선정 시기
① 조합 → 조합설립인가 후 (100명 이하→ 정관 定)
   : 경쟁입찰 or 수의계약 (2회 이상 유찰)
② 토지 등 소유자 (재개발사업) → 사업시행계획인가 받은 후 (규약)에 따라 건설업자 등 선정하여야 한다. ↔ 경쟁입찰 ×
③ 시장 군수 등, 토지주택공사 등, 지정개발자
   → 시행자 지정 고시 후 경쟁입찰 or 수의계약

(3) 추천
주민대표회의 or 토지 등 소유자 전체회의가 경쟁입찰 or 수의계약(2회 이상 유찰)방법으로 추천한 때에는 그 자를 시공자로 정하여야 한다.

(4) 기존 건축물의 철거 공사
사업시행자는 선정된 시공자와 공사에 관한 계약을 체결할 때에는 기존 건축물의 철거공사에 관한 사항을 포함시켜야 한다.

119

[필수지문 정리 빵구노트]

01 (　　　) 사업은 조합이 시행하거나, 토지 등 소유자 20인 미만인 경우에는 토지 등 소유자가 직접 시행할 수 있다.

02 정비조합을 설립하려는 경우에는 토지 등 소유자 (　　)의 동의를 받아 위원장을 포함한 추진위원 (　　) 이상이 조합 설립을 위한 추진위원회를 구성하여 시장·군수 등의 승인을 받아야 한다. 또한 정비계획의 입안 요청 및 입안 제안에 따라 정비계획의 입안을 결정한 지역 등은 (　　)으로 지정 고시되지 아니한 지역에서 추진위원회를 구성할 수 있다.

03 재개발 사업의 추진위원회가 조합을 설립하려면 정비구역 지정 고시 후 토지등 소유자의 (　　) 이상 및 토지면적의 (　　) 이상의 토지소유자의 동의를 받아 (　　)의 인가를 받아야 한다.

04 조합 임원의 임기는 (　　)년 이하의 범위에서 정관으로 정하되, 연임할 수 있으며, 벌금 (　　)만원 이상의 형 선고를 받고 (　　)년이 지나지 아니한 자는 정비조합 임원의 결격사유에 해당하므로 조합의 임원이 될 수 없다.

05 의결권을 가진 조합원의 수가 (　　)인 이상인 도시개발조합은 총회의 권한을 대행하게 하기 위하여 대의원회를 둘 수 있으며, 조합원의 수가 (　　)명 이상인 정비조합은 대의원회를 두어야 한다.

06 재건축 사업의 추진위원회가 조합을 설립하려는 때에는 주택단지의 공동주택의 각 동별 구분소유자 (　　) [복리시설은 3분의 1 이상] 동의와 주택단지 전체 구분소유자의 (　　) 이상 및 토지면적의 (　　) 이상의 토지소유자의 동의를 받아 정비구역 지정·고시 후 시장·군수 등의 인가를 받아야 한다.

07 재건축사업은 조합이 시행하거나 조합이 조합원의 (　　)의 동의를 받아 시장·군수 등, 토지주택공사 등, 건설업자 또는 등록사업자와 (　　)으로 시행할 수 있다.

08 (　　)이 대의원회의 의장이 되는 경우에는 대의원으로 보며, (　　)이 아닌 조합 임원은 대의원이 될 수 없다.

09 조합원 자격, 조합원의 제명 탈퇴 및 교체, 정비구역의 위치 및 면적, 조합의 비용부담 및 조합의 회계, 정비사업비의 부담시기 및 절차, 시공자 설계자의 선정 및 계약서에 포함될 내용에 관한 조합의 정관을 변경하려는 경우에는 총회에서 조합원 (　　)의 찬성으로 시장 군수 등의 인가를 받아야 한다.

10 재개발 사업을 토지 등 소유자가 시행하는 경우에는 (　　)를 받은 후 (　)으로 정하는 바에 따라 건설업자 또는 등록사업자를 시공자로 선정하여야 한다.

11 조합은 조합원으로서 정비구역에 위치한 건축물 또는 토지를 소유한 자(공유한 경우는 가장 많은 지분을 소유한 자로 한정) 중 정비구역에 위치한 건축물 또는 토지를 (　　) 이상 소유할 것 또는 정비구역에서 거주하고 있는 자로서 선임일 직전 3년 동안 정비구역에서 (　　) 이상 거주할 것의 요건을 갖춘 조합장 1명과 이사 감사를 임원으로 둔다. 이 경우 조합장은 선임일부터 (　　)인가를 받을 때까지는 정비구역에 거주하여야 한다.

12 시장·군수 등은 (　　) 사업을 제외하고 고시된 정비계획에서 정한 정비사업시행 예정일부터 (　　) 이내에 사업시행계획인가를 신청하지 아니하거나 사업시행계획인가를 신청한 내용이 위법 또는 부당하다고 인정하는 때에는 직접 정비사업을 시행하거나 토지주택공사 등을 사업시행자로 지정하여 사업을 시행하게 할 수 있다.

13 추진위원회는 정비사업(　　)의 선정 및 변경, 설계자의 선정 및 변경, 개략적인 정비사업 시행계획서의 작성, 조합설립인가를 받기 위한 준비업무, 추진위원회 (　　)의 작성, 토지등소유자의 동의서의 접수, 조합의 설립을 위한 (　)총회 개최, 조합 정관의 (　　) 작성 등의 업무를 수행할 수 있다.

14 조합은 총회 의결을 거쳐 조합임원의 선출에 관한 선거관리를 (　　)에 위탁할 수 있으며, 조합 임원의 임기는 (　) 이하의 범위에서 정관으로 정하되, 연임할 수 있다.

15 조합장 또는 이사가 자기를 위하여 조합과 계약이나 소송을 할 때에는 (　)가 조합을 대표한다. 조합 (　)은 같은 목적의 정비사업을 하는 다른 조합의 임원 또는 직원을 겸할 수 없다.

16 조합 임원은 조합원 (　　) 이상의 요구로 소집된 총회에서 조합원 과반수의 출석과 출석 조합원 과반수의 동의를 받아 해임할 수 있다. 이 경우 요구자 대표로 선출된 자가 해임 총회의 소집 및 진행을 할 때에는 조합장의 권한을 대행한다.

17 조합이 인가받은 사항을 변경하고자 하는 때에는 총회에서 조합원의 (　　) 이상의 찬성으로 의결하고, 시장·군수 등의 (　　)를 받아야 한다. 다만, 토지 또는 건축물의 매매 등으로 조합원의 권리가 이전된 경우의 조합원의 교체 또는 신규가입 등 경미한 사항을 변경하려는 때에는 총회의 의결 없이 시장·군수등에게 (　)하고 변경할 수 있다

18 토지등소유자가 시장·군수등 또는 토지주택공사등의 사업시행을 원하는 경우에는 정비구역 지정·고시 후 (ㄱ)를 구성하여야 하며, (ㄱ)는 위원장을 포함하여 5명 이상 (ㄴ) 이하로 구성한다. 다만, 협약 등이 체결된 경우에는 정비구역 지정·고시 이전에 주민대표회의를 구성할 수 있다.

19 사업시행자로 지정된 (　)는 시행규정의 확정 및 변경, 시공자의 선정 및 변경 등에 관하여 해당 정비사업의 토지등소유자 (　)으로 구성되는 회의(토지등소유자 전체회의)의 의결을 거쳐야 한다.

정답 및 해설

01	재개발
02	과반수, 5, 정비구역
03	4분의 3, 2분의 1, 시장·군수 등
04	3, 100, 10
05	50/ 100
06	과반수, 100분의 70, 100분의 70
07	과반수, 공동
08	조합장, 조합장
09	3분의 2
10	사업시행계획인가, 규약
11	5년, 1년, 관리처분계획
12	재건축, 2년
13	전문관리업자, 운영규정, 창립, 초안
14	선거관리위원회, 3년
15	감사, 임원
16	10분의 1
17	3분의 2, 인가, 신고
18	ㄱ 주민대표회의, ㄴ 25명
19	신탁업자, 전원

[기출지문 정리]

01 `16회` 재건축 사업은 조합이 조합원 과반수의 동의를 얻어 시장·군수 등 또는 토지주택공사 등 건설업자 또는 등록사업자와 공동으로 이를 시행할 수 있다. (O / X)

02 `26회` 해당 정비구역 안의 국·공유지 면적이 전체 토지 면적의 3분의 1 이상으로서 토지등소유자의 과반수가 군수의 직접 시행에 동의하는 때에는 군수가 직접 재개발 사업을 시행할 수 있다. (O / X)

03 `26회` 토지등소유자 20인 미만인 경우 재개발사업은 토지등소유자가 시행할 수도 있으며, 토지등소유자가 사업을 시행하는 경우에는 경쟁입찰의 방법으로 시공자를 선정하여야 한다. (O / X)

04 `29회` 재개발 사업의 추진위원회가 조합을 설립하려면 정비구역 지정·고시 후 토지 등 소유자의 (   ) 이상 및 토지면적의 (   ) 이상의 토지소유자의 동의를 받아 시장·군수 등의 인가를 받아야 한다. (O / X)

05 `23회` 정비사업비의 조합원별 분담 내역의 결정은 조합설립추진위원회가 수행할 수 있는 업무이다. (O / X)

06 `30회` 조합설립인가 후 시장·군수 등이 토지주택공사 등을 사업시행자로 지정·고시한 때에는 그 고시일에 조합설립인가가 취소된 것으로 본다. (O / X)

07 `30회` 조합의 정관에는 정비구역의 위치 및 면적이 포함되지 아니하며, 조합은 명칭에 정비사업조합이라는 문자는 사용하지 않아도 되고, 조합장이 자기를 위하여 조합과 소송을 할 때에는 이사가 조합을 대표한다. (O / X)

---

01 O

02 X 국·공유지 면적이 전체 토지면적의 2분의 1 이상으로서 토지 등 소유자의 과반수가 군수의 직접 시행에 동의하는 때에는 군수가 직접 재개발 사업을 시행할 수 있다.

03 X 규약에 따라 건설업자 등을 시공자로 선정하여야 한다.

04 4분의 3, 2분의 1

05 X 정비사업비의 조합원별 분담 내역의 결정은 총회의결사항이지 조합설립추진위원회가 수행할 수 있는 업무가 아니다.

06 X 그 고시일의 다음날에 조합설립인가가 취소된 것으로 본다.

07 X 정관에 위치 및 면적이 포함되어야 하며, 정비사업조합이라는 문자를 사용하여야 하고, 감사가 조합을 대표한다.

08 [30회] 정관의 기재사항 중 조합임원의 권리 의무 보수 선임방법 변경 및 해임에 관한 사항을 변경하기 위한 총회의 경우는 조합원 (ㄱ) 분의 1 이상의 요구로 조합장이 소집하며, 총회를 소집하려는 자는 총회가 개최되기 (ㄴ)일 전까지 회의 목적 안건 일시 및 장소를 정하여 조합원에게 통지하여야 한다.

09 [24회] 조합원의 자격에 관한 사항에 대하여 정관을 변경하고자 하는 경우 총회에서 조합원 3분의 2 이상의 동의를 얻어야 한다. (O / X)

10 [27회] 대의원회 법정 의결 정족수의 완화는 조합의 정관으로 정할 수 없으며, 조합 임원이 결격사유에 해당되어 퇴임되더라도 퇴임 전 관여한 행위는 그 효력을 잃지 않는다. (O / X)

11 [27회] 조합장이 대의원회의 의장이 되는 경우 대의원으로 보며, 이사 및 감사는 대의원이 될 수 없다. (O / X)

12 [31회] 재건축사업의 추진위원회가 조합을 설립하려는 경우 정비구역 지정 고시 후 주택단지가 아닌 지역이 정비구역에 포함된 때에는 주택단지가 아닌 지역의 토지 또는 건축물 소유자의 (ㄱ) 이상 및 토지면적의 (ㄴ) 이상의 토지소유자의 동의를 받아야 한다.

13 [31회] 상가세입자는 사업시행자가 건축물의 철거 사항에 관하여 시행규정을 정하는 때에 주민대표회의에 의견을 제시할 수 없다. (O / X)

14 [33회] 토지등 소유자의 수가 100인을 초과하는 경우, 조합에 두는 이사의 수는 5명 이상으로 하며, 조합 임원의 임기는 3년 이하의 범위에서 정관으로 정하되, 연임할 수 있다. (O / X)

---

08 ㄱ 10, ㄴ 7

09 O

10 O

11 O

12 X ㄱ 4분의 3, ㄴ 3분의 2

13 X 건축물의 철거 사항에 관하여 시행규정을 정하는 때에 의견을 제시할 수 있다.

14 O

15	[33회] 조합장이 아닌 조합 임원은 대의원이 될 수 있으며, 조합임원은 같은 목적의 정비사업을 하는 다른 조합의 임원 또는 직원을 겸할 수 있다. (O / ×)	15 × 조합장이 아닌 조합 임원은 대의원이 될 수 없고, 조합임원은 같은 목적의 정비사업을 하는 다른 조합의 임원 또는 직원을 겸할 수 없다.
16	[33회] 시장·군수 등이 전문조합관리인을 선정한 경우, 전문조합관리인이 업무를 대행할 임원은 당연 퇴임한다. (O / ×)	16 O
17	[34회] 청산금의 징수 지급의 방법 및 절차에 관한 조합의 정관을 변경하기 위하여는 총회에서 조합원 3분의 2 이상의 찬성을 요하는 사항이다. (O / ×)	17 × 3분의 2 이상이 아닌 과반수의 찬성으로 정관을 변경할 수 있는 경우이다.
18	[34회] 조합임원의 임기만료 후 6개월 이상 조합임원이 선임되지 아니한 경우에는 시장·군수 등이 조합임원 선출을 위한 총회를 소집할 수 있다. (O / ×)	18 O
19	[34회] 대의원회는 임기 중 궐위된 조합장을 보궐 선임할 수 없다. (O / ×)	19 O 조합장은 보궐선임의 경우도 총회의 의결을 거쳐야 한다.
20	[35회] 재개발 조합이 조합설립 인가를 받은 날부터 3년 이내에 사업시행계획인가를 신청하지 아니한 때에는 시장·군수 등은 직접 정비사업을 시행할 수 있다. (O / ×)	20 O
21	[35회] 추진위원회는 조합설립 인가 후 지체없이 추정분담금에 관한 정보를 토지 등 소유자에게 제공하여야 한다. (O / ×)	21 × 조합설립 인가 전(前)이다.

[제36회 기출문제]

01 도시 및 주거환경정비법령상 조합에 관한 설명으로 옳은 것은?

① 조합 정관의 기재사항 중 정비사업비의 부담 시기 및 절차를 변경하려는 경우에는 조합원 과반수의 찬성으로 시장·군수 등의 인가를 받아야 한다.

② 법인인 토지등소유자가 조합원일 경우 법인의 대리인은 조합임원으로 선임될 수 없다.

③ 조합장은 선임일부터 정비사업의 준공인가 시까지는 해당 정비구역에서 거주하여야 한다.

④ 조합의 전문조합관리인의 임기는 5년의 범위에서 시·도 조례로 따로 정한다.

⑤ 조합의 대의원회는 총회의 의결사항 중 사업완료로 인한 조합 해산에 관한 사항에 대하여 총회의 권한을 대행할 수 있다.

정답 및 해설

01
① 3분의 2 이상의 찬성이다.
② 임원으로 선임될 수 있다(법 45조 제5항).
③ 관리처분계획 인가를 받을 때까지 거주하여야 한다.
④ 3년이다.
⑤ 정답

제4장 사업시행계획

절차

1) 사업시행계획서 작성 : 시행자

- 동의 (시·군 등 토지주택공사 등 제외)
- 14일 이상 일반에 공람 (경미×)

[35회] 통합심의 (결과 반영하여야 한다.)

협의 : 200m 이내 교육시설 - 교육감 등 협의

2) 사업시행 인가 고시 : 시장, 군수 등(공동시행 포함) ↔ 사도법 사도개설허가 간주 × [36회]

[60일 내 인가 여부 결정 통보]

① 20% 내 시도 조례로 정하는 사업비 예치 (청산금지급 완료 반환)
 : 재개발 사업을 지정개발자 (토지 등 소유자 한정) 시행 시
② 존치 or 리모델링 내용을 포함된 계획서를 작성하여 인가신청 ○
③ 내용 : 조합원이 아닌 일반분양대상자 입주대책 × [33회]

- ㉠ 정비기반시설 및 공동이용시설의 설치계획
- ㉡ 임시거주시설을 포함한 주민이주대책 / 세입자의 주거 및 이주대책
- ㉢ 정비구역 내 가로등 설치, 폐쇄회로 텔레비전 (범죄예방대책)
- ㉣ **임대주택의 건설계획** (재건축 사업 제외)
- ㉤ **국민주택규모주택**의 건설계획 (주거환경개선사업 제외)
- ㉥ 교육시설 교육환경 보호에 관한 계획
- ㉦ 건축물 높이 및 용적률 등에 관한 건축계획

④ 경미신고 - ㉠ 대지면적 10%내 변경 등(20일내 수리여부 통지 등 준용)
         ㉡ 건축물이 아닌 부대 복리시설의 설치규모 확대
           (위치가 변경되지 않는 범위 내)

사업시행조치 등

(1) 재개발 임대주택

임대주택

① 국 시도 시군구 LH등은 조합 요청으로 재개발 임대주택을 인수해야 한다.
② 시도 시군구장이 우선 인수하여야 한다. 부득이한 경우 국장에게 LH 등을 인수자로 지정 요청할 수 있다.
③ 토지임대부 분양주택의 전환공급 의무 - 세입자와 90㎡ 미만 토지소유자, 40㎡ 미만 주거용 건축물 소유자가 요청하면 인수한 임대주택의 일부를 토지임대부분양주택으로 전환하여 공급하여야 한다. → 국가, 지자체는 전부 또는 일부를 보조 융자할 수 있다. [34회]

(2) 국민주택규모주택의 건설계획 [33회]

1) 재개발 사업 및 재건축 사업 (주거지역, 준공업지역의 과밀억제권역 등)

제3종 일반주거지역 — 법적상한 용적률 300% — 정비계획상 용적률 200%

① 100% 완화 = 일정 비율의 국민주택규모주택 건설하여 인수자(국 시도 시군구 LH등)에게 공급(공개추첨 방법)하여야 한다. → 시도 시군 구장순으로 우선 인수 할수 있다. 인수할 수 없는 경우에는 국장에게 인수자 지정 요청하여야 한다.
② 인수된 국민주택규모의 주택은 장기 공공임대주택으로 활용하여야 한다.

2) 공공재개발 사업

① 법정상한용적률의 100분의 120 [법적상한초과용적률] 까지 건축할 수있다.
② 법적상한초과용적률 - 정비계획상 용적률 = 100분의 20 ~ 100분의 70이하 조례로 국민주택규모 주택을 건설하여 인수자 [국,시도,시군구, LH 등]에게 공급하여야 한다.

3) 공공재건축 사업

① 공공재건축 용적률 완화: 1종 전용주거지역 → 2종 전용주거지역 → 1종 일반주거지역 → 2종 일반주거지역 → 3종 일반주거지역 → 준주거지역
② 완화된 용적률 - 정비계획상 용적률 = 100분의 40 ~ 100분의 70이하 조례

(3) 순환정비방식의 정비사업

시행자는 소유자 세입자가 임시로 거주하게 하는 등 이주대책을 수립하여야 한다.

(4) 임시거주시설 36회

① 의의 : 주거환경개선사업 및 재개발사업의 시행으로 철거되는 소유자 또는 세입자에 대해 임대주택 등에 임시거주 or 주택자금 융자알선 등 임시수용에 상응하는 조치를 하여야 한다.

② 일시사용 : 시행자는 국가, 지방자치단체, 공공단체, 개인의 시설이나 토지를 일시사용 할 수 있다. [국가 지방자치단체의 시설 및 토지 등은 사용료 면제]

  ㉠ 국가 지방자치단체는 다음의 정당사유 없이는 사용신청을 거절할 수 없다.
    ⓐ 제3자와 이미 매매계약을 체결한 경우
    ⓑ 사용신청 이전에 사용계획이 확정된 경우
    ⓒ 제3자에게 이미 사용허가를 한 경우

  ㉡ 철거 및 원상회복
    시행자는 공사를 완료한 때에는 완료한 날부터 30일 이내에 임시거주시설을 철거하고, 원상회복하여야 한다.

③ 손실보상 - 공공단체 또는 개인의 시설이나 토지를 일시사용함으로써 손실을 입은 자가 있는 경우에는 손실을 보상하여야 한다.

(5) 임시상가의 설치

재개발사업의 시행자는 상가세입자가 사용할 수 있도록 정비구역 또는 인근에 임시상가를 설치할 수 있다.

(6) 토지 등의 수용 또는 사용

① 시행자는 정비구역에서 정비사업(재건축사업은 천재지변 등에 한정하여 가능)을 시행하기 위하여 토지 물건 또는 권리를 취득하거나 사용할 수 있다.

② 공익사업인정 간주 - 사업시행계획인가 고시 있는 때

> Tip
> ㉠ 도시군 계획시설사업 - 실시계획 고시 있는 때
> ㉡ 도시개발사업 - 수용 사용된 토지 등 세목 고시한 때
> ㉢ 주택법의 사업 - 사업계획 승인있는 때

③ 재결신청 - 사업시행기간 내

④ 현물보상 - 보상법 불구 준공인가 이후 현물보상할 수 있다.

(7) 재건축사업의 매도청구

① 시행자는 사업시행계획인가의 고시가 있은 날부터 30일 이내에 다음 각 호의 자에게 조합설립 또는 시행자 지정에 관한 동의 여부 회답서면 촉구 하여야 한다.
  ㉠ 조합설립 동의하지 아니한 자
  ㉡ 시장 군수 등 토지주택공사 등 신탁업자 시행자 지정에 동의 ×

② 절차
  촉구를 받은 날부터 2개월 이내에 회답하여야 한다.
  기간 내 회답하지 아니하는 경우 동의하지 않는다는 회답으로 본다.

③ 매도청구
  ㉠ 위 절차로 기간 만료된 때부터 2개월 이내 매도청구할 수 있다.
  ㉡ 별도로 토지 또는 건축물만 소유한 자에게 매도청구할 수 있다.

[필수지문 정리 빵구노트]

(8) 주거환경개선사업의 특례

① 국민주택채권의 매입배제

건축허가를 받은 때와 부동산 등기(소유권보존등기 또는 이전등기로 한정한다.)하는 때에는 주택도시기금법의 국민주택채권의 매입에 관한 규정을 적용하지 아니한다.

② 건축법령 규정 중 – 시·도 조례로 정할 수 있는 경우

㉠ 대지와 도로의 관계 (소방활동에 지장 없는 경우 한정)

㉡ 건축물 높이제한 등(공동주택에 한정)

③ 주거지역으로 간주

주거환경개선구역은 정비구역의 지정 고시가 있는 날부터 국토계획법에 따른 주거지역으로 결정 고시된 것으로 본다. 다만 개발제한구역 등은 제외한다.

㉠ 스스로 개량방식, 환지방식 = 2종 일반주거지역

㉡ 수용방식, 관리처분계획의 방식 = 3종 일반주거지역

(9) 공공 재건축 및 천재지변 등의 재건축사업 – 건축법, 주택법 규정을 심의 거쳐 완화

① 건축법의 대지의 조경기준

② 건축법의 건폐율의 산정기준 [주차장 부분면적 건축면적 제외]

③ 건축법의 대지 안의 공지 기준 [2분의 1 내 완화]

④ 건축법의 건축물 높이제한 [2분의 1 내 완화]

⑤ 주택법의 부대시설 및 복리시설의 설치기준

---

01 (　　　)사업의 시행자는 임대주택 건설계획을 제외한 사업시행계획서를, (　　　)사업은 국민주택규모주택의 건설계획을 제외한 사업시행계획서를 작성하여, (　　　)의 인가를 받아야 한다.

02 건축물이 아닌 부대시설 복리시설의 설치 규모를 확대하는 때로서 위치가 변경되지 아니하는 경우에는 시장·군수 등에게 (　　)하고 사업시행계획을 변경할 수 있다.

03 시장·군수 등은 재개발사업의 사업시행계획인가를 하는 경우 해당 정비사업의 사업시행자가 지정개발자(지정개발자가 토지등소유자인 경우로 한정한다)인 때에는 정비사업비의 (　　)의 범위에서 시·도조례로 정하는 금액을 예치하게 할 수 있다.

04 사업시행자는 일부 건축물의 (　) 또는 (　)에 관한 내용이 포함된 사업시행계획서를 작성하여 사업시행계획인가를 신청할 수 있다.

05 사업시행자는 (　　)사업 및 (　)사업의 시행으로 철거되는 주택의 소유자 또는 세입자에게 해당 정비구역 안과 밖에 위치한 임대주택 등의 시설에 임시로 거주하게 하거나 주택자금의 융자를 알선하는 등 임시거주에 상응하는 조치를 하여야 한다.

06 (　　)사업의 사업시행자는 사업시행으로 이주하는 상가(　)가 사용할 수 있도록 정비구역 또는 정비구역 인근에 임시상가를 설치할 수 있다.

07 정비사업의 시행자가 토지 등을 수용 사용할 때 「공익사업을 위한 토지 등의 취득 및 보상에 관한 법률」을 준용하는 경우 (　　) 인가 고시가 있는 때에는 공익사업인정 및 그 고시가 있는 것으로 본다.

08 재건축사업의 사업시행자는 사업시행계획인가의 고시가 있은 날부터 ( ) 이내에 조합설립에 동의하지 아니한 자 등에게 조합설립 또는 사업시행자의 지정에 관한 동의 여부를 회답할 것을 서면으로 촉구하여야 한다. 또한, 촉구를 받은 토지등소유자는 촉구를 받은 날부터 ( ) 이내에 회답하여야 한다. 그리고, 기간이 지나면 사업시행자는 그 기간이 만료된 때부터 ( ) 이내에 조합설립 또는 사업시행자 지정에 동의하지 아니하겠다는 뜻을 회답한 토지등 소유자와 건축물 또는 토지만 소유한 자에게 건축물 또는 토지의 소유권과 그 밖의 권리를 매도할 것을 청구할 수 있다.

09 조합이 재개발 사업의 시행으로 건설된 임대주택의 인수를 요청하는 경우 ( ) 또는 ( )이 우선하여 인수하여야 하며, 세입자와 면적이 ( ) 미만인 토지만 소유자, 바닥면적이 ( ) 미만인 주거용 건축물만 소유한 자의 요청이 있는 경우에는 토지임대부 분양주택으로 전환 공급하여야 한다.

10 ( )에 따른 건축허가를 받은 때와 부동산등기(소유권 보존등기 또는 이전등기로 한정한다)를 하는 때에는 「주택도시기금법」 제8조의 국민주택채권의 매입에 관한 규정을 적용하지 아니한다.

11 주거환경개선구역은 해당 정비구역의 지정·고시가 있은 날부터 「국토의 계획 및 이용에 관한 법률」에 따라 ( )을 세분하여 정하는 지역 중 대통령령으로 정하는 지역으로 결정·고시된 것으로 본다. 다만, ( )인 경우 등은 그러하지 아니하다.

정답 및 해설

01	재건축, 주거환경개선, 시장·군수 등
02	신고
03	100분의 20
04	존치, 리모델링
05	주거환경개선, 재개발
06	재개발, 세입자
07	사업시행계획
08	30일, 2개월, 2개월
09	시도지사, 시장·군수·구청장, 90㎡, 40㎡
10	주거환경개선사업
11	주거지역, 개발제한구역

[기출지문 정리]

01 [25회] 시장·군수 등은 재개발사업의 시행자가 지정개발자(토지등소유자 한정)인 경우 시행자로 하여금 정비사업비의 100분의 30 이하 금액을 예치하게 할 수 있다. (O / X)

02 [28회] 시행자는 주거환경개선사업의 시행으로 철거되는 주택의 소유자 또는 세입자에 대하여 해당 정비구역 내외에 소재한 임대주택 등의 시설에 임시로 거주하게 하거나 주택자금의 융자알선 등 임시거주에 상응하는 조치를 하여야 한다. (O / X)

03 [28회] 주거환경개선 사업시행자는 환지로 공급하는 방법과 정비구역 안에서 정비기반시설을 새로이 설치하거나 확대하고 토지등소유자가 스스로 주택을 개량하는 방법을 혼용할 수 있다. (O / X)

04 [31회] 조합이 재개발임대주택의 인수를 요청하는 경우 국토교통부장관이 우선하여 인수하여야 한다. (O / X)

05 [31회] 재건축사업의 사업시행자가 작성하여야 하는 사업시행계획서에는 「도시 및 주거환경정비법」 제10조(임대주택 및 주택규모별 건설비율)에 따른 임대주택의 건설계획이 포함되어야 한다. (O / X)

06 [33회] 국민주택 규모 주택을 건설하여야 하는 경우로서 시·도지사 및 시장·군수·구청장이 국민주택규모 주택을 인수할 수 없는 경우, 한국토지주택공사가 인수하여야 한다. (O / X)

07 [33회] 한국토지주택공사가 단독으로 정비사업을 시행하는 경우에 작성하는 시행규정에 토지등소유자 전체회의, 토지등소유자의 권리·의무, 토지 및 건축물에 관한 권리의 평가방법, 정비사업의 시행연도 및 시행방법, 공고·공람 및 통지의 방법을 포함하여야 한다. (O / X)

08 [34회] 면적이 (ㄱ)㎡ 미만의 토지를 소유한 자로서 건축물을 소유하지 아니한 자의 요청이 있는 경우에는 국토교통부장관, 시도지사, 시장·군수·구청장 또는 토지주택공사 등은 인수한 재개발 임대주택의 일부를 「주택법」에 따른 토지임대부 분양주택으로 전환하여 공급하여야 한다. (O / X)

---

01 X 정비사업비의 100분의 20 이하 금액을 예치하게 할 수 있다.

02 O

03 O

04 X 조합이 재개발임대주택의 인수를 요청하는 경우 시·도지사, 시장·군수·구청장이 우선하여 인수하여야 한다.

05 X 재건축 사업의 사업시행계획에는 임대주택의 건설계획은 포함되지 아니한다.

06 X 시·도지사 및 시장·군수·구청장이 국민주택규모 주택을 인수할 수 없는 경우, 시·도지사는 국토교통부장관에게 인수자 지정을 요청해야 한다.

07 X "토지등소유자 전체회의"는 신탁업자가 사업시행자인 경우로 한정한다.

08 90

[제36회 기출문제]

01 도시 및 주거환경정비법령상 사업시행자가 사업시행계획인가를 받은 때에 의제될 수 있는 인·허가 등에 해당하지 않는 것은?

① 「공공주택 특별법」에 따른 주택건설사업계획의 승인
② 「사도법」에 따른 사도개설허가
③ 「농지법」에 따른 농지전용허가
④ 「하수도법」에 따른 개인하수처리시설의 설치신고
⑤ 「유통산업발전법」에 따른 대규모점포등의 등록

02 도시 및 주거환경정비법령상 임시거주시설의 설치 등에 관한 규정의 일부이다. ( )에 들어갈 내용으로 옳은 것은?

> ○ 사업시행자는 주거환경개선사업 및 (ㄱ)사업의 시행으로 철거되는 주택의 소유자 또는 세입자에게 해당 정비구역 안과 밖에 위치한 임대주택 등의 시설에 임시로 거주하게 하거나 주택자금의 융자를 알선하는 등 임시거주에 상응하는 조치를 하여야 한다.
>
> ○ 사업시행자는 정비사업의 공사를 완료한 때에는 완료한 날부터 (ㄴ)일 이내에 임시거주시설을 철거하고, 사용한 건축물이나 토지를 원상회복하여야 한다.

① ㄱ: 재건축,   ㄴ: 20
② ㄱ: 재건축,   ㄴ: 60
③ ㄱ: 재개발,   ㄴ: 20
④ ㄱ: 재개발,   ㄴ: 30
⑤ ㄱ: 재개발,   ㄴ: 60

정답 및 해설

01   ② 규정없다.

02   ④ ㄱ: 재개발,   ㄴ: 30

제5장 **관리처분계획** 31회 32회 33회 34회 35회

① 통지 + 공고 = 분양 신청하지 아니한 자의 조치
   사업시행인가 내용, 분양신청자격, 분양신청방법 등
② 공고 = 토지 등 소유자 외의 권리자의 권리신고 방법
③ 통지 = 분양대상자별 분담금의 추산액, 분양신청서 등

사업시행인가고시일 →(90일 내(통지))→ 분양공고 → 분양신청 (30-60일 내) 20일 내 연장 → 관리처분계획 작성 인가

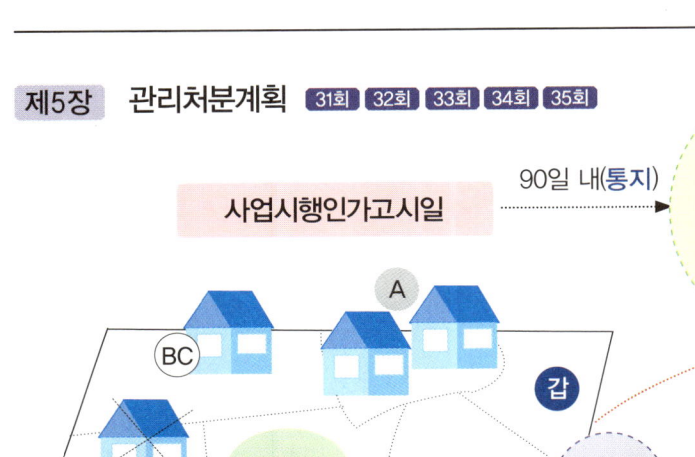

① 시행자 작성(면적, 이용상황-)
② 30일 이상 공람 의견청취
③ 시군 등 인가 (30일 이내/) 타당성 검증요청시는 60일 이내
   : 조합원 5분의 1이상이 15일 내 요청 등

→ 철거

◎ 준공인가 전 사용허가 → 사용

준공검사 및 인가 (시장 군수 등)
① 정비구역은 준공인가 고시 있은 날
   (관리처분계획 수립 : 이전고시 있은 날)
   다음 날 해제 간주
② 해제는 조합의 존속 영향 없다.

대지확정측량 → 토지분할 → 통지
↓
완공부분 우선이전할 수 있다.

대지 건축물 이전 고시
① 고시 있은 날 다음 날 취득
② 이전고시 있은 후 - 청산금 징수지급

등기 : 시행자가 지체없이 촉탁·신청
↔ 타등기 제한

관리처분계획 작성 인가 →

A	일반	을병정
일반	일반	일반
BC	갑	
일반	일반	보류지

남은 주택 - 보류지로 정하거나, 공급대상자 외의 자에게 공급할 수 있다. (분양·임대)

분양신청절차
① **시행자**는 사업시행인가의 고시가 있은 날부터 **90일 (1회 30일 연장)** 이내에 토지등 소유자에게 통지 + 일간신문에 공고하여야 한다. 단, **토지등 소유자 1인**이 시행하는 **재개발** 사업은 제외한다.
② **투기과열지구**에서 재당첨 제한 : 관리처분계획에 따라 분양대상자로 선정된 자 등은 5년 이내에는 분양신청 할 수 없다. [상속, 결혼, 이혼으로 조합원 자격 취득한 경우는 가능]

손실보상협의 35회
① 시행자는 다음의 자와 관리처분계획 인가 받은 날 다음 날부터 90일 이내 손실보상협의하여야한다.
   ㉠ 분양신청하지 않은 자 ㉡ 철회한 자(기간 종료 이전)
   ㉢ 제외된 자   ㉣ 할 수 없는 자
② 협의 불성립 = 기간 만료일 다음 날부터 60일 이내 수용재결 신청 or 매도청구소송 제기하여야 한다.

소유한 주택수 만큼 공급
① 재건축사업

재건축
과밀억제권역
투기과열지구 조정대상지역 A 1주택
B 3주택
C 소유한 주택 수 만큼
투기과열지구 조정대상지역 A 1주택

② 근로자 숙소, 기숙사 용도 주택 소유자
③ 국가, 지방자치단체 및 토지주택공사 등

관리처분계획의 내용

1. 분양설계 / 기존 건축물 철거 예정시기
2. 분양대상자의 주소 및 성명
3. 분양대상자별 분양예정인 대지 또는 건축물 추산액(임대관리위탁주택을 포함)
4. 보류지 등의 명세와 추산가액 및 처분방법 (일반분양분, 공공지원 민간임대주택, 임대주택, 그 밖의 부대시설 복리시설 등)
5. 분양대상자별 종전의 토지 또는 건축물 명세 및 사업시행계획인가 고시 있은 날을 기준으로 한 가격(사업시행인가 전에 철거된 건축물의 경우에는 시, 군 등에게 허가 받은 날)
6. 정비 사업비의 추산액(**재건축 부담금** 포함) 및 그에 따른 조합원 분담규모 및 분담시기
7. 분양대상자의 종전의 토지 또는 건축물에 관한 소유권 외 권리명세
8. 세입자별 손실보상을 위한 권리명세 및 그 평가액

경미변경 신고 [총회의결 ×, 공람 및 의견청취 생략할 수 있다.] 29회

㉠ 매도청구에 대한 판결에 따라 관리처분계획을 변경
㉡ 주택분양권리 포기로 임대주택 공급 변경
㉢ 계산착오 등 단순정정 [불이익 받는 자 없는 경우]
㉣ (권리 의무 승계) 분양설계 변경을 수반하지 아니하는 경우
　* 20일 이내 수리여부 통지 준용
㉤ 정관, 사업시행변경에 따라 관리처분계획 변경하는 경우

재산평가 방법 → 다음을 산술평균 (변경, 중지 폐지: 전원합의 산정 can)

① 주거환경, 재개발 : 시, 군 등이 선정 계약한 2인 이상 감정평가 법인 등
② 재건축 : 시, 군 등이 선정 계약한 1인 + 총회 의결로 선정 계약한 1인 이상 감정평가 법인 등

작성기준

(1) 일반적 기준
　① 종전의 토지 건축물의 면적 이용상황 환경을 종합적으로 고려하여 대지 건축물이 균형 있게 배분 합리적 이용
　② 지나치게 좁거나 넓은 토지 건축물은 증가, 감소시켜 적정규모로 할 것
　③ 너무 좁은 토지 건축물을 취득한 자나 정비구역 지정 고시 후 분할된 토지 또는 집합건물의 구분소유권을 취득한 자에게는 현금청산
　④ 재해 위생상 위해방지 위해 토지갈음보상, 공유지분 교부 가능
　⑤ 분양설계 - 분양신청기간이 만료되는 날 기준으로 수립
　⑥ 1주택 공급 - 1세대 1인이 하나 이상 주택 or 토지 소유, 2명 이상이 1주택 or 토지를 공유한 경우 1주택만 공급한다.(또한 종전 가격 및 면적의 범위 내에서 2주택 공급할 수 있다.) → 이 중 1주택은 $60m^2$ 이하 공급, 3년내 전매 알선제한
　* 2명 이상 한 토지 공유 - 조례로 정하는 바에 따라 공급할 수 있다.

(2) 구체적 기준
　① 저개발 등 - 지상권자를 제외한 토지 등 소유자에게 분양할 것.
　　　　　[1개 건축물 대지는 1필지가 되도록 정 할것. 단 주택단지 제외]
　② 재건축 - 조합원 전원 동의받아 기준을 따로 정할 수 있다.
　③ 정비구역의 국유 공유재산은 정비사업 외의 목적으로 매각되거나 양도될 수 없다.

(3) 지분형 주택의 공급 등
　① 의의 - 사업시행자가 토지주택공사 등인 경우에는 분양대상자와 사업시행자가 공동 소유하는 방식으로 주택(지분형 주택)을 공급할 수 있다.
　② 규모 - 주거전용면적 $60m^2$ 이하인 주택으로 한정한다.
　③ 공동소유기간 - 소유권을 취득한 날부터 10년의 범위에서 사업시행자가 정하는 기간
　④ 자격 ⓐ 종전 소유 토지 건축물 가격이 ②의 주택의 분양가격 이하인 사람
　　　　　ⓑ 세대주로서 정비계획공고일 당시 정비구역에 2년 이상 실제거주한 사람
　　　　　ⓒ 철거되는 주택 외의 다른 주택을 소유하지 아니한 사람

관리처분계획 인가 효과

(1) 건축물의 철거 등 [철거 시기 제한할 수 있다.]
① 원칙 – 관리처분계획 인가를 받은 후 기존 건축물을 철거하여야 한다.
② 예외 – 재난, 폐공가 밀집 범죄 발생 우려있는 경우 기존 건축물 소유자 동의 및 시군 등의 허가를 얻어 철거할 수 있다. [토지 등 소유자의 권리 의무 영향없다.]

(2) 사용수익 정지
① 종전 토지 건축물의 소유자 등의 권리자는 관리처분계획의 인가의 고시가 있는 때에는 이전 고시가 있는 날까지 종전의 토지 또는 건축물을 사용하거나 수익할 수 없다.
② 다만, 사업시행자의 동의를 받은 경우, 손실보상이 완료되지 아니한 경우에는 사용 수익할 수 있다.

(3) 지상권 등 계약해지
① 해지 – 정비사업의 시행으로 지상권 전세권 임차권의 설정 목적을 달성할 수 없는 때에는 그 권리자는 계약을 해지할 수 있다.
② 금전반환청구권 – 계약을 해지할 수 있는 자가 가지는 전세금 보증금 그 밖의 계약상의 금전의 반환청구권은 사업시행자에게 행사할 수 있다.
③ 구상청구 – 금전의 반환청구권의 행사로 해당 금전을 지급한 사업시행자는 해당 토지 등 소유자에게 구상할 수 있다.
④ 압류 – 시행자는 구상이 되지 아니하는 때에는 해당 토지 등 소유자에게 귀속될 대지 건축물을 압류할 수 있다.(압류한 권리는 저당권과 동일한 효력을 가진다.)

(4) 민법 등 계약기간 보호 규정 배제
관리처분계획의 인가를 받은 경우 지상권 전세권 설정계약 임대차 계약의 계약기간은 민법, 주택임대차보호법, 상가건물임대차보호법을 적용하지 아니한다.

준공인가 및 청산금

(1) 준공인가 34회
1) 준공인가신청: 시장, 군수 등에게 신청 (토지주택공사 예외 있다.)
① 준공인가 전 완공된 건축물 우선사용
(시군 등이 시행자에게 허가 – 동별, 세대별, 구획별)
② 정비구역 해제 간주: 정비구역의 지정은 준공인가의 고시가 있은 날(관리처분계획을 수립하는 경우에는 이전 고시가 있은 때)의 다음날에 해제된 것으로 본다. 이 경우 조합의 존속에 영향을 주지 아니한다. 36회
2) 대지확정측량 → 토지분할(시행자) → 통지(분양받을 자에게)
3) 대지 건축물의 소유권 이전고시 → 보고(시장·군수 등에게)
① 완공부분 우선이전 할 수 있다.
② 권리의 이전(소유권 이전 고시일 다음날)
청산금 확정(소유권 이전 고시가 있은 후)
4) 등기 [다른 등기 제한]

(2) 청산금 32회
① 이전의 고시가 있은 후 청산금 징수 지급(이전 고시일까지 분할징수 및 지급 가능)
② 시장 군수 등인 시행자는 청산금 납부하지 아니하는 경우 지방세 체납처분의 예에 따라 징수할 수 있으며, 시장, 군수 등이 아닌 시행자는 미납자의 청산금 징수 위탁가능 (수수료 100분의 4 해당하는금액 교부하여야 한다.)
③ 수령거부 등 – 공탁할 수 있다.
④ 이전 고시일 다음 날부터 5년간 불행사 시 소멸한다.
⑤ 저당권 물상대위 할 수 있다.

조합의 해산(법 제86조의2)

① 조합장은 소유권 이전 고시가 있는 날부터 1년 이내에 조합 해산을 위한 총회를 소집 하여야 한다.

② 조합장이 위 기간 내에 총회를 소집하지 아니한 경우 조합원 5분의 1 이상의 요구로 소집된 총회에서 조합원 과반수의 출석과 출석 조합원 과반수의 동의를 받아 해산을 의결할 수 있다. 이 경우 요구자 대표로 선출된 자가 조합 해산을 위한 총회의 소집 및 진행을 할 때에는 조합장의 권한을 대행한다.

③ 시장·군수 등은 조합이 정당한 사유 없이 위에 따라 해산을 의결하지 아니하는 경우에는 조합설립인가를 취소할 수 있다. → 청문하여야 한다(법 제121조).

④ 해산하는 조합에 청산인이 될 자가 없는 경우에는 「민법」 제83조에도 불구하고 시장·군수 등은 법원에 청산인의 선임을 청구할 수 있다.

보칙

(1) 비용의 부담 [34회]

① 정비사업비 – 사업시행자 부담 (사업시행자는 토지 등 소유자로 부터 정비사업비용과 정비사업의 시행과정에서 발생한 수입의 차액을 부과금으로 징수할 수 있다.)

② 건설비용의 전부 또는 일부 시장·군수 등이 부담할 수 있다. – 도로, 상하수도, 공원, 공용주차장, 공동구, 녹지, 하천, 공공공지, 광장 등 정비기반시설 및 공동이용시설과 임시거주시설

③ 공동구 – 공동구점용예정자가 부담할 공동구의 설치에 드는 비용의 부담비율은 공동구의 점용예정면적비율에 따른다. 또한 착수되기 전에 부담금액의 3분의 1 이상을 납부하여야 한다. 또한, 관리비용은 연도별 산출하여, 연2회 분할납부할 수 있다.

④ 시장·군수 등은 자신이 시행하는 정비사업으로 현저한 이익을 받은 정비기반시설 관리자에게 비용부담 하게 할 수 있다. (3분의 1을 초과해서는 안 된다.)

(2) 청문(법 제121조)

① 조합설립인가취소(법 제86조의2)

② 정비사업전문관리업의등록취소

③ 추진위원회승인취소, 조합설립 인가취소, 사업시행인가취소, 관리처분계획인가취소

④ 시공자선정취소 또는 과징금 부과, 입찰참가제한

필수지문 정리 빵구노트

01 사업시행자는 사업시행계획인가의 고시가 있는 날부터 (　) 이내에 ① 분양대상자별 토지 건축물 명세 및 사업시행인가 고시 있는 날을 기준으로 한 가격 ② 분담금의 추산액, 분양신청기간 ③ 사업시행인가의 내용, 정비구역의 위치 면적, 분양신청 기간 및 장소, 분양대상 대지 건축물 내역, 분양신청자격, 분양신청방법, 분양 신청하지 아니한 자의 조치 ④ 분양신청서 등을 토지 등 소유자에게 통지하고, ③과 토지 등 소유자 외의 권리자의 권리신고 방법을 일간신문에 공고하여야 한다. 다만, 토지등소유자 1인이 시행하는 (　) 사업의 경우는 제외한다.

02 관리처분계획의 내용이다. (　)를 채우시오.
① 분양대상자별 분양예정인 대지 또는 건축물 (　)
② 분양대상자별 종전의 토지 또는 건축물 명세 및 (　)고시가 있는 날 기준으로 한 가격
③ 정비사업비의 추산액 [재건축부담금 (　)]
④ 세입자별 (　)을 위한 권리명세 및 그 평가액 등등

03 문제 2의 ②③④를 평가할 때 감정평가법인 등 중 다음 각 목의 구분에 따른 감정평가법인등이 평가한 금액을 산술평균하여 산정한다. 다만, 관리처분계획을 변경·중지 또는 폐지하려는 경우 분양예정 대상인 대지 또는 건축물의 추산액과 종전의 토지 또는 건축물의 가격은 사업시행자 및 토지등소유자 전원이 합의하여 산정할 수 있다.
가. 주거환경개선사업 또는 (　)사업: 시장·군수등이 선정·계약한 2인 이상의 감정평가법인 등
나. (　)사업: 시장·군수등이 선정·계약한 1인 이상의 감정평가법인 등과 조합총회의 의결로 선정·계약한 1인 이상의 감정평가법인등

04 주택분양에 관한 권리를 포기하는 토지등소유자에 대한 임대주택의 공급에 따라 관리처분계획을 변경하려는 경우에는 시장·군수 등에게 (　)하여야 한다.

05 재개발 사업의 경우 관리처분은 (　)를 제외한 정비구역의 토지 등 소유자에게 분양하여야 한다. 또한 사업시행자가 토지주택공사 등인 경우에는 분양대상자와 사업시행자가 공동 소유하는 방식으로 주거전용 면적 (　)㎡ 이하인 주택으로 한정하여 (　)을 공급할 수 있다.

06 사업시행자는 관리처분계획의 인가를 받은 후 기존의 건축물을 (　)하여야 한다. 다만, 폐공가(廢空家)의 밀집으로 범죄 발생의 우려가 있는 경우 등에는 기존 건축물 소유자의 (　) 및 시장·군수 등의 (　)를 받아 해당 건축물을 철거할 수 있다. 이 경우 건축물의 철거는 (　)로서의 권리·의무에 영향을 주지 아니한다.

07 정비사업의 시행으로 지상권·전세권 또는 임차권의 설정 목적을 달성할 수 없는 때에는 그 권리자는 계약을 해지할 수 있고, 계약을 해지할 수 있는 자가 가지는 전세금·보증금, 그 밖의 계약상의 금전의 반환청구권은 (　)에게 행사할 수 있다.

08 정비구역의 지정은 준공인가의 고시가 있는 날 [관리처분계획을 수립하는 경우에는 (　)고시가 있는 때를 말한다]의 다음 날에 해제된 것으로 본다. 이 경우 정비구역의 해제는 (　)의 존속에 영향을 주지 아니한다.

09 청산금을 지급(분할지급 포함)받을 권리 또는 이를 징수할 권리는 이전·고시일의 다음 날부터 (　)간 행사하지 아니하면 소멸한다.

정답 및 해설

10 조합장은 소유권 이전의 고시가 있는 날부터 (　　) 이내에 조합 해산을 위한 총회를 소집하여야 하며, 시장·군수 등은 정당한 사유없이 해산을 의결하지 아니하는 경우에는 조합설립인가를 (　　)할 수 있다.

11 (　　)의 인가를 받은 경우 지상권·전세권설정계약 또는 임대차계약의 계약기간은 「민법」, 「주택임대차보호법」, 「상가건물 임대차보호법」을 적용하지 아니한다.

12 (　　)은 시장·군수 등이 아닌 사업시행자가 시행하는 정비사업의 정비계획에 따라 설치되는 도시계획시설 중 주요 정비기반시설 및 공동이용시설(도로, 상하수도, 공원, 공용주차장, 공동구, 녹지, 하천, 공공공지, 광장)과, 임시거주시설에 대하여는 그 건설에 드는 비용의 전부 또는 일부를 부담할 수 있다.

13 사업시행자는 토지등 소유자로부터 비용과 정비사업의 시행과정에서 발생한 수입의 차액을 (　　)으로 부과·징수할 수 있다.

14 공동구 설치비용 부담금의 납부 통지를 받은 공동구 점용예정자는 공동구의 설치공사가 착수되기 전에 부담 금액의 (　　) 이상을 납부하여야 한다.

01	90일 (1회 한해 30일 연장 할 수 있다.), 재개발
02	①추산액 ② 사업시행계획인가 ③ 포함 ④손실보상
03	재개발, 재건축
04	신고
05	지상권자, 60, 지분형 주택
06	철거, 동의, 허가, 토지등 소유자
07	사업시행자
08	이전, 조합
09	5년
10	1년, 취소
11	관리처분계획
12	시장·군수 등
13	부과금
14	3분의 1

[기출지문 정리]

01 [30회] 분양신청자격, 분양신청방법, 분양신청기간 및 장소, 분양대상자별 분담금의 추산액, 분양대상 대지 또는 건축물의 내역은 분양공고에 포함되어야 할 사항으로 명시되어 있다. (O / ×)

02 [29회] 재개발 사업의 관리처분은 정비구역 안의 지상권자에 대한 분양을 포함하여야 하며, 계산착오 오기 누락 등에 따른 조서의 단순정정인 경우로서 불이익을 받는 자가 있는 경우 인가받은 관리처분계획은 시장, 군수 등에게 신고하여야 한다. (O / ×)

03 [27회] 사업시행자는 폐공가 밀집으로 범죄발생의 우려가 있는 경우 기존 건축물의 소유자의 동의 및 시장, 군수 등의 허가를 얻어 해당 건축물을 철거할 수 있다. (O / ×)

04 [28회] 정비사업의 시행으로 인하여 지상권 전세권 또는 임차권의 설정목적을 달성할 수 없을 때에는 그 권리자는 계약을 해지할 수 있다. (O / ×)

05 [23회] 근로자 숙소, 기숙사 용도로 주택을 소유하고 있는 토지등소유자에게는 소유한 주택수만큼 주택을 공급할 수 있다. (O / ×)

06 [22회] 재건축 사업의 경우 법령상 관리처분의 기준은 조합이 조합원 전원의 동의를 받아도 따로 정할 수 없다. (O / ×)

07 [21회] 주택 분양에 관한 권리를 포기하는 토지등소유자에게 임대주택을 공급함에 따라 관리처분계획을 변경하는 경우 조합 총회의 의결을 거쳐야 한다. (O / ×)

08 [17회] 수도권 과밀억제권역에 위치하지 아니한 투기과열지구 또는 조정대상지역 안의 사업지구에 1세대가 3주택을 소유한 자는 재건축사업의 경우 소유한 주택 수만큼 공급할 수 있다. (O / ×)

---

01 × 분양대상자별 분담금의 추산액은 분양공고에 포함되어야 할 사항으로 명시되어 있지 않다.

02 × 재개발 사업의 관리처분은 정비구역 안의 지상권자에 대한 분양을 포함하지 않으며, 계산착오 등 조서의 단순정정으로서 불이익을 받는 자가 없는 경우 인가받은 관리처분계획은 시장·군수 등에게 신고하여야 한다.

03 O

04 O

05 O

06 × 조합원 전원의 동의를 받으면 따로 정할 수 있다.

07 × 경미한 신고사항으로 조합 총회의결을 거치지 아니한다.

08 × 1주택만 공급할 수 있다.

09 [27회] 정비사업의 공사완료절차는 『준공인가 → 토지의 분할절차 → 관리처분계획에 정한 사항을 분양받을 자에게 통지 → 대지 또는 건축물의 소유권 이전고시』이다. (O / X)

10 [26회] 조합총회의 의결을 거쳐 정한 경우에는 관리처분계획 인가 후부터 소유권 이전의 고시일까지 청산금을 분할 징수할 수 있으며, 청산금을 징수할 권리는 소유권 이전의 고시일부터 5년간 행사하지 아니하면 소멸한다. (O / X)

11 [28회] 사업시행자는 정비사업의 시행으로 임대주택을 건설하는 경우 공급대상자에게 주택을 공급하고 남은 주택에 대하여 공급대상자 외의 자에게 공급할 수 있다. (O / X)

12 [29회] 관리처분계획을 수립하는 경우 준공인가 고시 다음 날 정비구역은 해제된 것으로 보며, 이 경우 조합은 해산된 것으로 본다. (O / X)

13 [31회] 정비사업에 관하여 소유권의 이전고시가 있는 날부터는 대지 및 건축물에 관한 등기가 없더라도 저당권 등의 다른 등기를 할 수 있다. (O / X)

14 [33회] 분양신청을 하지 아니한 토지등소유자가 있는 경우, 사업시행자는 관리처분계획이 인가·고시된 다음 날부터 (ㄱ)일 이내에 그 자와 토지, 건축물 또는 그 밖의 권리의 손실보상에 관한 협의를 하여야 한다. 협의가 성립되지 아니하면 사업시행자는 그 기간의 만료일 다음 날부터 (ㄴ)일 이내에 수용재결을 신청하거나 매도청구소송을 제기하여야 한다.

15 [34회] 분양을 신청하지 아니한 자에 대한 조치는 토지등 소유자에 대한 분양신청의 통지 및 분양공고 양자에 공통으로 포함되어야 할 사항이다. (O / X)

16 [34회] 사업시행자로부터 공동구의 설치비용 부담금의 납부통지를 받은 공동구점용예정자는 공동구의 설치공사가 착수되기 전에 부담금액의 3분의 1 이상을 납부하여야 한다. (O / X)

09 O

10 X 소유권 이전의 고시일 다음 날부터 5년간 행사하지 아니하면 소멸한다.

11 O

12 X 관리처분계획을 수립하는 경우 이전고시 다음 날 정비구역은 해제된 것으로 보며, 이 경우 조합의 존속은 영향이 없는 것으로 본다.

13 X 정비사업에 관하여 이전고시가 있는 날부터 등기가 있을 때까지는 저당권 등의 다른 등기를 하지 못한다.

14 ㄱ 90, ㄴ 60

15 O

16 O

17 `35회` 분양 신청기간 종료 후에 분양신청을 철회한 자는 관리처분계획 인가 고시된 다음 날부터 90일 이내에 손실보상 협의를 하여야 하는 토지 등 소유자이다. (O / ×)

17 × 분양신청기간 종료 이전에 분양신청을 철회한 자이다.

[제36회 기출문제]

정답 및 해설

01 도시 및 주거환경정비법령상 정비구역에 관한 설명으로 옳은 것은?

① 관리처분계획을 수립하는 경우 정비구역의 지정은 이전 고시가 있은 날에 해제된 것으로 본다.

② 준공인가에 따라 정비구역의 지정이 해제되면 조합도 해산된 것으로 본다.

③ 신탁업자인 지정개발자는 토지등소유자 과반수의 동의를 받아 지정권자에게 정비구역의 지정을 제안할 수 있다.

④ 정비구역에서는 「주택법」에 따른 지역주택조합의 조합원을 모집해서는 아니 된다.

⑤ 정비구역의 지정권자는 정비구역을 직권으로 해제하려는 경우 15일 이상 주민에게 공람하여 의견을 들어야 한다.

01 ① 이전고시 있은 날의 다음 날에 해제된 것으로 본다.
② 조합의 존속에는 영향이 없다.
③ 3분의 2 이상 동의이다.
④ 정답
⑤ 30일 이상 주민에게 공람하여 의견을 들어야 한다.

제5편 건축법 (7문제)

1. 총설	용어정의
	1) **기본** : 주요구조부, 지하층
	2) **적용대상물** : 대지, 건축물 등
	3) **적용대상행위** : 건축, 대수선, 리모델링, 용도변경

2. 본론

1) 건축허가 등 「허가, 착공 제한 – 2년, 1년 연장」

사전결정 신청 ⇨	건축허가 ⇨	착공신고 ⇨	사용승인
can 2년 ×면	**2년** ×면		7일
교통, 환경 /	효력상실 /	취소해야한다.	임시승인(2년)

2)
대지	도로	건축선
안전기준	보행, 자동차 통행	대지와 도로의 경계
조경	4m 이상	소요너비 미달도로 등
공개공지	예정도로 포함	건축제한(4.5m 이하)

3)
면적	높이
대지면적, 건축면적	**층수** – 옥탑부분, 지하층 제외
바닥면적, 연면적	가로구역별 건축물 높이제한
대지분할제한	일조 등의 확보를 위한 높이제한

3. 보칙	특별건축구역, 건축협정 / 이행강제금

제1장 용어 정의

> **Tip** 구조 및 재료
> 36회
> ① 내화구조 : 화재에 견딜 수 있는 성능을 가진 구조
> ② 방화구조 : 화염의 확산을 막을 수 있는 성능을 가진 구조
> ③ **불연재료** : **불에 타지 아니하는 성능을 가진 재료**
> ④ 난연재료 : 불에 잘 타지 아니하는 성능을 가진 재료

기본

(1) 주요구조부

: 내·기·바·보·지·주 [바지·보내주기]

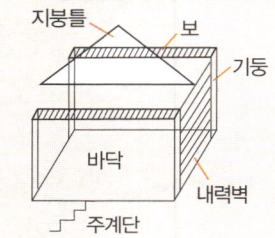

↔ 사이기둥, 최하층 바닥
작은 보, 차양, 옥외계단

(2) 지하층 31회 : 단독·공동주택 거실×

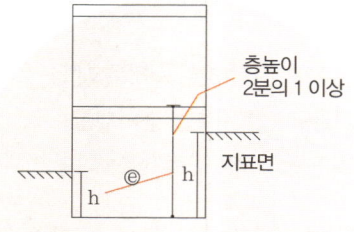

① 평균높이가 **층높이(윗면~윗면)의 2분의 1 이상**
② 층수 제외
③ 용적률 산정 시 연면적에서 제외
④ 건축협정구역 – 지하층 설치기준 통합적용

적용대상물

(1) 건축물

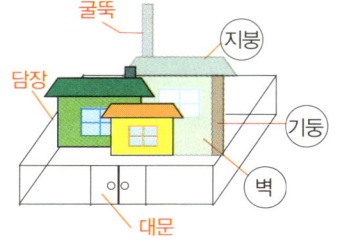

① 토지정착한 공작물 중 지붕과 기둥 or 벽 / **딸린** 시설물 포함
② 지하 고가의 사무소 공연장 점포 차고 창고

⇩

(2) 공작물 (축조신고) 30회 31회

: 건축물과 **분리**된 것
① 2m 초과 – 옹벽, 담장
② 4m 초과 – 광고판, 광고탑, 장식탑, 기념탑, 첨탑
③ 6m 초과 – 굴뚝, 철탑(통신용은 주거, 상업지역)
④ 8m 초과 – 고가수조
⑤ 8m 이하 – 기계식 주차장
⑥ 5m 초과 – 태양에너지 발전설비
⑦ 30㎡ 초과 – 지하 대피호

(3) 고층건축물 – 다음 「층 or 높이」 이상 31회

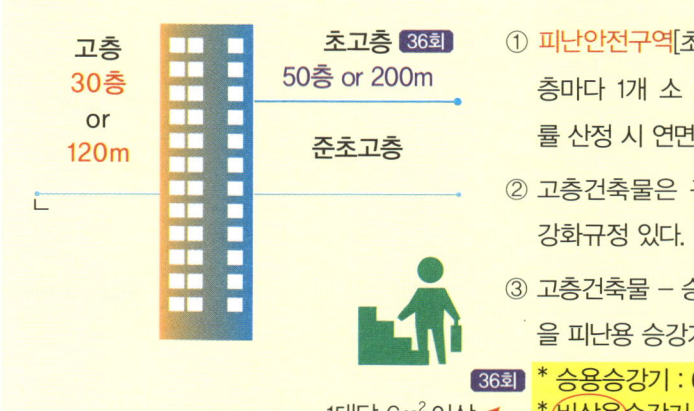

① **피난안전구역**[초고층건축물은 30개 층마다 1개 소 이상]의 면적은 용적률 산정 시 연면적 제외한다.
② 고층건축물은 구조내력, 승강기 등 강화규정 있다.
③ 고층건축물 – 승용승강기 중 1대이상을 피난용 승강기로 설치 해야한다.

36회 * 승용승강기 : 6층 + 2천㎡ 이상
* 비상용승강기 : 31m 초과

(4) 다중이용건축물 – [구조기술사 협력] –

다음중 어느하나 건축물을 말한다.
① [문종판, 운의숙] – 바닥면적 합계가 **5천㎡ 이상**인 문화 및 집회시설(동·식물원 제외), 종교시설, 판매시설, 운수시설 중 여객용, 의료시설 중 종합병원, 숙박시설 중 관광숙박시설
② **16층 이상**인 건축물

(5) 준 다중이용건축물 29회

다중이용 건축물 외의 건축물로서 바닥면적 합계가 **1천㎡ 이상**인 다음의 건축물
① [문종판, 운의숙] – 문화 및 집회시설(**동·식물원 제외**), 종교시설, 판매시설, 운수시설 중 여객용, 의료시설 중 종합병원, 숙박시설 중 관광숙박시설
② [교노동, 위관장] – 교육연구, 노유자, 운동, 위락, 관광휴게시설, 장례시설

(6) 특수구조건축물 – [구조기술사 협력] 32회

① 차양등 3m 이상 돌출 / 기둥과 기둥사이의 거리 20m 이상인 건축물 / 무량판 구조가 4분의 1 이상인 건축물/ 특수한 설계 시공 공법 등이 필요한 건축물
② 건축 대수선하려는 건축주는 **착공신고 전**에 건축위원회 심의 신청하여야 한다.

적용대상 행위

(1) 건축 31회 : 신축, 증축, 개축, 재축, 이전

① 신축 : 건축물 없는 대지

부속
건축물만 있는 대지 포함

② 증축 : 건축물 있는 대지

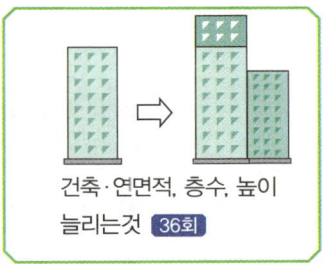

건축·연면적, 층수, 높이
늘리는것 36회

⑤ 이전

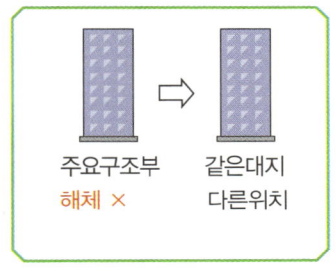

주요구조부   같은대지
해체 ×   다른위치

③ 개축

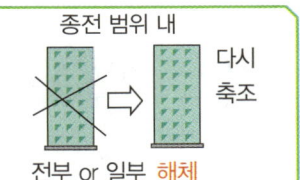

종전 범위 내 → 다시 축조
전부 or 일부 해체
(보, 내, 기, 지 - 셋이상)

④ 재축

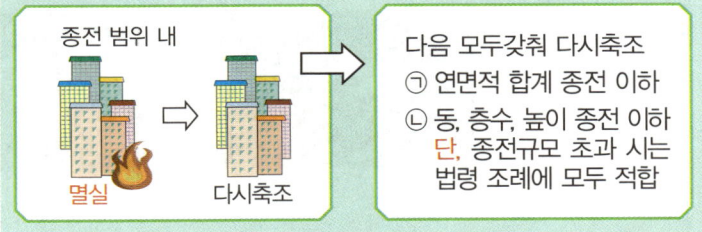

종전 범위 내 멸실 다시축조

다음 모두갖춰 다시축조
㉠ 연면적 합계 종전 이하
㉡ 동, 층수, 높이 종전 이하
단, 종전규모 초과 시는
법령 조례에 모두 적합

* [결합건축 : 용적률을 개별 대지마다 적용하지 않고 두개 이상 대지를 통합적용하여 건축물을 건축하는것]

(2) 대수선 : 증축·개축·재축에 해당하지 않는 것으로 다음의 행위 35회
① 증설·해체 – 보, 내력벽, 기둥, 지붕틀 / 외벽마감재료 (각 각)
or 수선·변경 – 3   30㎡   3   3개   30㎡ 이상
② 방화벽, 방화구획의 증설 해체 수선 변경
주계단, 피난계단, 특별피난계단의 증설 해체 수선 변경
다가구, 다세대주택의 가구 세대간 경계벽의 증설 해체 수선 변경

(3) 리모델링 – 건축물의 노후화를 억제하거나 기능향상 등을 위하여 대수선하거나 건축물의 일부를 증축 또는 개축하는 행위를 말한다.

(4) 용도분류 33회   → 3개층, 660㎡ 이하(독립된 주거 ×)
① 단독주택 : 단독주택, 다중주택, 다가구주택, 공관
                              3개층 이하, 660㎡ 이하, 19세대 이하 ←
② 공동주택 ㉠ 아파트(주택으로 쓰는 층수가 5개 층 이상)
  (4개층 이하) – ㉡ 연립주택(바닥면적 합계 660㎡ 초과)   ┐1개동
  (4개층 이하) – ㉢ 다세대주택(바닥면적 합계 660㎡ 이하) ┘
             ㉣ 기숙사(일반, 임대형 → 20실 이상 공동취사
                시설 이용세대수 50% 이상)

③ **제1종 근린생활시설** : 일용품점(식품, 잡화, 의류, 서적), 지역자치센터, 파출소, 보건소, 우체국, 소방서(1천㎡ 미만), 의원, 산후조리원, 안마원, 휴게음식점(300㎡ 미만), 부동산 중개사무소 등(30㎡ 미만), 탁구장(500㎡ 미만), 공중화장실, 마을회관, 양수장, 전기자동차 충전소(1,000㎡ 미만), 변전소, 동물병원 등 300㎡ 미만

④ **제2종 근린생활시설** : 공연장, 종교집회장, 부동산 중개사무소 등, 테니스장, 골프연습장(500㎡ 미만), 일반음식점, 장의사, 동물병원(동물미용실), 단란주점(150㎡ 미만), 노래연습장, 안마시술소, 휴게음식점(300㎡ 이상), 다중생활시설(500㎡ 미만) / 독서실, 기원 / 총포 판매소, 서점, 자동차영업소 1000㎡ 미만, 주문배송시설 500㎡ 미만 등 34회

⑤ 문화 및 집회시설(동 식물원), ⑥ 종교시설, ⑦ 판매시설, ⑧ 운수시설, ⑨ 의료시설, ⑩ 교육연구시설(자동차 학원 및 무도학원 제외), ⑪ 노유자 시설(어린이집, 노인복지시설), ⑫ 수련시설(300㎡ 이상인 야영장시설), ⑬ 운동시설, ⑭ 업무시설(오피스텔), ⑮ 숙박시설(다중생활시설 500㎡ 이상), ⑯ 위락시설(무도장, 무도학원, 카지노영업소), ⑰ 공장, ⑱ 창고시설, ⑲ 위험물저장 및 처리시설(주유소), ⑳ 자동차 관련시설(운전학원, 전기자동차 충전소), ㉑ 동물 및 식물관련시설(도축장 등), ㉒ 자원순환관련시설(고물상), ㉓ 교정시설, ㉔ 국방 군사시설, ㉕ 방송통신시설(1종 제외), ㉖ 발전시설, ㉗ 묘지관련시설(화장시설, 봉안당(동물전용)), ㉘ 관광휴게시설(야외극장, 어린이 회관), ㉙ 장례시설(장례식장(의료시설 부수시설 제외), 동물전용장례식장), ㉚ 야영장 시설(300㎡ 미만)

(5) 용도변경 : 29회 31회

용도변경(9)	특시, 특도, 시군구장에게 허가 또는 신고
자동차 관련 시설군	자동차관련시설
산업 등 시설군	공장, 위험물저장처리, 자원순환관련, 운수, 창고시설 / 묘지관련시설, 장례시설
전기통신 시설군	방송통신, 발전시설
문화집회 시설군	문화집회, 종교, 위락, 관광휴게시설
영업 시설군	판매, 운동, 숙박, 2종 다중생활시설(500㎡ 미만)
교육복지 시설군	의료, 교육연구, 노유자, 수련시설, 야영장 시설
근린생활 시설군	제1종 근린생활시설, 제2종 근린생활시설(다중생활시설제외)
주거업무 시설군	단독주택 / 공동주택 / 업무시설 / 교정시설 / 국방 군사시설
그밖 시설군	동식물관련시설

┌ 500㎡ 미만 대수선 수반하지 아니하는 경우 제외
사용승인 : 허가, 신고 100㎡ 이상
설계 : 허가 500㎡ 이상

① 상위 시설군으로 변경(허가), 하위군으로 변경(신고)
② 동일한 시설군 안에서의 변경 - 건축물 대장 변경신청하여야 한다.
  ㉠ 별표1 각호 안에서 변경, ㉡1종과 2종 근린생활시설 간의 변경은 대장변경 신청필요없다.
  단, 1종(목욕장 의원), 2종(공연장 학원 등 단란주점, 안마시술소 노래연습장 등), 생활숙박시설
  유흥주점등 용도로 변경은 대장변경 신청하여야 한다. 34회

31회 복수용도의 인정 가능 ① 같은 시설군 내에서 허용할 수 있다.
              ② 다른 시설군 용도 간은 지방건축위원회 심의 거쳐야 한다.
ex) 판매시설과 위락시설의 복수용도 → 지방건축 위원회 심의

적용대상지역

(1) 적용제외 건축물 ↔ 지역자치센터는 건축법령 적용된다.

① 문화유산(지정, 임시지정)
  자연유산(임시명승 등)

② 철도 30회
  운전보안시설,
  보행시설, 플랫폼,
  급수 급탄 급유 시설
  ↔ 철도역사는 건축법령 적용된다.

36회
③ 고속도로 통행료 징수시설 ④ 컨테이너 이용한 간이창고 (공장용도 + 이동 쉬운 것) ⑤ 하천법 하천구역 내 수문 조작실

(2) 전면 적용지역

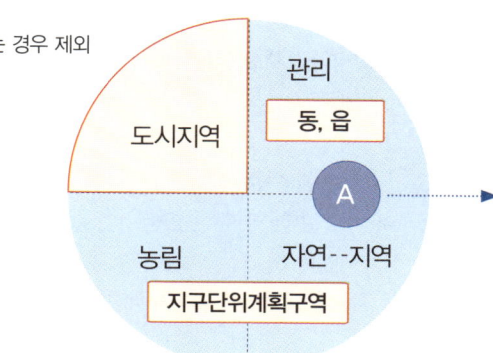

* 적용 제외 사항
• 대지와 도로 관계
• 도로 지정 폐지 변경
• 건축선 지정, 제한
• 방화지구 건축물
• 대지분할제한
↔ 건폐율 용적률 (적용)

[필수지문 정리 빵구노트]

01 주요구조부란 ( ) 기둥·바닥·보·( ) 및 ( )을 말하며, 사이기둥·최하층 바닥·( )·차양·( )은 해당하지 아니한다.

02 지하층이란 건축물의 바닥이 지표면 아래에 있는 층으로서 바닥에서 지표면까지 ( )가 해당 층높이의 ( ) 이상인 것을 말한다.

03 건축물이란 토지에 정착하는 공작물 중 ( )과 ( ) 또는 ( )이 있는 것과 이에 ( )시설물, 지하나 고가의 공작물에 설치하는 사무소·공연장·( )·차고·창고를 말한다.

04 고층건축물이란 층수가 ( )층 이상이거나 높이가 ( )m 이상인 건축물을 말하며, 초고층 건축물이란 ( )층 이상이거나 높이가 ( )m 이상인 건축물을 말한다.

05 건축물과 분리된 공작물로서 높이 ( )를 넘는 광고판·광고탑·장식탑·기념탑·첨탑, 높이 ( )를 넘는 주거지역 상업지역에 설치하는 통신용 철탑을 축조하려는 자는 특별시 A구청장에게 신고하여야 한다.

06 다중이용건축물이란 바닥면적의 합계가 ( )㎡ 이상인 건축물로서 문화 및 집회시설(동물원 식물원 제외), 종교시설, ( ), 운수시설 중 여객용 시설, 의료시설 중 ( ), 숙박시설 중 ( ) 또는 ( )층 이상인 건축물을 말한다.

07 준다중이용건축물이란 다중이용건축물 외의 건축물로서 교육연구시설, ( ), 운동시설, ( ), 관광휴게시설, 장례시설 등의 용도로 쓰는 바닥면적 합계가 ( )㎡ 이상인 건축물을 말한다.

08 기존 건축물의 전부 또는 일부를 해체하고 그 대지에 종전과 같은 규모의 범위에서 건축물을 다시 축조하는 것은 ( )이고, 건축물의 주요구조부를 해체하지 아니하고 같은 대지의 다른 위치로 옮기는 것은 ( )이다.

09 ( )이란 건축물이 천재지변이나 그 밖의 재해로 ( )된 경우 연면적 합계가 종전 규모 이하로서, 동수 층수 및 높이를 모두 종전 규모 이하로 축조하는 것 [어느하나 종전규모 초과 시는 건축법령 조례에 적합]을 말하며, 주계단·피난계단·특별피난계단을 증설 또는 해체하거나 수선 또는 변경하는 행위는 ( )에 해당한다.

10 공동주택으로서 주택으로 쓰는 층수가 5개층 이상인 주택은 ( )이고, 주택으로 쓰는 1개 동의 바닥면적의 합계가 660㎡ 초과하고 층수가 4개층 이하인 주택은 ( )이다.

11 용도변경: 『( ) → 산업 등 시설군 → ( ) → 문화 집회 시설군 → ( ) → 교육 복지 시설군 → ( ) → 주거 업무 시설군 → 그 밖 시설군

12 ( )시설군의 종교시설을 ( )시설군의 야영장시설로 "용도를 변경하는 경우" 특별시의 경우 구청장에게 ( )하여야 한다.

13 컨테이너를 이용한 간이창고 [( )의 용도로만 사용되는 건축물의 대지에 설치하는 것으로서 ( )이 쉬운 것만 해당한다], 하천법에 따른 하천구역 내의 ( ) 등은 건축법을 적용하지 아니한다.

14 도시지역 및 ( ) 외의 지역으로서 동이나 읍(동이나 읍에 속하는 섬의 경우에는 인구가 500명 이상인 경우만 해당된다)이 아닌 지역은 대지와 도로의 관계, 도로의 지정 폐지 변경, ( ) 지정 및 건축제한, ( )지구 안의 건축물, 대지( )제한 규정을 적용하지 아니한다.

15 동물병원, 동물미용실 및 동물위탁 관리업을 위한 시설로서 같은 건축물에 해당 용도로 쓰는 바닥면적의 합계가 300제곱미터 미만인 것은 ( )시설이다.

정답 및 해설

01	내력벽/ 지붕틀/ 주계단/ 작은 보/ 옥외계단
02	평균높이/ 2분의 1
03	지붕/ 기둥/ 벽/ 딸린/ 점포
04	30/ 120/ 50/ 200
05	4m, 6m
06	5천, 판매시설, 종합병원, 관광숙박시설, 16
07	노유자시설, 위락시설, 1천
08	개축/ 이전
09	재축, 멸실/ 대수선
10	아파트/ 연립주택
11	자동차 관련 시설군 / 전기통신시설군/ 영업시설군 / 근린생활 시설군
12	문화집회, 교육복지, 신고
13	공장, 이동, 수문조작실
14	지구단위계획구역, 건축선, 방화, 분할
15	제1종 근린생활

[기출지문 정리]

이상곤 교수의 신바람 부동산공법 그림책

01 [27회] 내력벽, 사이기둥, 최하층 바닥, 보, 지붕틀, 주계단은 주요구조부이다. (O / ×)

02 [20회] 해당 층의 높이가 4m인 경우 바닥에서 지표면까지 평균높이가 2m 미만인 것은 지하층이다. (O / ×)

03 [29회] 숙박시설로 사용하는 바닥면적의 합계가 4천㎡인 16층인 관광호텔은 다중이용건축물이고, 관광휴게시설로서 바닥면적 합계가 1천㎡인 건축물은 준 다중이용건축물에 해당한다. (O / ×)

04 [27회] 층수가 63층이고 높이가 190m인 건축물은 (㉠)건축물이며, (㉠)건축물에는 피난안전구역을 지상층으로부터 최대 (㉡)개 층마다 (㉢)개소 이상 설치하여야 한다. 해당 건축물의 피난안전구역의 면적은 용적률을 산정하는 경우 연면적에 포함되지 아니한다.

05 [18회] 건축물의 주요구조부를 해체하여 동일한 대지 안의 다른 위치로 옮기는 것은 이전에 해당한다. (O / ×)

06 [28회] 지하의 공작물에 설치하는 점포는 건축물에 해당하지 아니하며, 내력벽을 수선하더라도 수선되는 벽면적의 합계가 30㎡ 미만인 경우에는 대수선에 해당한다. (O / ×)

07 [19회] 1000㎡ 미만인 일용품점은 제1종 근린생활시설이며, 야외극장은 관광휴게시설이다. (O / ×)

08 [25회] 장례식장을 종교시설로 용도변경을 하는 경우 및 제1종 근린생활시설을 업무시설로 용도변경을 하는 경우에는 특별시의 A구에서는 A구청장에게 신고하고 할 수 있다. (O / ×)

09 [20회] 자원순환관련시설을 묘지관련시설로 용도 변경하는 경우 관할 구청장에게 건축물 대장 기재내용의 변경을 신청하여야 한다. (O / ×)

10 [27회] 건축물과 분리하여 축조하는 공작물로서 높이 3m의 담장은 특별시의 경우 구청장에게 신고하고 축조하여야 한다. (O / ×)

01 × 사이기둥, 최하층 바닥은 주요구조부가 아니다.

02 × 평균높이가 2m 이상인 것은 지하층이다.

03 ○

04 ㉠ 초고층 ㉡ 30 ㉢ 1

05 × 주요구조부를 해체하지 아니하고, 같은 대지에서 다른 위치로 옮기는 것은 이전에 해당한다.

06 × 지하의 공작물에 설치하는 점포는 건축물에 해당하며, 내력벽 30㎡ 미만의 수선은 대수선이 아니다.

07 ○

08 ○

09 ○

10 ○

147

11	30회	상업지역에 설치하는 높이 8m의 통신용 철탑, 높이 4m의 옹벽, 높이 8m의 굴뚝, 바닥면적 40㎡의 지하대피호, 높이 4m의 장식탑을 건축물과 분리하여 공작물을 축조하려는 경우 특별자치시장, 특별자치도지사 또는 시장 군수 구청장에게 신고하여야 하는 공작물이다. (O / ×)	11	× 높이 4m를 넘는 장식탑이 신고하여야 하는 공작물이므로, 4m인 장식탑은 신고사항이 아니다.
12	30회	건축법령상 철도의 부지에 있는 시설로서 플랫폼, 운전보안시설, 철도 선로의 아래를 가로지르는 보행시설, 해당 철도사업용 급수 급탄 및 급유시설은 건축법을 적용받지 아니한다. (O / ×)	12	O
13	26회	대지에 정착된 컨테이너를 이용한 주택, 지역자치센터는 건축법을 적용하지 아니한다. (O / ×)	13	× 이동이 쉬운 공장의 용도로 쓰는 컨테이너를 이용한 간이창고가 건축법령 적용제외 건축물이고, 지역자치센터는 건축법령을 적용하는 건축물이다.
14	22회	지구단위계획구역이 아닌 계획관리지역으로서 동이나 읍이 아닌 지역에서는 건축법상 용적률 규정이 적용되지 않는다. (O / ×)	14	× 건폐율 및 용적률 규정은 적용한다.
15	31회	건축물이 천재지변으로 멸실된 경우 그 대지에 종전 규모보다 연면적의 합계를 늘려 건축물을 다시 축조하는 것은 "재축"에 해당하며, 건축물의 내력벽을 해체하여 같은 대지의 다른 위치로 옮기는 것은 "이전"에 해당한다. (O / ×)	15	× 종전 규모(연면적 합계, <u>동수 층수 높이[법령 조례 적합한 경우 초과 can]</u>) 범위 내에서 다시 축조하는 것이 재축이며, 주요구조부를 해체하지 아니하고 같은대지에서 다른 위치로 옮기는 것이 이전이다.
16	31회	"고층건축물"에 해당하려면 건축물의 층수가 30층 이상이고 높이가 120m 이상이어야 한다. (O / ×)	16	× 30층 이상이거나 높이가 120m 이상이어야 한다.
17	31회	甲은 A도 B군에서 숙박시설로 사용승인을 받은 바닥면적의 합계가 3천㎡인 건축물의 용도를 바닥면적의 합계 1천㎡의 부분에 대해서만 업무시설로 용도를 변경하는 경우에는 사용승인을 받지 않아도 된다. (O / ×)	17	× 허가나 신고대상인 경우로서 용도변경을 하려는 부분의 바닥면적의 합계가 100㎡ 이상인 경우에는 사용승인에 관한 규정을 준용한다.
18	33회	극장은 문화 및 집회시설, 서점은 제2종 근린생활시설, 탁구장은 운동시설, 파출소는 공공업무시설, 산후조리원은 제1종 근린생활시설이다. (바닥면적 합계는 1천㎡이다) (O / ×)	18	O
19	34회	자동차영업소로만 쓰는 건축물(사용승인을 받은 건축물로서 같은 건축물에 해당 용도로 쓰는 바닥면적의 합계가 500㎡임)의 용도를 전부 노래연습장으로 용도변경하려고 하려면 건축물대장 기재 내용의 변경을 신청하여야 한다. (O / ×)	19	O 노래연습장으로 변경이므로 대장변경 신청하여야 한다.

20 [35회] 보를 두 개 변경하는 것, 기둥을 세 개 수선하는 것, 내력벽의 벽면적을 30㎡ 수선하는 것, 특별피난계단을 변경하는 것, 다세대 주택의 세대 간 경계벽을 증설하는 것은 대수선에 해당한다. (O / X)

20 × 보를 세 개 이상 수선 변경하는 것이 대수선이다.

[제36회 기출문제]

정답 및 해설

01 건축법령상 용어의 정의로 틀린 것은?
① "불연재료"란 불에 잘 타지 아니하는 성능을 가진 재료로서 국토교통부령으로 정하는 기준에 적합한 재료를 말한다.
② "내화구조"란 화재에 견딜 수 있는 성능을 가진 구조로서 국토교통부령으로 정하는 기준에 적합한 구조를 말한다.
③ "방화구조"란 화염의 확산을 막을 수 있는 성능을 가진 구조로서 국토교통부령으로 정하는 기준에 적합한 구조를 말한다.
④ "초고층 건축물"이란 층수가 50층 이상이거나 높이가 200미터 이상인 건축물을 말한다.
⑤ "증축"이란 기존 건축물이 있는 대지에서 건축물의 건축면적, 연면적, 층수 또는 높이를 늘리는 것을 말한다.

01 ① 불연재료는 불에 타지 아니하는 성능을 가진 재료이다. 불에 잘 타지 아니하는 것은 난연재료이다.

02 건축법령상 건축법의 적용 제외 건축물이 아닌 것은?
① 고속도로 통행료 징수시설
② 철도의 선로 부지에 있는 플랫폼
③ 이동이 쉬운 컨테이너를 이용한 임시숙소
④ 「하천법」에 따른 하천구역 내의 수문조작실
⑤ 「문화유산의 보존 및 활용에 관한 법률」에 따른 임시지정문화유산

02 ③ 임시숙소가 아니라, 공장이다.

제2장 건축허가 등

```
사전결정 36회  ──2년──▶  건축허가
```

* 사전 결정일로부터 7일 이내 신청자에게 통지

(1) 의의 [법령허용여부, 규모, 허가 신청자 고려할 사항]
건축허가대상 건축물을 건축하려는 자가 허가권자에게 신청 할 수 있다.

(2) 심의 등
건축위원회 심의와 교통영향평가서 검토와 동시에 신청할 수 있다.

(3) 협의
대지 면적이 환경영향평가대상사업인 경우 기후에너지환경부장관이나 지방 환경관서의 장과 협의하여야 한다.

(4) 간주: 미리 협의하여야 한다(15일 내) 30회 33회
국토계획법(개발행위허가), 산지관리법(산지전용허가, 보전산지는 도시지역만), 농지법(농지전용허가), 하천법(하천점용허가)

(5) 효력상실
① 2년 이내 건축허가를 신청하지 아니하면 사전결정은 효력을 잃는다. [착공신고×]
② 건축위원회 심의 2년 이내 건축허가 신청하지 아니하면 심의 효력상실

(1) 허가권자 [협의 (15일 내) = 개발행위허가, 도로법, 자연공원법, 공작물 축조신고, 공사용가설건축물 축조신고 등 인허가 의제 / 단, 폐기물처리허가, 소방법의 관련허가 등은 간주할 수 없다.
① 특별자치시장, 특별자치도지사, 시장 군수 (구청장) ◀── 31회
② 특별시장, 광역시장 (21층 or 연면적 합계 10만㎡ 이상, 증축은 10분의 3 이상) ↔ 공장, 창고, 심의거친 건축물 제외

허가거부 할 수 있다. – 건축위원회 심의
① 위락, 숙박시설에 해당하는 건축물의 건축을 허가하는 경우 주거환경이나 교육환경에 부적합
② 방재지구, 자연재해 위험개선지구 등 상습적으로 침수되거나 우려되는 지역에 건축하려는 건축물에 대하여 일부 공간에 거실을 설치하는 것이 부적합하다고 인정되는 경우

대지소유권 확보 건축허가를 받으려는 자는 해당 대지의 소유권을 확보하여야 한다.
 예외
① 사용권 확보 (단, 분양목적 공동 주택은 소유권○) / 집합건물 공용부분변경 결의증명한 경우
② 건축물을 신축, 개축, 재축, 리모델링을 위하여 대지 공유자수 80% 이상 동의와 공유자 지분합계 전체 80% 이상인 경우
→ 동의 × : 매도청구[시가, 3월 이상 협의]/ 집합건물 소유 및 관리에 관한 법률 준용
③ 건축하려는 대지에 포함된 국유지, 공유지에 대하여 허가권자가 건축주에게 매각 등을 할 것을 확인한 경우

(2) 도지사 사전승인
시장 군수는 다음 각 호에 해당하는 건축물의 건축을 허가하려면 미리 도지사의 승인을 받아야 한다.
① 21층 이상이거나 연면적 합계가 10만㎡ 이상 건축물 건축 ↔ 공장, 창고, 심의거친 건축물 제외
② 자연환경이나 수질보호 + 도지사 지정 공고+ 3층 이상 or 연면적 합계 1천㎡ 이상 위락 숙박시설, 공동주택, 일반음식점, 일반업무시설 36회
③ 주거환경이나 교육환경 등 주변환경보호 필요 인정 + 도지사 지정 공고 + 위락 숙박시설

*연면적 합계 5천㎡ 이상은 감리자가 시공자에게 상세 시공도면 작성을 요청할 수 있다.

건축허가 — 2년 → 착공 — 3일 내 수리통지 (×면 수리간주) → 사용검사(승인)

*건축주, 공사시공자, 감리자, 설계자(건축관계자) 변경 → 신고

* 건축허가, 건축신고, 가설건축물 허가
* 7일 이내 교부 → 아니면 사용할 수 있다. 임시사용승인(2년 내)
* 협의 간주
  ㉠ 하수도법 배수설비 준공검사
  ㉡ 국토계획법 개발행위허가 준공검사 등

(3) 안전영향평가 (건축위원회 심의거쳐 확정, 공보에 즉시 공개해야한다.) [35회]
허가권자는 『초고층 건축물 or 연면적 10만㎡ 이상으로서 16층 이상인 건축물』의 건축허가를 하기 전에 안전영향평가를 안전 영향평가기관(30일 내 제출, 20일내 한차례 연장can)에 의뢰하여 실시하여야 한다.
① 설계기준 하중의 적정성 등 국장이 필요하다고 인정하는 사항을 검토하여야 한다.
② 다른 법률따라 평가받은 경우 해당항목을 평가받은 것으로 본다.

(4) 허가취소 하여야 한다.
① 허가받은 날부터 2년(공장3년) 내 공사 미착수 시(1년 내 연장할 수 있다.) ② 착공하였으나 완료 불가능
③ 착공신고 전에 경 공매 등으로 건축주가 대지 소유권 상실한 때부터 6월 지난 후 공사착수 불가능하다고 판단되는 경우

(5) 허가·착공 제한 [32회] [35회] — 주민의견청취 후 건축위원회 심의(허가권자에게 통보 → 공고)
① 국장— 국토관리상/ 주무부장관 [교육감×] 요청(국방, 국가유산, 환경 국민 경제상 필요)
② 특광도 — 지역계획 or 도시계획 필요 시 [국장 보고 — 과도 인정 시 해제 명할 수 있다.]
③ 2년 이내/ 1회 한해 1년 내 연장할 수있다.

(6) 건축신고(5일 내 통지) : 1년 이내 착수, (×면 신고 효력 상실) : 1년 내 연장 가능 [28회]
① 바닥면적 합계가 85㎡ 이내 증·개·재축 (3층 이상은 10분의 1 내)
② 관리, 농림, 자연환경보전지역 (지구단위계획구역, 방재지구, 재해취약지역 등 제외)
  : 연면적 200㎡ 미만 + 3층 미만 건축
③ 연면적 200㎡ 미만 + 3층 미만 대수선
④ 주요구조부 해체 없는 등의 대수선
  : 내력벽(30㎡) 수선 / 보, 기둥, 지붕틀 등 3개 이상 수선 / 방화벽, 주계단 피난계단 특별 피난계단 수선
⑤ 소규모 건축물 건축
  ㉠ 연면적 합계 100㎡ 이하 또는 높이 3m 이하 증축
  ㉡ 공업지역, 산업단지 등의 2층 이하인 건축물로서 연면적 합계가 500㎡ 이하인 공장 등

안전관리 예치금 [30회]

허가권자는 연면적이 1천㎡ 이상인 건축물로서 착공신고 하는 건축주(토지주택공사, 지방공사 제외)는 공사현장 방치 등 미관개선 등 비용을 건축 공사비의 1% 범위에서 예치하게 할 수 있다.

가설건축물존치기간
허가 – 3년 이내
신고 – 3년 이내

[필수지문 정리 빵구노트]

01 사전결정신청자가 사전결정 통지를 받은 경우에는 국토계획법의 (   ), 산지관리법의 (   ) 등(보전산지는 도시지역 만), 농지법의 (   ) 등, 하천법의 (   )를 받은 것으로 본다.

02 사전결정신청자는 사전결정을 통지받은 날부터 (   )년 이내에 건축허가를 신청하여야 하며, 이 기간에 건축허가를 신청하지 아니하면 사전결정의 효력이 상실된다.

03 건축물을 건축하거나 대수선하려는 자는 특별자치시장, 특별자치도지사, (   )(   )(   )의 허가를 받아야 한다. 다만, (   )층 이상 또는 연면적 합계가 (   )㎡ 이상인 건축물을 특별시나 광역시에 건축하려면 특별시장 광역시장의 허가를 받아야 한다. [공장, 창고, 심의 거친 건축물 제외한다.]

04 위락시설이나 (   )에 해당하는 건축물의 건축을 허가하는 경우 해당 대지에 건축하려는 건축물의 용도·규모 또는 형태가 (   )이나 교육환경 등 주변 환경을 고려할 때 부적합하다고 인정되는 경우 건축위원회의 (   )를 거쳐 건축허가를 하지 아니할 수 있다.

05 시장·군수는 자연환경이나 수질을 보호하기 위하여 도지사가 지정·공고한 구역에 건축하는 3층 이상 또는 연면적 1천㎡ 이상인 건축물로서 (   )과 숙박시설, 공동주택, (   ), (   )의 건축을 허가하려면 도지사의 승인을 받아야 한다.

06 허가권자는 (   )건축물, 연면적 (   )㎡ 이상으로서 (   )층 이상인 건축물에 대하여 건축허가를 하기 전에 건축물의 구조 지반 및 풍환경 등이 건축물의 구조 안전과 인접 대지의 안전에 미치는 영향 등을 평가하는 건축물 안전영향평가를 안전영향평가기관에 의뢰하여 실시하여야 한다.

07 허가권자는 건축허가를 받은 자가 허가를 받은 날부터 (   )[공장은 (   )] 이내에 공사에 착수하지 아니한 경우 허가를 취소하여야 한다. 다만, 정당한 사유가 있다고 인정되면 (   )의 범위에서 공사의 착수기간을 연장할 수 있다.

08 (   )은 국토관리를 위하여 특히 필요하다고 인정하거나 주무부장관이 국방, 「국가유산기본법」 제3조에 따른 국가유산의 보존, 환경보전 또는 국민경제를 위하여 특히 필요하다고 인정하여 요청하면 허가권자의 (   )나 허가를 받은 건축물의 (   )을 제한할 수 있다.

09 건축허가나 건축물의 착공을 제한하는 경우 제한기간은 (   )이내로 한다. 다만, 1회에 한하여 (   ) 이내의 범위에서 제한 기간을 연장할 수 있다.

10 바닥면적의 합계 (   ) 이내의 증축 개축 또는 재축(단서제외), 관리지역 농림지역 자연환경보전지역에서 연면적이 (   ) 미만이고 (   ) 미만인 건축물의 건축(방재지구 등 제외) 등은 건축신고를 하면 건축허가를 받은 것으로 본다.

11 건축주가 건축물의 노후화 또는 구조안전 문제 등 대통령령으로 정하는 사유로 건축물을 신축·개축·재축 및 리모델링을 하기 위하여 건축물 및 해당 대지의 공유자 수의 (   ) 이상의 동의를 얻고 동의한 공유자의 지분 합계가 전체 지분의 (   ) 이상인 경우에는 대지의 소유권을 확보하지 않아도 건축허가를 받을 수 있다.

12 건축허가를 받은 건축주는 위 11에 해당 건축물 또는 대지의 공유자 중 동의하지 아니한 공유자에게 그 공유지분을 (   )로 매도할 것을 청구할 수 있다. 이 경우 매도청구를 하기 전에 매도청구 대상이 되는 공유자와 (   ) 이상 협의를 하여야 한다.

정답 및 해설

01	개발행위허가, 산지전용허가, 농지전용허가, 하천점용허가
02	2
03	시장 군수 구청장/ 21 / 10만
04	숙박시설, 주거환경, 심의
05	위락시설, 일반음식점, 일반업무시설
06	초고층, 10만, 16
07	2년, 3년, 1년
08	국토교통부장관, 건축허가, 착공
09	2년, 1년
10	85㎡, 200㎡, 3층
11	100분의 80, 100분의 80
12	시가, 3개월

[기출지문 정리]

01 [30회] 건축허가대상 건축물을 건축하려는 자가 허가권자의 사전결정통지를 받은 경우에는 산지관리법에 따른 도시지역 안의 보전산지에 대한 산지일시사용허가를 받은 것으로 본다. (O / X)

02 [28회] 사전결정 신청자는 사전결정을 통지받은 날부터 2년 이내에 착공신고를 하여야 하며, 그 기간에 착공신고를 하지 아니하면 사전결정의 효력이 상실된다. (O / X)

03 [28회] 분양을 목적으로 하는 공동주택의 건축주가 그 대지를 사용할 수 있는 권원을 확보한 경우에는 대지의 소유권을 확보하지 않아도 건축허가를 받을 수 있다. (O / X)

04 [22회] 건축허가를 받은 자가 허가를 받은 날부터 2년(공장은 3년)이내에 공사를 착수하지 아니한 경우에는 연장의 경우를 제외하고 허가권자는 건축허가를 취소하여야 한다. (O / X)

---

01 O

02 X 2년 이내에 건축허가를 신청하여야 하며, 그 기간에 건축허가를 신청하지 아니하면 사전결정은 효력이 상실된다

03 X 분양을 목적으로 하는 공동주택의 건축주는 대지의 소유권을 확보하여야 건축허가를 받을 수 있다.

04 O

[기출지문 정리]

05 [26회] 교육감이 교육환경의 개선을 위하여 특히 필요하다고 인정하여 요청하면 국토교통부장관은 허가를 받은 건축물의 착공을 제한할 수 있다. (O / ×)

06 [29회] 연면적 180㎡인 2층 건축물의 대수선은 건축신고를 하면 건축허가를 받은 것으로 본다. (O / ×)

07 [30회] 허가권자는 연면적이 (   )㎡ 이상인 건축물로서 해당 지방자치단체에 조례로 정하는 건축물에 대하여 착공신고를 하는 건축주에게 장기간 건축물의 공사현장이 방치되는 것에 대비하여 미리 미관개선과 안전관리에 필요한 비용을 건축공사비의 (   )% 이내의 범위에서 예치하게 할 수 있다.

08 [31회] 갑이 건축허가를 받은 경우에도 A광역시장은 지역계획에 특히 필요하다고 인정하면 갑의 건축물의 착공을 제한할 수 있다. (O / ×)

09 [31회] 갑이 건축허가를 받은 경우에도 해당 대지를 조성하기 위해 높이 5m의 옹벽을 축조하려면 따로 공작물 축조 신고를 하여야 한다. (O / ×)

10 [31회] 갑이 건축허가를 받은 이후에 공사시공자를 변경하는 경우에는 B구청장에게 신고하여야 한다. (O / ×)

11 [31회] 갑은 A광역시 B구에서 20층의 연면적 합계가 5만㎡인 허가대상 건축물을 신축하려는 경우 B구청장에게 건축허가를 받아야 한다. (O / ×)

12 [35회] 안전영향 평가를 실시하여야 하는 건축물이 다른 법률에 따라 구조안전과 인접 대지의 안전에 미치는 영향 등을 평가받은 경우에는 안전영향 평가의 해당 항목을 평가받은 것으로 본다. (O / ×)

13 [35회] 건축허가를 제한하는 경우 제한 기간은 2년 이내로 하며, 1회에 한하여 1년 이내의 범위에서 제한 기간을 연장할 수 있다. (O / ×)

14 [35회] 건축허가를 제한하는 경우 국토교통부장관은 제한 목적 기간 등을 상세하게 정하여 지체 없이 공고하여야 한다. (O / ×)

---

05 × 교육감은 주무부 장관이 아니므로 교육감의 요청으로 국토교통부장관은 건축허가나 착공을 제한할 수 없다.

06 ○

07 ㄱ 1000, ㄴ 1

08 ○

09 × 건축물에 딸린 옹벽 등의 공작물은 축조신고사항이 아니며, 건축물에 딸린 공작물이 아니라도 미리 협의한 경우라면 축조신고한 것으로 본다.

10 ○

11 ○

12 ○

13 ○

14 × 국토교통부장관은 허가권자에게 통보하여야 하며, 통보받은 허가권자는 지체 없이 이를 공고하여야 한다.

[제36회 기출문제]

01 건축법령상 자연환경이나 수질을 보호하기 위하여 도지사가 지정·공고한 구역에 건축하는 3층 이상의 건축물로 시장·군수가 건축허가를 하려면 미리 도지사의 승인을 받아야 하는 용도의 건축물이 아닌 것은?
① 공장
② 공동주택
③ 위락시설
④ 숙박시설
⑤ 제2종 근린생활시설 중 일반음식점

02 건축법령상 건축 관련 입지와 규모의 사전결정에 관한 설명으로 틀린 것은?
① 건축허가 대상 건축물을 건축하려는 자는 건축허가를 신청하기 전에 허가권자에게 건축허가를 받기 위하여 신청자가 고려하여야 할 사항에 대한 사전결정을 신청할 수 있다.
② 사전결정신청자는 건축위원회 심의와 「도시교통정비촉진법」에 따른 교통영향평가서의 검토를 동시에 신청할 수 있다.
③ 허가권자는 사전결정이 신청된 건축물의 대지면적이 「환경영향평가법」에 따른 소규모 환경영향평가 대상사업인 경우 기후에너지환경부장관이나 지방환경관서의 장과 소규모 환경영향평가에 관한 협의를 하여야 한다.
④ 허가권자는 사전결정을 하려면 미리 관계 행정기관의 장과 협의하여야 하며, 협의를 요청받은 관계 행정기관의 장은 요청받은 날부터 10일 이내에 의견을 제출하여야 한다.
⑤ 사전결정신청자가 사전결정을 통지받은 날부터 2년 이내에 건축허가를 신청하지 아니하면 그 사전결정의 효력이 상실된다.

정답 및 해설

이상곤 교수의 신바람 부동산공법 그림책

01 ① 공장은 규정없다.

02 ④ 15일 이내에 의견을 제출하여야 한다.

제3장 대지, 도로, 건축선 등

대지

1) **안전** : 손궤 우려방지 (옹벽)
   ① 대지는 인접 도로면보다 낮아서는 아니 된다. (배수 지장 없는 경우 등 제외)
   ② 습지 매립지 – 성토, 지반개량 등

2) **조경** [31회] [35회]
   ① 200㎡ 이상 대지 – 조경의무
   ② 예외
      ㉠ 녹지, 관리(지구단위계획구역 조경 ○), 농림, 자연환경 보전지역
      ㉡ 공장(면적 5천㎡ 미만 대지, 연면적 합계 1500㎡ 미만, 산업단지)
      ㉢ 대지 염분, 축사, 가설건축물, 관광단지
      ㉣ 연면적 합계 1500㎡ 미만 물류시설 (주거지역, 상업지역 조경 ○)
   ③ 옥상조경 – 3분의 2 조경면적 산정, 50% 초과 ×

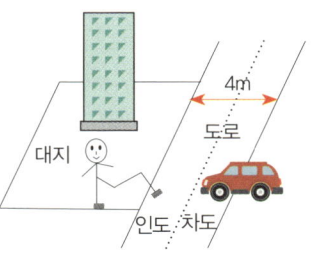

3) **공개공지 등의 확보** [35회] [필로티 구조할 수 있다.]
   ① 의의 – 소규모 휴식시설(긴의자, 조경시설 등)
   ② 지역 – ㉠ 일반주거, 준주거, 상업, 준공업지역
            ㉡ 노후산업단지 정비 필요지역 등
   ③ 용도 – 문화집회, 종교
            판매(농수산물 유통 ×), 운수시설(여객용)
            업무, 숙박시설 + 바닥면적 합계 5천㎡ 이상
   ④ 기준 – 대지면적의 100분의 10(조경면적, 매장유산 현지보전조치 면적 포함) 이하 조례로 정한다.
   ⑤ 완화 – 건폐율 / 용적률, 높이제한 1.2배 이하

연간 60일 내 판촉활동 가능
공지 10%내

도로

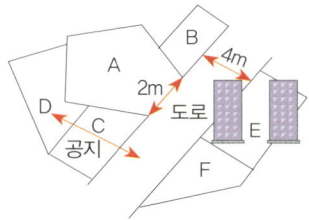

1) **의의** – 보행 + 자동차통행 가능 + 너비 4m 이상
            도로 및 예정도로(국토법, 도로법, 사도법 등)

2) **차량통행 불가능 도로** – 폭 3m 이상

3) **막다른 도로** – 길이 10m 미만(폭 2m 이상)
   * 도시지역 아닌 읍면 (4m) 길이 10m–35m 미만(폭 3m 이상)
   * 도시, 기존공장 증축 ← 길이 35m 이상(폭 6m 이상)

* **대지와 도로의 관계**

1) **의의** – 건축물의 대지는 2m (자동차만 통행 ×) 이상이 도로에 접하여야 한다.
2) **완화** – 출입에 지장 없다고 인정, 주변에 광장 공원 등 공지, 농지법상 농막 건축은 접하지 않아도 된다.
3) **강화** – 연면적 합계 2천(공장 3천)㎡ 이상은 6m 이상 도로에 4m 이상 접 [축사, 작물재배사 제외]
   [특례] : 기존공장 증축 4m 이상 도로에 2m 이상 접해야 한다.

* **도로의 지정, 폐지변경**

① 허가권자는 도로의 위치를 지정·공고하려면 국토교통부령으로 정하는 바에 따라 그 도로에 대한 이해관계인의 동의를 받아야 한다. 다만, 다음 각 호의 어느 하나에 해당하면 이해관계인의 동의를 받지 아니하고 건축위원회의 심의를 거쳐 도로를 지정할 수 있다.
   ㉠ 허가권자가 이해관계인이 해외에 거주하는 등의 사유로 이해관계인의 동의를 받기가 곤란하다고 인정하는 경우
   ㉡ 주민이 오랫 동안 통행로로 이용하고 있는 사실상의 통로로서 해당 지방자치단체의 조례로 정하는 것인 경우
② 허가권자는 지정한 도로를 폐지하거나 변경하려면 그 도로에 대한 이해관계인의 동의를 받아야 한다. 그 도로에 편입된 토지의 소유자, 건축주 등이 허가권자에게 지정된 도로의 폐지나 변경을 신청하는 경우에도 또한 같다.

건축선
도로와 접한 부분에 건축물을 건축할 수 있는 선 (대지와 도로의 경계선)

* 소요너비 미달도로 [×부분 대지면적 제외]   * 건축제한

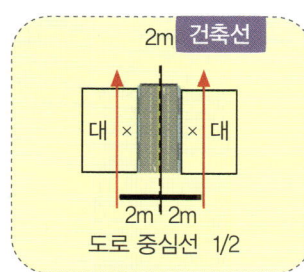
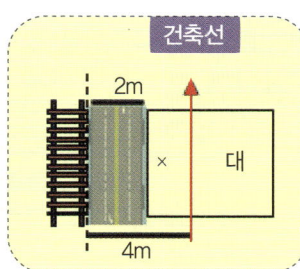
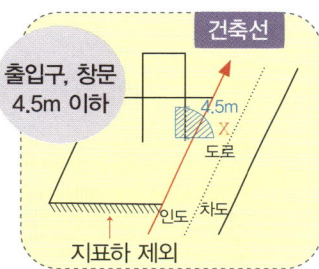

1) 소요너비 미달 도로 등 [34회]
① 소요 너비에 못 미치는 너비의 도로인 경우에는 그 중심선으로부터 그 소요 너비의 2분의 1의 수평거리만큼 물러난 선을 건축선으로 하되,
② 그 도로의 반대쪽에 경사지, 하천, 철도, 선로부지, 그 밖에 이와 유사한 것이 있는 경우에는 그 경사지 등이 있는 쪽의 도로경계선에서 소요 너비에 해당하는 수평거리의 선을 건축선으로 하며,
③ 도로의 모퉁이에서는 대통령령(8m미만 + 120도 미만 → 2m ~ 4m 후퇴)으로 정하는 선을 건축선으로 한다.

2) 건축제한
① 건축물과 담장은 건축선의 수직면(垂直面)을 넘어서는 아니 된다. 다만, 지표(地表) 아래부분은 그러하지 아니하다.
② 도로면으로 부터 높이 4.5미터 이하에 있는 출입구, 창문, 그 밖에 이와 유사한 구조물은 열고 닫을 때 건축선의 수직면을 넘지 아니하는 구조로 하여야 한다.

* **지정건축선** – 도시지역에서 4m 이하 범위에서 건축선을 따로 정할 수 있다.(대지면적 포함)

구조안전 등

범죄예방 [29회]
다가구주택, 아파트, 연립주택, 다세대 주택 / 1종 소매점, 2종 근린생활시설 및 숙박 (다중생활시설), 교육연구시설(연구소, 도서관 제외), 수련시설 및 노유자 시설, 문화 및 집회시설(동물원, 식물원 제외), 오피스텔 등

구조안전서류 제출 | 내진능력 공개 [34회] [35회]
층수가 2층(목조건축물은 3층) / 연면적 2백㎡(목조건축물은 5백㎡) 이상[축사, 창고, 작물재배사 등 제외] / 높이 13m / 처마높이 9m 이상 건축물 / 기둥사이 거리 10m 이상 건축물 / 단독주택 및 공동주택 / 중요도 높은 건축물 / 국가적 문화유산보존(국토교통부령) 특수구조건축물(차양 등 3m이상 돌출, 무량판 구조 4분의 1이상, 특수한 설계 시공)

구조기술사 협력
① 6층 이상 건축물 ② 특수구조건축물
③ 다중이용건축물, 준 다중이용건축물
④ 3층 이상 필로티 형식의 건축물

층간바닥소음 ↔ 노인복지주택 ×
① 단독주택 중 다가구 주택
② 공동주택(주택법의 사업계획승인 대상 제외)
③ 업무시설 중 오피스텔
④ 제2종 근린생활시설 및 숙박시설의 다중생활시설

경계벽소음 ↔ 도서관열람실 간 ×
① 단독주택 중 다가구 주택 각 가구, 공동주택 세대 간
② 공동주택 중 기숙사 침실, 의료시설 병실 간
③ 제1종 근린생활시설 중 산후조리원 호실 간
④ 제2종 근린생활시설 중 다중생활시설 호실 간
⑤ 노인복지주택 세대, 노인요양 시설 호실 간

[33회]
피난 및 소화 통로설치
① 단독주택: 유효 너비 0.9m 이상
② 바닥면적의 합계가 500㎡ 이상인 문화 및 집회시설, 종교시설, 의료시설, 위락시설 또는 장례시설 : 유효 너비 3m 이상
③ 그 밖의 용도로 쓰는 건축물: 유효 너비 1.5m 이상

[36회]
직통 계단 2개소 이상
① 200㎡ 이상: 장례시설, 숙박시설, 유스호스텔
② 300㎡ 이상: 오피스텔, 2종 근린생활시설 중 공연장 등

필수지문 정리 빵구노트

01 면적 ( )㎡ 미만인 대지에 건축하는 공장, 연면적 합계가 ( )㎡ 미만인 공장, 산업 집적 활성화 및 공장설립에 관한 법률에 따른 ( )의 공장은 조경 등의 조치를 하지 아니할 수 있다.

02 연면적의 합계가 1천 5백㎡ 미만인 물류시설로서 국토교통부령으로 정하는 것은 조경 등의 조치를 하지 아니할 수 있다. 다만, ( ) 또는 ( )에 건축하는 경우에는 조경 등 조치를 하여야 한다.

03 일반주거지역, ( ), 상업지역, ( )의 환경을 쾌적하게 조성하기 위하여 바닥면적 합계가 ( )㎡ 이상인 문화 및 집회시설, 종교시설, 판매시설(농수산물유통시설 제외), 운수시설(여객용), ( ), 숙박시설의 대지에는 대지면적의 100분의 ( ) 이하의 범위에서 공개공지 공간을 설치하여야 한다.

04 건축물의 대지는 너비 4m 이상의 도로에 2m 이상이 접하여야 한다. 다만, 연면적 합계가 ( ) [공장은 3천㎡] 이상인 건축물[축사, 작물재배사 제외]의 대지는 너비 ( ) 이상 도로에 ( ) 이상 접하여야 한다.

05 허가권자는 도로의 위치를 지정·공고하려면 국토교통부령으로 정하는 바에 따라 그 도로에 대한 이해관계인의 (ㄱ)를 받아야 한다. 다만, 주민이 오랫동안 통행로로 이용하고 있는 사실상의 통로로서 해당 지방자치단체의 조례로 정하는 것인 경우에 해당하면 이해관계인의 (ㄱ)를 받지 아니하고 건축위원회의 (ㄴ)를 거쳐 도로를 지정할 수 있다.

06 너비 ( ) 미만, 교차각 ( ) 미만인 도로의 모퉁이에 위치한 대지의 도로모퉁이 부분의 건축선은 그 대지에 접한 도로경계선의 교차점으로부터 도로경계선에 따라 2m ~ 4m의 거리를 각각 후퇴한 두 점을 연결한 선으로 한다.

07 특별자치시장·특별자치도지사 또는 시장·군수·구청장은 시가지 안에서 건축물의 위치나 환경을 정비하기 위하여 필요하다고 인정하면 「국토의 계획 및 이용에 관한 법률」에 따른 ( )에는 ( ) 이하의 범위에서 건축선을 따로 지정할 수 있다.

08 건축물과 담장은 건축선의 수직면을 넘어서는 아니 된다. 다만, 지표 ( )부분은 그러하지 아니하다. 또한, 도로면으로부터 높이 ( )m 이하에 있는 출입구 창문 등의 구조물은 열고 닫을 때 건축선 수직면을 넘지 아니하는 구조로 하여야 한다.

09 구조 안전을 확인한 건축물 중 다음의 건축물의 건축주는 착공 신고하는 때에 구조안전 확인서류를 허가권자에게 제출하여야 한다. → 2층 또는 200㎡ [목구조: 3층 또는 500㎡] 이상인 건축물, 높이 ( ) 이상인 건축물, 처마높이 ( ) 이상인 건축물, 기둥과 기둥 사이의 거리가 ( ) 이상인 건축물 등

10 단독주택 중 ( ), 공동주택(「주택법」 주택건설사업계획승인 대상은 제외한다), 업무시설 중 ( ), 제2종 근린생활시설 중 ( ), 숙박시설 중 다중생활시설은 층간바닥(화장실의 바닥은 제외한다)은 가구 세대 등 간 소음방지를 위하여 국토교통부령으로 정하는 기준에 따라 설치해야 한다.

정답 및 해설

01	5천/ 1500/ 산업단지	02	주거지역, 상업지역
03	준주거지역/ 준공업지역/ 5천 / 업무시설/ 10		
04	2천㎡, 6m, 4m	05	ㄱ 동의, ㄴ 심의
06	8m, 120도	07	도시지역, 4m
08	아래, 4.5	09	13m, 9m, 10m
10	다가구 주택, 오피스텔, 다중생활시설		

[기출지문 정리]

01 [27회] 면적 5천㎡ 미만 대지의 공장, 연면적 합계가 1500㎡ 미만 공장, 산업단지 안의 공장의 대지에는 조경을 하지 아니할 수 있다. (O / ×)

02 [24회] 일반공업지역에 있는 종합병원에는 공개공지를 설치하여야 하며, 공개공지 등의 면적은 대지면적의 20% 이하의 범위에서 건축조례로 정한다. (O / ×)

03 [25회] 연면적 합계가 2천㎡인 공장의 대지는 너비 6m 이상의 도로에 4m 이상 접하여야 한다. (O / ×)

04 [27회] 공장의 주변에 허가권자가 인정한 공지인 광장이 있는 경우 연면적의 합계가 1천㎡인 공장의 대지는 도로에 2m 이상 접하지 않아도 된다. (O / ×)

05 [23회] 손궤의 우려가 있는 토지에 대지를 조성하면서 설치한 옹벽의 외벽면에는 옹벽의 지지 또는 배수를 위한 시설물이 밖으로 튀어나오게 하여서는 아니된다. (O / ×)

06 [27회] 갑의 건축물은 도로면으로부터 높이 4m에 있는 창문을 열었을 때 건축선의 수직면을 넘어서는 구조로 할 수 있다. (O / ×)

07 [31회] 주거지역 및 상업지역에서는 연면적 합계 1500㎡미만의 물류시설에도 대지 안의 조경 조치를 하여야 한다. (O / ×)

08 [34회] 바닥면적 합계 5천㎡이상 준공업지역에 있는 여객용 운수시설은 공개공지 또는 공개공간을 설치하여야 하는 건축물이다. (O / ×)

09 [34회] 「건축법」령상 소요 너비에 못 미치는 너비의 도로인 경우에는 그 중심선으로부터 그 (ㄱ)을 건축선으로 하되, 그 도로의 반대쪽에 하천이 있는 경우에는 그 하천이 있는 쪽의 도로경계선에서 (ㄴ)을 건축선으로 하며, 그 건축선과 도로 사이의 대지면적은 건축물의 대지면적 산정 시 (ㄷ)한다.

10 [34회] "건축물의 높이: 13m 이상, 건축물의 처마높이: 7m 이상, 건축물의 기둥과 기둥 사이의 거리: 10m 이상"인 건축물은 건축허가를 받아 착공신고 시 허가권자에 대하여 구조안전 확인 서류의 제출이 필요한 건축물이다. (O / ×)

---

01 ○

02 × 준공업지역이 공개공지 설치의무 지역이며, 종합병원은 공개공지 설치의무 용도의 건축물이 아니다. 또한 공개공지의 면적은 대지면적의 10% 이하 범위에서 건축조례로 정한다.

03 × 연면적 합계가 3천㎡ 이상인 공장의 대지는 너비 6m 이상 도로에 4m 이상 접하여야 한다.

04 ○

05 × 옹벽의 외벽면에는 옹벽의 지지 또는 배수를 위한 시설물 외의 시설물이 밖으로 튀어나오게 하여서는 아니된다.

06 × 4.5m 이하에 있는 창문을 열었을 때 건축선의 수직면을 넘어서는 구조로 할 수 없다.

07 ○

08 ○

09 ㄱ: 소요 너비의 2분의 1의 수평거리만큼 물러난 선,
ㄴ: 소요 너비에 해당하는 수평거리의 선,
ㄷ: 제외

10 × 건축물의 처마높이는 9m 이상인 경우이다.

11	35회 주거지역에 건축하는 연면적 합계가 1500㎡인 물류시설은 대지의 조경 등의 조치를 하지 아니할 수 있는 건축물이다. (O / X)	11	X 주거지역 또는 상업지역에 건축하는 물류시설은 조경을 하여야 한다. 또한 1500㎡ 미만의 경우이므로 1500㎡이면 조경을 하여야 한다.
12	35회 공개공지는 필로티 구조로 설치할 수 있으며, 공개공지 등을 설치할 때에는 모든 사람들이 환경친화적으로 편리하게 이용할 수 있도록 긴 의자 또는 조경시설 등 건축조례로 정하는 시설을 설치 해야한다. (O / X)	12	O
13	35회 국가적 문화유산으로 보존할 가치가 있는 것으로 문화체육관광부령으로 정하는 건축물은 건축허가대상 건축물로서 내진 능력을 공개하여야 하는 건축물에 해당한다. (O / X)	13	X 문화체육관광부령이 아니라 국토교통부령으로 정하는 건축물이다.

[제36회 기출문제]

01 건축법령상 승강기에 관한 설명으로 옳은 것을 모두 고른 것은? (단, 특례는 고려하지 않음)

> ㄱ. 연면적이 3천㎡인 7층 건축물을 건축하려면 승강기를 설치하여야 한다.
> ㄴ. 고층건축물에는 승용승강기 중 1대 이상을 피난용승강기로 설치하여야 한다.
> ㄷ. 피난용승강기의 승강장의 바닥면적은 승강기 1대당 8㎡ 이상으로 하여야 한다.
> ㄹ. 높이 21미터를 초과하는 건축물에는 승용승강기뿐만 아니라 비상용승강기를 추가로 설치하여야 한다.

① ㄱ ② ㄱ, ㄴ ③ ㄴ, ㄷ ④ ㄷ, ㄹ ⑤ ㄱ, ㄴ, ㄹ

02 건축법령상 피난층 또는 지상으로 통하는 직통계단을 2개소 이상 설치하여야 하는 건축물이 아닌 것은? (단, 각 시설이 위치한 층은 피난층이 아니며, 특례 및 주어진 조건 외의 것은 고려하지 않음)

① 장례시설의 용도로 쓰는 층으로서 그 층에서 해당 용도로 쓰는 바닥면적의 합계가 220㎡인 건축물
② 업무시설 중 오피스텔의 용도로 쓰는 층으로서 그 층의 해당 용도로 쓰는 거실의 바닥면적의 합계가 350㎡인 건축물
③ 제2종 근린생활시설 중 공연장의 용도로 쓰는 층으로서 그 층에서 해당 용도로 쓰는 바닥면적의 합계가 400㎡인 건축물
④ 숙박시설의 용도로 쓰는 3층 이상의 층으로서 그 층의 해당 용도로 쓰는 거실의 바닥면적의 합계가 150㎡인 건축물
⑤ 수련시설 중 유스호스텔의 용도로 쓰는 3층 이상의 층으로서 그 층의 해당 용도로 쓰는 거실의 바닥면적의 합계가 250㎡인 건축물

정답 및 해설

이상곤 교수의 신바람 부동산공법 그림책

01 ② ㄱ, ㄴ이 옳다. 다음은 옳지 않다.
ㄷ. 6㎡ 이상으로 하여야 한다.
ㄹ. 높이 31m를 초과하는 건축물이다.

01
① 200㎡ 이상이므로 옳다.
② 300㎡ 이상이므로 옳다.
③ 300㎡ 이상이므로 옳다.
④ 정답 - 200㎡ 이상이므로 옳지 않다.
⑤ 200㎡ 이상이므로 옳다.

제4장 건축제한

면적제한 33회

(1) 대지면적

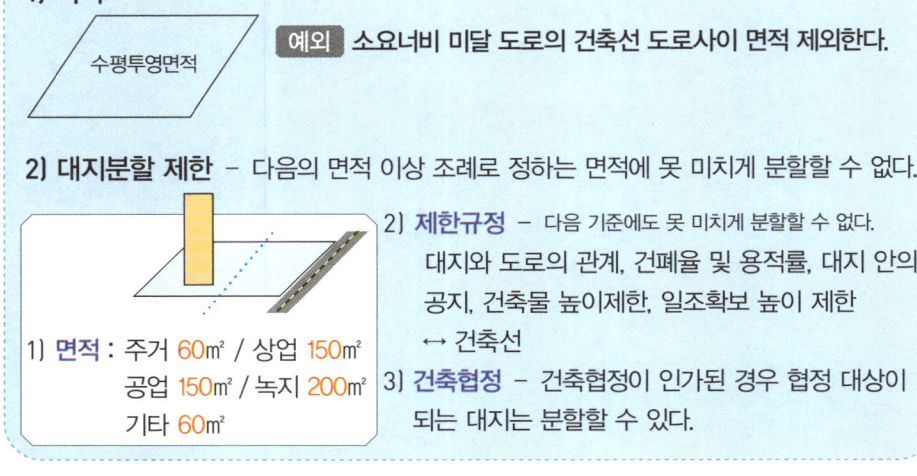

1) 의의
- 수평투영면적
- 예외: 소요너비 미달 도로의 건축선 도로사이 면적 제외한다.

2) 대지분할 제한 – 다음의 면적 이상 조례로 정하는 면적에 못 미치게 분할할 수 없다.

1) 면적: 주거 60㎡ / 상업 150㎡
   공업 150㎡ / 녹지 200㎡
   기타 60㎡

2) 제한규정 – 다음 기준에도 못 미치게 분할할 수 없다.
   대지와 도로의 관계, 건폐율 및 용적률, 대지 안의 공지, 건축물 높이제한, 일조확보 높이 제한
   ↔ 건축선

3) 건축협정 – 건축협정이 인가된 경우 협정 대상이 되는 대지는 분할할 수 있다.

(2) 건축면적

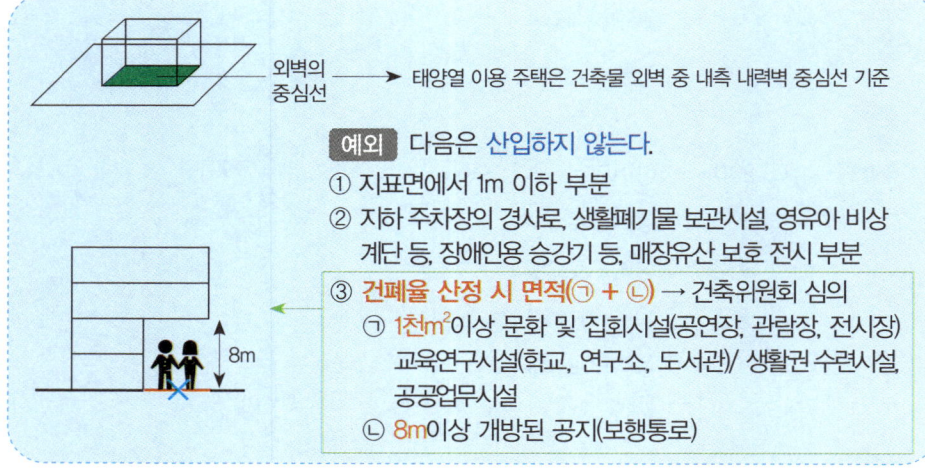

- 외벽의 중심선
- 태양열 이용 주택은 건축물 외벽 중 내측 내력벽 중심선 기준

예외: 다음은 산입하지 않는다.
① 지표면에서 1m 이하 부분
② 지하 주차장의 경사로, 생활폐기물 보관시설, 영유아 비상계단 등, 장애인용 승강기 등, 매장유산 보호 전시 부분
③ 건폐율 산정 시 면적(㉠ + ㉡) → 건축위원회 심의
   ㉠ 1천㎡ 이상 문화 및 집회시설(공연장, 관람장, 전시장)
      교육연구시설(학교, 연구소, 도서관)/ 생활권 수련시설, 공공업무시설
   ㉡ 8m 이상 개방된 공지(보행통로)

(3) 바닥면적 29회 31회

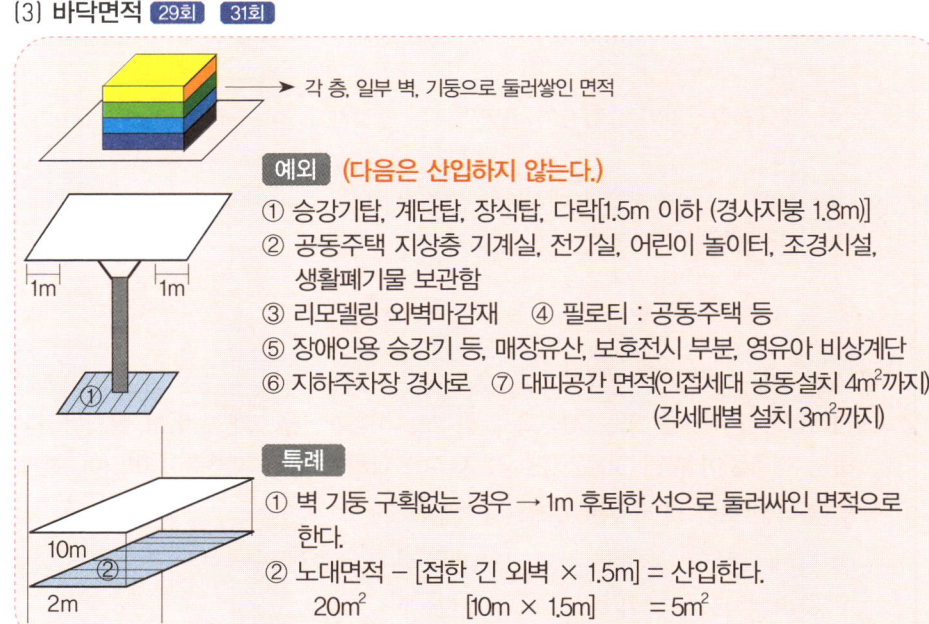

→ 각 층, 일부 벽, 기둥으로 둘러쌓인 면적

예외: (다음은 산입하지 않는다.)
① 승강기탑, 계단탑, 장식탑, 다락[1.5m 이하 (경사지붕 1.8m)]
② 공동주택 지상층 기계실, 전기실, 어린이 놀이터, 조경시설, 생활폐기물 보관함
③ 리모델링 외벽마감재   ④ 필로티: 공동주택 등
⑤ 장애인용 승강기 등, 매장유산, 보호전시 부분, 영유아 비상계단
⑥ 지하주차장 경사로 ⑦ 대피공간 면적(인접세대 공동설치 4㎡까지)
                                  (각세대별 설치 3㎡까지)

특례
① 벽 기둥 구획없는 경우 → 1m 후퇴한 선으로 둘러싸인 면적으로 한다.
② 노대면적 – [접한 긴 외벽 × 1.5m] = 산입한다.
   20㎡   [10m × 1.5m]   = 5㎡

(4) 연면적 31회 34회

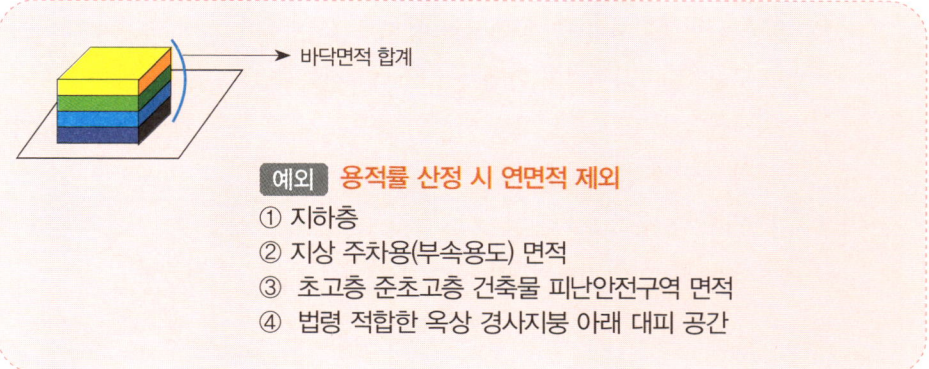

→ 바닥면적 합계

예외: 용적률 산정 시 연면적 제외
① 지하층
② 지상 주차용(부속용도) 면적
③ 초고층 준초고층 건축물 피난안전구역 면적
④ 법령 적합한 옥상 경사지붕 아래 대피 공간

→ 높이 제한의 경우는 지표면을 전면도로의 중심선으로 한다.
→ 지표면으로 부터 그 건축물 상단까지의 높이로 한다.

높이제한 : 1층 전체 필로티 설치된 경우 필로티 층고 제외하고 산정

(1) 층수

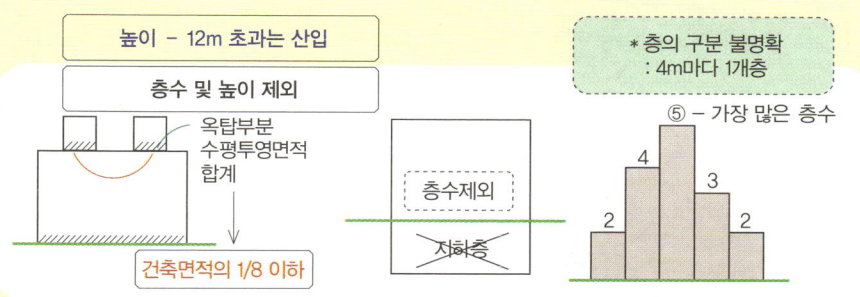

① ㉠ 승강기탑(옥상 출입용 승강장을 포함하며, 장애인용 승강기의 승강기탑은 제외한다.) 계단탑, 망루, 장식탑, 옥탑, 그 밖에 이와 비슷한 건축물의 옥상 부분으로서 그 수평투영면적의 합계가 해당 건축물 건축면적의 8분의 1(사업계획승인 대상인 공동주택 중 세대별 전용면적이 85제곱미터 이하인 경우에는 6분의 1) 이하인 것과 ㉡ 지하층 ㉢ 장애인용 승강기의 승강기 탑은 건축물의 층수에 산입하지 아니한다.
② ㉠ 층의 구분이 명확하지 아니한 건축물은 그 건축물의 높이 4미터마다 하나의 층으로 보고 그 층수를 산정하며, ㉡ 건축물이 부분에 따라 그 층수가 다른 경우에는 그 중 가장 많은 층수를 그 건축물의 층수로 본다.

(2) 가로구역별 높이제한 [가로구역의 상하수도 등 간선시설 수용능력 등 고려] [36회] ↔ 교통량 ×
→ 이 접하는 도로의 너비

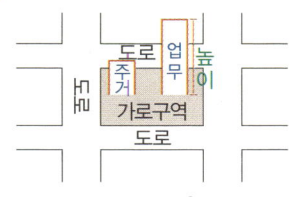

건축위원회 심의

① 허가권자는 가로구역을 단위로 하여 높이를 지정 공고 할 수 있다. (특광 : 도시관리 목적 높이 조례 정can)
② 용도 형태에 따라 허가권자는 같은 가로구역에서 높이를 다르게 정할 수 있다.
③ 건축위원회 심의 거쳐 높이를 완화할 수 있다.
④ 완화의 중첩 적용 – 건축위원회 심의 거쳐 이 법 다른 법률의 높이 완화 규정을 중첩 적용할수있다.

(3) 일조 등의 확보를 위한 건축물 높이제한
① 전용주거, 일반주거지역 ↔ 준주거 ×

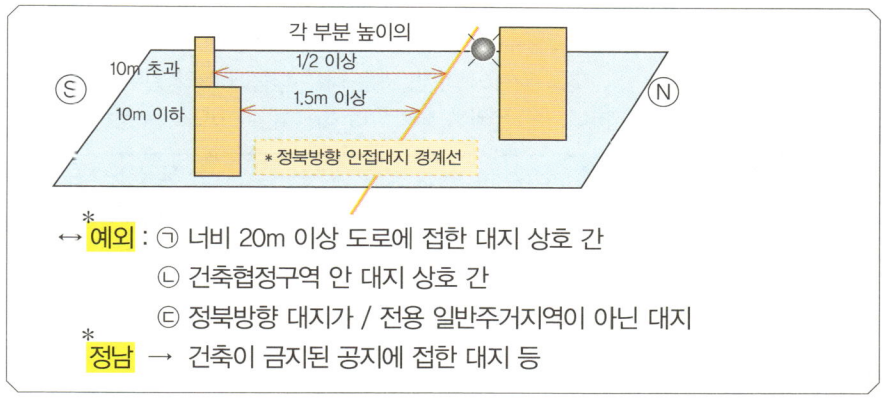

↔ **예외** : ㉠ 너비 20m 이상 도로에 접한 대지 상호 간
㉡ 건축협정구역 안 대지 상호 간
㉢ 정북방향 대지가 / 전용 일반주거지역이 아닌 대지
정남 → 건축이 금지된 공지에 접한 대지 등

② 공동주택 (일반상업지역, 중심상업지역 제외)

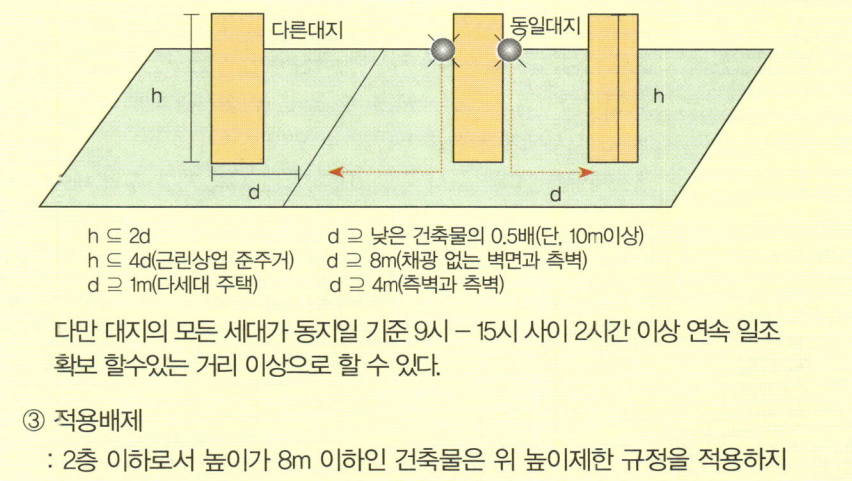

h ≦ 2d   d ≧ 낮은 건축물의 0.5배(단, 10m이상)
h ≦ 4d(근린상업 준주거)   d ≧ 8m(채광 없는 벽면과 측벽)
d ≧ 1m(다세대 주택)   d ≧ 4m(측벽과 측벽)

다만 대지의 모든 세대가 동지일 기준 9시 – 15시 사이 2시간 이상 연속 일조 확보 할수있는 거리 이상으로 할 수 있다.

③ 적용배제
: 2층 이하로서 높이가 8m 이하인 건축물은 위 높이제한 규정을 적용하지 아니한다.

건축제한 특례

(1) **특별건축구역** : 30일 내 건축위원회 심의 [중앙, 지방]
→ 군사시설 보호구역에 지정시는 국방부장관과 사전협의 하여야한다.

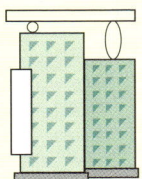

① 의의: [국가, 지방자치단체, 공공기관 건축하는 건축물 그 밖의 허가권자가 필요 인정한 건축물 등이 그 대상이다.]

국토교통부장관, 시도지사가 조화롭고 창의적인 건축물 건축을 위하여 이 법 또는 다른 법령에 따라 일부 규정을 적용하지 아니하거나, 완화 통합하여 적용할 수 있도록 지정하는 구역

국토교통부장관	시·도지사
국가 국제행사 개최도시, 행정중심 복합도시 사업구역, 혁신도시의 사업구역, 공공주택지구.	지자체 국제행사 개최도시 정비구역, 재정비촉진구역, 관광특구, 문화지구 등
경제자유구역, 택지개발사업구역, 도시개발구역	

② **지정불가지역** - 개발제한구역, 자연공원, 접도구역, 보전산지
③ **적용배제** - [건축법] 대지의 조경, 건폐율, 용적률, 대지안의 공지, 높이제한 33회
　　　　　　　[주택법] 주택건설기준 등 → 대지와 도로와의 관계, 대지분할 제한 ×
④ **통합적용** - 문화예술진흥법의 미술작품설치, 주차장법의 부설주차장 설치, 도시공원 및 녹지 등에 관한 법률의 공원의 설치 19회
⑤ **지정신청** - 중앙행정기관의장, 시도지사는 국장에게, 시군구장은 특광도에게 특별건축구역 지정을 신청할 수 있다. [신청기관 외의 자는 시·도지사에게 지정을 제안할 수 있다.]
⑥ **지정효과** - 국토계획법에 따른 도시 군 관리계획 [용도지역·지구·구역 제외] 결정 간주

(2) **특별가로구역**

국토교통부장관 및 허가권자는 도로에 인접한 건축물의 건축을 통한 조화로운 도시경관의 창출을 위하여 이 법 및 관계 법령에 따라 일부 규정을 적용하지 아니하거나 완화하여 적용할 수 있도록 좌측의 지구 또는 구역에서 우측의 도로에 접한 대지의 일정 구역을 특별가로구역으로 지정할 수 있다

① 경관지구 ② 지구단위계획구역 중 미관유지 필요인정 구역	+	㉠ 건축선 후퇴 대지에 접한 도로 – 허가권자 정한 도로 ㉡ 리모델링 활성화 필요 허가권자 인정 도로 ㉢ 보행자 전용도로 – 허가권자 정한 도로 ㉣ 문화지구 안의 도로

(3) **건축협정** : 대지분할제한, 건축물 높이제한 배제 31회

① 의의 – 소유자 등(토지 또는 건축물 소유자, 지상권자 등) **전원의 합의**[협정을 폐지하려는 경우에는 과반수 동의]로 다음의 지역 등에서 건축물의 건축 대수선 리모델링에 관한 협정을 체결할 수 있다.
　㉠ 지구단위계획구역
　㉡ 주거환경개선구역
　㉢ 도시 재정비 존치지역
　㉣ 도시재생 활성화지역
　㉤ 인가권자가 그 밖에 조례로 정하는 구역

② 인가 ㉠ 인가권자는 건축위원회 심의거쳐 인가한다. (경관법 경관협정인가 간주)
　　　　㉡ 대상토지가 2이상 특별자치시 시군구에 걸치는 경우 과반이 속하는 인가권자 에게 신청할 수 있다. (결합건축 허가 시 준용) ↔ 시도지사 ×

③ **1인 협정체결** : 둘 이상의 토지를 소유한 자가 1인인 경우에도 건축협정은 체결할 수 있다.

④ **통합적용** ㉠ [건축법] 대지의 조경, 대지와 도로의 관계 지하층의 설치, 건폐율
　　　　　　 ㉡ [주차장법] 부설주차장설치,
　　　　　　 ㉢ [하수도법] 개인하수처리시설의 설치. ↔ 계단의 설치 ×

⑤ **완화적용** can : 대지의 조경, 건폐율, 용적률(건축위원회 + 도시계획위원회 통합심의 거쳐야 한다. 34회), 대지 안의 공지, 건축물 높이제한, 일조등의 확보를 위한 건축물 높이제한, 주택법(주택건설기준)

⑥ 승계 : 달리 정하지 않는한 건축협정이 공고된 후 협정체결자로부터 권리를 이전 설정 받은 자는 지위를 승계한다.

⑦ 건축협정 집중구역 등 지정할 수 있다.

(4) 결합건축 (폐지 전원동의 신고) 33회

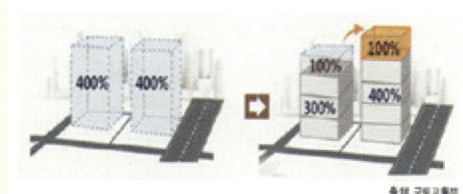

결합건축 개념도
출처 국토교통부

① 지정대상 (서로합의)

100m 이내 범위에 있는 2개 대지 건축주가 서로 합의한 경우 용적률을 개별대지 마다 적용하지 아니하고, 2개의 대지를 대상으로 통합적용 할 수 있다.[국가, 지자체, 공공기관이 소유·관리하는 건축물 등은 3개 이상 대지 결합건축할 수 있다.]

㉠ 상업지역
㉡ 역세권개발구역
㉢ 주거환경개선사업 정비구역
㉣ 건축협정구역, 특별건축구역 ↔ 특별가로구역 ×
㉤ 리모델링 활성화 구역
㉥ 도시재생활성화지역
㉦ 건축자산진흥구역

② 협정체결 최소유지기간 - 30년
③ 도서의 제출 : 결합건축협정서를 체결하는 자의 성명 주소 주민등록번호 [법인 등은 부동산 등기법상 부여된 등록번호] 30회
④ 도시·군 계획사업에 편입된 대지 결합건축 포함한 건축허가 아니할수 있다.

보칙

(1) 이행강제금 (반복 부과)

이행하면 새로운 부과는 즉시 중지하되, 이미 부과된 강제금 징수하여야 한다.

① 산정기준 29회

  i) ㎡당 시가표준액 50/100 ×위반면적
    ㉠ 허가 위반 → 100%
    ㉡ 용적률 초과 → 90%
    ㉢ 건폐율 초과 → 80%
    ㉣ 신고 위반 → 70%
  ii) 위 외 위반은 10/100

② 가중: 영리목적, 상습적 위반(지방자치단체 조례로 정하는 바에 따라 100분의 100% 내 가중하여야 한다.) → 동일인이 최근 3년 내 2회 이상 위반 등
③ 감경
  ㉠ 축사 등 시설 500㎡(수도권 외는 1천)이하 - (5분의1 감경)
  ㉡ 60㎡이하 주거용 등은 2분의 1 범위 내 조례가 정하는 금액
④ 부과횟수 - 1년에 2회 내
⑤ 국고금관리법 준용 - 부과징수 절차
⑥ 강제징수 - 지방 행정제재 부과금 징수 등에 관한 법률을 준용한다.
⑦ 문서계고 - 허가권자는 부과하기전 미리 문서로 계고하여야 한다.

* 건축위원회 : 1) 국·시·도, 시·군·구장은 두어야 한다.
            2) 조직운영 - 국교령, 지자체 조례(자치구 특광 조례)

(2) 건축민원전문위원회 30회

1) 의의 - 허가권자의 처분이 완료되기 전 건축법령의 운영 및 집행에 관한 민원 등을 심의하며, 시도에 설치하는 광역지방 건축민원전문위원회와 시군구장이 설치하는 기초지방건축민원전문위원회로 구분한다.
2) 의견청취 - 신청인, 허가권자의 업무담당자, 이해관계자, 참고인을 위원회에 출석하게하여 의견을 들을 수 있다.

(3) 건축분쟁전문위원회 32회

1) 의의 - 건축물의 건축 등과 관련된 다음의 분쟁의 조정 및 재정을 하기 위하여 국토교통부에 건축분쟁전문위원회를 둔다.(15명 이내)
→ 위원장 등 국장이 위촉, 임기 3년, 연임 할 수 있다.

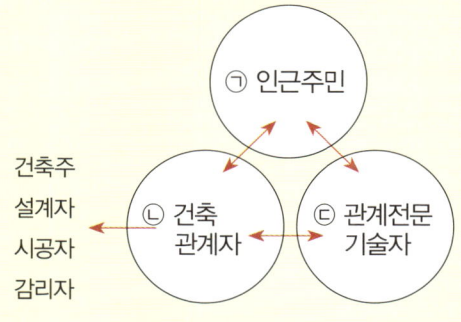

㉠ 인근주민
건축주 설계자 시공자 감리자 ↔ ㉡ 건축관계자 ↔ ㉢ 관계전문기술자

① ㉠㉡간의 분쟁
② ㉡㉢간의 분쟁
③ ㉢㉠간의 분쟁
④ ㉠간의 분쟁
⑤ ㉡간의 분쟁
⑥ ㉢간의 분쟁

[허가권자와의 분쟁 ×]

2) 조정신청을 받으면 60일 이내, 재정신청을 받으면 120일 이내 절차를 마쳐야 한다.
3) 위원회 구성 - 조정은 3명의 위원으로, 재정은 5명의 위원으로 구성한다.
4) 조정효력 - 조정안 수락(15일 이내 위원회에 통지)하고, 기명날인하면 조정서의 내용은 재판상 화해와 동일한 효력을 갖는다. 단, 당사자가 임의로 처분할 수 없는 사항은 제외한다.
5) 의결 방법 - ① 건축분쟁전문위원회 : 과반수 출석 + 과반수 찬성 의결
              ② 조정 및 재정위원회 : 전원출석 열고 + 과반수찬성 의결
6) 조정회부 - 분쟁위원회는 재정신청이된 사건을 조정에 회부하는 것이 적합하다고 인정하면 직권으로 조정 can

[필수지문 정리 빵구노트]

01 (　　)이란 건축물 각 층 또는 그 일부로서 벽 기둥 그 밖에 이와 비슷한 구획의 중심선으로 둘러싸인 부분의 수평투영면적으로 하며, 벽 기둥의 구획이 없는 건축물은 그 지붕 끝으로부터 수평거리 (　)를 후퇴한 선으로 둘러싸인 수명투영면적으로 한다.

02 다음 각 호의 요건을 모두 갖춘 건축물의 건폐율을 산정할 때에는 지방건축위원회의 심의를 통해 제2호에 따른 개방 부분의 상부에 해당하는 면적을 건축면적에서 제외할 수 있다.

1) 다음 각 목의 어느 하나에 해당하는 시설로서 해당 용도로 쓰는 바닥면적의 합계가 (　)제곱미터 이상일 것
   ① 문화 및 집회시설(공연장·관람장·전시장만 해당한다)
   ② 교육연구시설(학교·연구소·도서관만 해당한다)
   ③ 수련시설 중 생활권 수련시설, 업무시설 중 공공업무시설

2) 지면과 접하는 저층의 일부를 높이 (　) 이상으로 개방하여 보행통로나 공지 등으로 활용할 수 있는 구조·형태일 것

03 연면적은 하나의 건축물 각 층의 (　　)의 합계로 하되, (　　)의 면적, 지상의 주차용으로 쓰는 면적, 초고층건축물과 준초고층건축물 (　　)의 면적, 경사지붕 아래 대피공간의 면적은 (　) 산정 시 연면적에서 제외한다.

04 층의 구분이 명확하지 아니한 건축물은 그 건축물의 높이 (　)m마다 하나의 층으로 보고, 층수를 산정한다. 또한 건축물이 부분에 따라 그 층수가 다른 경우에는 그 중 가장 (　) 층수를 그 건축물의 층수로 본다.

05 허가권자는 가로구역별 건축물의 높이를 지정하려면 지방건축위원회의 (　)를 거쳐야 하고, 허가권자는 같은 가로구역에서 건축물의 용도 및 형태에 따라 건축물의 높이를 (　) 정할 수 있다.

06 전용주거지역이나 (　　　)에서 건축물을 건축하는 경우에는 일조 등의 확보를 위하여 높이 (　) 이하인 부분은 정북방향으로의 인접대지 경계선으로부터 (　) 이상을 띄어 건축하여야 한다.

07 국토교통부장관, 시·도지사는 조화롭고 창의적인 건축물 건축을 통하여 도시 경관의 창출 등을 도모하기 위하여 이 법 또는 관계 법령에 따라 일부 규정을 적용하지 아니하거나 완화 통합하여 적용할 수 있도록 (　　)을 지정할 수 있다. 다만, 「개발제한구역, (　), 접도구역, (　)」에 대하여는 지정할 수 없다.

08 국토교통부장관 및 허가권자는 도로에 인접한 건축물의 건축을 통한 조화로운 도시경관의 창출을 위하여 이 법 및 관계 법령에 따라 일부 규정을 적용하지 아니하거나 완화하여 적용할 수 있도록 경관지구, 지구단위계획구역 중 미관유지를 위하여 필요하다고 인정하는 구역 에서 문화지구 안의 도로 등에 접한 대지의 일정 구역을 (　　)으로 지정할 수 있다.

09 토지 또는 건축물 소유자, 지상권자 등은 (　　)의 합의로 지구단위계획구역, 정비구역 등에서 건축물의 건축 대수선 또는 리모델링에 관한 협정인 (　　)을 체결할 수 있다.

10 ( )이란 상업지역, 역세권개발구역, 주거환경개선사업 정비구역, 건축협정구역, ( ), 리모델링활성화 지역 등에서 용적률을 개별대지마다 적용하지 아니하고, 2개 이상의 대지를 대상으로 통합 적용하여 건축하는 것을 말한다.

11 연면적 ( )이하인 주거용 건축물 등의 이행강제금은 부과 금액의 ( ) 범위 안에서 조례가 정하는 금액을 부과하며, 허가권자는 ( )년에 ( )회 이내 시정명령이 이행될 때까지 이행강제금을 부과 징수할 수 있다.

12 건축물의 건축 등과 관련된 분쟁의 조정 및 재정을 위하여 ( )에 건축분쟁전문위원회를 둔다. 이 경우 당사자가 조정안을 수락하고 조정서에 기명날인하면 조정서의 내용은 ( )와 동일한 효력을 갖는다.

정답 및 해설

01	바닥면적, 1m
02	1) 1천 2) 8m
03	바닥면적/ 지하층/ 피난안전구역/ 용적률
04	4 / 많은
05	심의, 다르게
06	일반주거지역, 10m, 1.5m
07	특별건축구역, 자연공원, 보전산지
08	특별가로구역
09	전원, 건축협정
10	결합건축, 특별건축구역
11	60㎡, 2분의 1, 1, 2
12	국토교통부, 재판상 화해

[제36회 기출문제]

01 건축법령상 허가권자가 가로구역별로 건축물의 높이를 지정·공고할 때에 고려하여야 할 사항이 아닌 것은?

① 도시·군관리계획 등의 토지이용계획
② 해당 가로구역이 접하는 도로의 교통량
③ 해당 가로구역의 상·하수도 등 간선시설의 수용능력
④ 도시미관 및 경관계획
⑤ 해당 도시의 장래 발전계획

정답 및 해설

01 ② 해당 가로구역이 접하는 도로의 너비이다.

[기출지문 정리]

01 29회 승강기탑, 공동주택의 필로티 부분 및 지상층에 설치한 조경시설 면적은 바닥면적에 산입하지 아니한다. (O / ×)

01 O

02 24회 공동주택으로서 지상층에 설치한 전기실의 면적은 바닥면적에 산입하지 아니하며, 용적률을 산정할 때에는 해당 건축물의 부속용도로서 지상층의 주차용으로 쓰는 면적은 용적률 산정 시 연면적에 포함되지 아니한다. (O / ×)

02 O

03 24회 건축물의 부분에 따라 그 층수가 다른 경우에는 그 중 가장 많은 층수를 그 건축물의 층수로 보며, 층의 구분이 명확하지 아니한 건축물은 해당 건축물의 높이 4m마다 하나의 층으로 산정한다. (O / ×)

03 O

04 25회 중심 및 일반상업지역에 건축하는 공동주택으로서 하나의 대지에 두 동 이상을 건축하는 경우는 채광의 확보를 위한 높이제한이 적용된다. (O / ×)

04 × 중심 및 일반상업지역의 공동주택은 일조 등의 확보를 위한 높이제한을 받지 아니한다.

05 19회 전용주거지역과 일반주거지역 안에서 건축하는 건축물의 높이는 일조등의 확보를 위하여 높이가 9m를 초과하는 부분은 정북방향 인접대지 경계선으로부터 1.5m 이상을 띄어 건축하여야 한다. (O / ×)

05 × 높이가 9m 이하인 부분은 정북방향 인접대지 경계선으로부터 1.5m 이상을 띄어 건축하여야 한다.

06 27회 허가권자는 같은 가로구역에서 건축물의 용도 및 형태에 따라 건축물의 높이를 다르게 정할 수 있다. (O / ×)

06 O

07 19회 정비구역에는 특별건축구역을 지정할 수 없으며, 개발제한구역에는 특별건축구역을 지정할 수 있다. (O / ×)

07 × 정비구역에는 특별건축구역을 지정할 수 있으며, 개발제한구역에는 특별건축구역을 지정할 수 없다.

08 19회 특별건축구역에서는 문화예술진흥법에 따른 건축물에 대한 미술작품 관련 규정을 개별 건축물마다 적용하지 아니하고 특별건축구역 전부 또는 일부를 대상으로 통합하여 적용할 수 있다. (O / ×)

08 O

09 **29회** 산출된 이행강제금의 산정비율이 높은 순서대로 나열하면 "허가를 받지 아니하고 건축한 경우 → 용적률을 초과하여 건축한 경우 → 건폐율을 초과하여 건축한 경우 → 신고를 하지 아니하고 건축한 경우"이다. (O / ×)

10 **28회** 건축허가권자와 건축허가신청자 간의 분쟁은 건축분쟁전문위원회의 조정 및 재정의 대상이 된다. (O / ×)

11 **30회** 건축민원전문위원회가 위원회에 출석하게 하여 의견을 들을 수 있는 자는 신청인과 허가권자에 한한다. (O / ×)

12 **31회** 공동주택으로서 지상층에 설치한 생활폐기물 보관함의 면적은 바닥면적에 산입하고, 지하층에 설치한 기계실, 전기실의 면적은 용적률을 산정할 때 연면적에 산입한다. (O / ×)

13 **31회** 건축물의 층고는 방의 바닥구조체 윗면으로부터 위층 바닥구조체의 아랫면까지의 높이로 하며, 건축물이 부분에 따라 그 층수가 다른 경우에는 그 중 가장 많은 층수와 가장 적은 층수를 평균하여 반올림한 수를 그 건축물의 층수로 본다. (O / ×)

14 **31회** 해당 지역의 토지 또는 건축물의 소유자 전원이 합의하면 지상권자가 반대하는 경우에도 건축협정을 체결할 수 있다. (O / ×)

15 **31회** 건축협정을 폐지하려면 협정체결자 전원의 동의를 받아 건축협정인가권자의 인가를 받아야 한다. (O / ×)

16 **31회** 건축협정에서 달리 정하지 않는 한, 건축협정이 공고된 후에 건축협정구역에 있는 토지에 관한 권리를 협정체결자로부터 이전받은 자도 건축협정에 따라야 한다. (O / ×)

09 O

10 × 건축허가권자와의 분쟁은 건축분쟁전문위원회의 조정 및 재정의 대상이 아니다.

11 × 건축민원전문위원회가 위원회에 출석하게 하여 의견을 들을 수 있는 자는 신청인, 허가권자의 업무담당자, 이해관계인, 참고인을 위원회에 출석하게 하여 의견을 들을 수 있다. 즉, 신청인과 허가권자에 한하는 것이 아니다.

12 × 둘 다 산입하지 아니한다.

13 × 건축물의 층고는 방의 바닥구조체 윗면으로부터 위층 바닥구조체의 윗면까지의 높이로 하며, 건축물이 부분에 따라 그 층수가 다른 경우에는 그 중 가장 많은 층수를 그 건축물의 층수로 본다.

14 × 토지 또는 건축물 소유자, 지상권자 전원의 합의를 얻어야 한다.

15 × 건축협정을 폐지하려면 협정체결자 과반수의 동의를 받아 건축협정인가권자의 인가를 받아야 한다.

16 O

17	**33회** 공동주택으로서 지상층에 설치한 조경 시설의 면적은 바닥면적에 산입하고, 지하 주차장의 경사로의 면적은 건축면적에 산입한다. (O / ×)	17 × 모두 바닥면적 및 건축면적에 산입하지 않는 경우이다.
18	**33회** 특별건축구역에서 「건축법」 제42조 대지의 조경에 관한 사항, 「건축법」 제44조 대지와 도로의 관계에 관한 사항, 「건축법」 제57조 대지의 분할제한에 관한 사항, 「건축법」 제58조 대지 안의 공지에 관한 사항은 국가가 건축하는 건축물에 적용하지 아니할 수 있는 사항이다. (O / ×)	18 × 「건축법」 제44조 대지와 도로의 관계에 관한 사항, 「건축법」 제57조 대지의 분할제한에 관한 사항은 적용하지 아니할 수 있는 사항이 아니다.
19	**33회** 「국토의 계획 및 이용에 관한 법률」에 따라 지정된 상업지역, 「역세권 개발 및 이용에 관한 법률」에 따라 지정된 역세권개발구역, 건축협정구역, 특별가로구역, 리모델링활성화구역은 결합건축을 할 수 있는 지역 및 구역에 해당한다. (O / ×)	19 × 특별가로구역이 아니라 특별건축구역이다.
20	**34회** 용적률을 완화하여 적용하는 경우에는 건축협정구역에서 건축하는 건축물에 대하여 완화하여 적용할 수 있는 건축기준 중 건축위원회의 심의와 「국토의 계획 및 이용에 관한 법률」에 따른 지방도시계획위원회의 심의를 통합하여 거쳐야 한다. (O / ×)	20 O
21	**34회** 지상 11층 지하 3층인 하나의 건축물이 "O 대지면적은 1,500㎡임 O 각 층의 바닥면적은 1,000㎡로 동일함 O 지상 1층 중 500㎡는 건축물의 부속용도인 주차장으로, 나머지 500㎡는 제2종 근린생활시설로 사용함 O 지상 2층에서 11층까지는 업무시설로 사용함 O 지하 1층은 제1종 근린생활시설로, 지하 2층과 지하 3층은 주차장으로 사용함"인 경우 건축물의 용적률은 ( )%이다.	21 700 [= 10500 / 1500) × 100]

제6편 주택법 (7문제)

이상곤 교수의 신바람 부동산공법 그림책

공공택지
공공사업에 의해 개발 조성되는 공동주택 건설용지를 말한다.
① 택지개발사업
② 도시개발사업 (수용방식만) → 공공 or 공공 50% 초과
③ 산업단지 개발사업
④ 공공주택지구 조성사업 등

- 거주의무 (5년내)
- 분양가 제한
- 전매 제한

주택단지 (다음은 별개단지) [30회][32회]
- 20m 이상 일반도로
- 8m 이상 도시계획예정도로
- 고속도로, 자동차전용도로, 철도

30호·세대 이상

- 주택 (단지 안 "가통지" 포함)
- 간선시설 (연결) 안/밖
- [기간시설]: 도로, 상하수도, 전기, 가스, 통신, 지역난방
- 부대시설
- 단지 내 도로
- 복리시설
- 1공구
- 2공구 [30회]

300세대 이상

① 주택단지에서 둘 이상으로 구분되는 일단 구역으로 착공신고, 사용검사 별도 수행 가능
② 600세대 이상 분할 시행 가능
③ 6m 이상 공구간 경계 설정

건설

사업주체	주택자금	사업시행
1) **등록사업자** (국장 등록): 연간 20호세대 / 대지1만㎡ 이상 ↔ 30세대 이상: 도시형 등	1) 주택상환사채: 토지주택공사 등록사업자	1) 사업계획작성(30호·세대 이상)
2) **비등록사업자** ① 공공 - 국가, 지단, 토주공, 지공, 공익법인 등 ② 민간 - 주택조합 고용자 (공동사업주체)	2) 입주자 저축 등	2) 사업계획승인 ① 대지면적 10만㎡ ㉠ 이상: 시도, 대도시시장 ㉡ 미만: 특광, 특시, 특도, 시군 ② 국장 - 330만㎡ 이상 등 3) 사용검사 - 시군구 국장

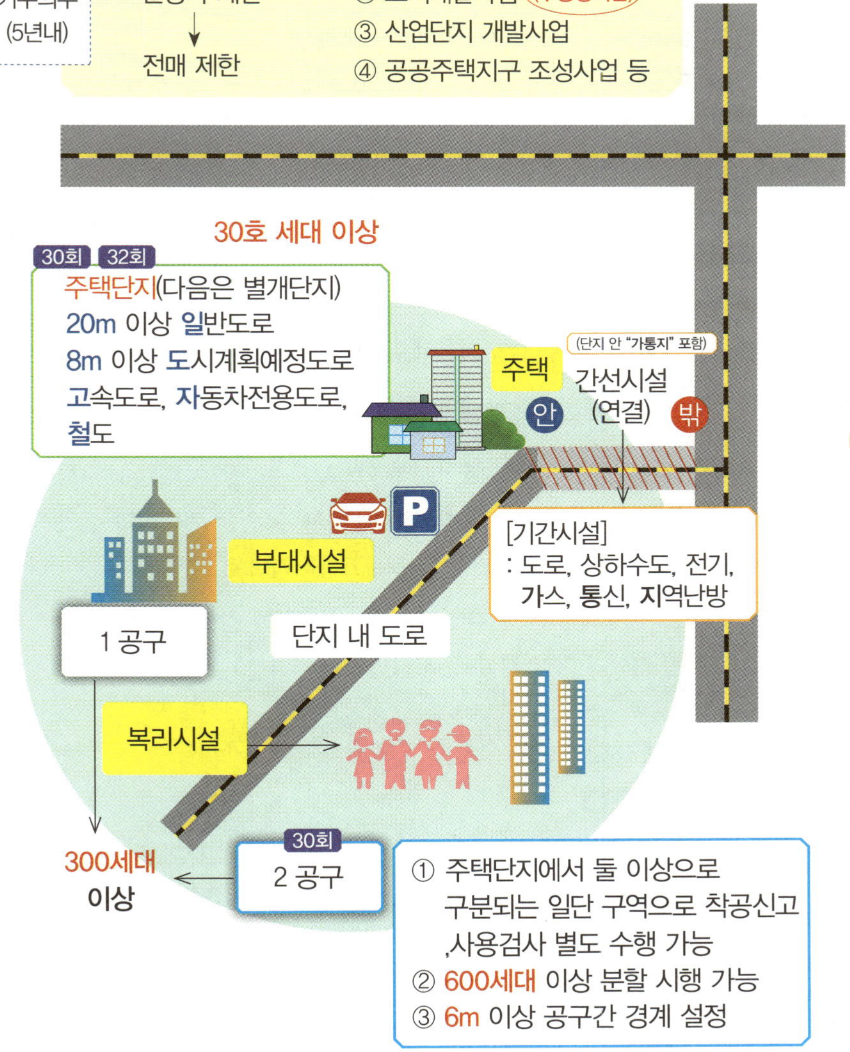

공급

공급규칙
1) 입주자 모집승인
 : 시군구장 승인 (복리시설은 신고)
 ↔ 국가, 지단, 토주공, 지공 (공공)×

질서유지특례
1) 공급질서 교란금지 (지위 증서 양도 등 제한)
2) 전매제한
 ① 분양가격 제한(공공택지, 외)
 ② 투기과열지구(국장, 시도) 등
 ③ 조정대상지역(국장)
3) 저당권 등 설정제한

관리

리모델링: 대수선, 증축

리모델링 기본계획: 10년 단위 수립 / 5년마다 타당성 검토

제1장 용어 정의

공공택지 등

(1) 공공택지: 공공사업에 의해 개발 조성되는 공동주택 건설용지를 말한다.
① 택지개발사업 ② 도시개발사업 (공공시행자 수용방식만)
③ 산업단지 개발사업 ④ 공공주택지구 조성사업 등

(2) 주택단지: 사업계획의 승인을 받아 주택과 그 부대시설 및 복리시설을 건설하거나 대지를 조성하는 데 사용되는 일단(一團)의 토지를 말한다. 다만, 다음 각 목의 시설로 분리된 토지는 각각 별개의 주택단지로 본다.
① 20m 이상 일반도로 ② 8m 이상 도시·군 계획예정도로
③ 고속도로, 자동차 전용도로, 철도 ④ 도로법의 일반국도 등

(3) 공구: 주택단지에서 둘 이상으로 구분되는 구역으로 착공신고 및 사용검사를 별도로 수행할 수 있다.
① 공구별 세대수는 300세대 이상으로 한다.
② 600세대 이상의 경우 분할 시행할 수 있다.
③ 6m이상 공구간 경계를 설정하여야 한다.

(4) 시설 등 34회 35회
① 부대시설: 주차장, 관리사무소, 담장, 주택단지의 안의 도로, 건축설비 방범설비 등 (자전거 보관소, 공중화장실, 정화조, 소방시설, 조경시설 등)
② 복리시설: 어린이놀이터, 근린생활시설, 유치원, 주민운동시설 및 경로당, 주민 공동시설 등 (노유자시설 등)
③ 기간시설: 도로, 상하수도, 전기, 가스, 통신시설 및 지역난방시설 등
④ 간선시설: 주택단지 안의 기간시설을 밖에 있는 같은 종류의 기간시설에 연결시키는 시설 → 도로, 상하수도, 전기, 가스,통신시설 및 지역난방시설 (가스, 통신, 지역난방은 단지 안의 기간시설을 포함한다.)

주택 등

(1) 주택: 세대의 구성원이 장기간 독립된 주거생활을 할 수 있는 구조로 된 건축물의 전부 또는 일부 및 부속토지를 말하며, 다음으로 구분한다.
1) 구조 분류 ① 단독주택(단독, 다중, 다가구주택) ↔ 공관 ×
   34회 ② 공동주택(아파트, 연립, 다세대주택)으로 구분한다. ↔ 기숙사 ×
2) 자금분류
① 국민주택 – 다음 각 목의 주택으로 국민주택규모 이하의 주택을 말한다.
   ㉠ 국가, 지방자치단체, 토지주택공사, 지방공사가 건설하는 주택
   ㉡ 국가, 지방자치단체의 재정 또는 주택도시기금의 지원받아 건설 개량하는 주택

*국민주택규모 – 주거전용면적 85㎡ 이하
[수도권이 아니고 도시지역이 아닌 읍면 지역은 100㎡ 이하]

② 민영주택 – 국민주택을 제외한 주택을 말한다.

(2) 장수명 주택: "장수명 주택"이란 구조적으로 오랫동안 유지·관리될 수 있는 내구성을 갖추고, 입주자의 필요에 따라 내부 구조를 쉽게 변경할 수 있는 가변성과 수리용이성 등이 우수한 주택을 말한다. [인증기준 등 국토교통부령으로 정한다.]

(3) 도시형 생활주택: 300세대 미만 + 국민주택규모 + 도시지역에 건설하는 주택
→ 분양가 제한 ×, 연간 30세대 이상 건설 → 국장에게 등록
1) 구분: ① 단지형 연립주택 ┐ 건축위원회 심의 – 5개층까지 건축can
② 단지형 다세대 주택 ┘
③ 아파트형 주택 33회

독립주거 [보일러실 / 욕실 / 부엌 / 현관]
㉠ 세대별로 독립된 주거 가능하도록 욕실 부엌 설치할것
㉡ 지하층에 설치하지 않을 것
* 방의 갯수, 전용면적 추가제한은 없다.

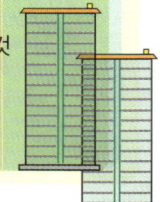

2) 도시형생활주택 건축제한 35회
① 하나의 건축물에는 도시형 생활주택과 그 밖의 주택을 함께 건축할 수 없다.
단, ㉠ 도시형 생활주택 + 85㎡ 초과주택 1세대는 함께 건축할 수 있다.
㉡ 준주거 상업지역 : 아파트형 주택 + 도시형 외 주택은 함께 건축할 수 있다.
② 하나의 건축물에는 아파트형 주택 + 단지형 연립 단지형 다세대주택은 함께 건축할 수 없다.

(4) 세대구분형 공동주택(구분 소유할 수 없다.) 34회

세대 구분된 부분
(원룸형)

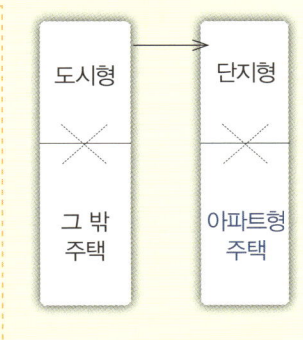
하나의 건축물
도시형 × 그 밖 주택
단지형 × 아파트형 주택

사업계획승인(new)	공동주택관리법(old) : 허가, 신고
① 세대별 별도 욕실·부엌·현관 설치	① 기존 세대 포함 2세대 이하
② 연결문 등 경계벽 설치	② 세대별 별도 욕실·부엌·출입문 설치
③ 전체 세대수 3분의 1 초과 ×	③ 주택단지 전체 세대수 10분의 1 초과 ×
④ 전체 면적 합계 3분의 1 초과 ×	해당 동 전체 세대수 3분의 1 초과 ×
↔ 세대 구분된 공간 면적규제 없다.	④ 구조 화재, 소방, 피난 안전기준을 충족할 것.

(5) 준주택 : 오·다·노·기 34회
주택 외의 건축물과 그 부속토지로서 주거시설로 이용가능한 시설을 말한다.
① 오피스텔 ② 다중생활시설 (제2종 근린생활시설, 숙박시설)
③ 노인복지주택 ④ 기숙사

리모델링 – 공동주택의 노후화 억제 기능향상 31회 33회 34회

1) 대수선 : 10년 지난 공동주택 *리모델링 허가권자 → 시장·군수·구청장
리모델링 지원센터 설치운영

2) 증축 : 15년 지난 공동주택 (조례 제외) [안전진단 신청 → 시군구장]
* 재건축(소규모 사업포함) 필요하면 증축형 리모델링 허가할 수 없다.
* 대지사용권 및 공용부분은 변하지 않는 것으로 본다.
① 면적 : ㉠ 30% 내(85㎡ 미만 40% 내) ㉡ 공용부분 별도
② 수직 증축형 리모델링 35회
  ㉠ 15층 이상 – 3개 층까지   ㉡ 14층 이하 – 2개 층까지
③ 세대수 증가형 리모델링 (대지사용권은 권리변동 계획에 따른다.)
  ㉠ 증축가능 면적 범위 내 기존 세대수의 15% 이내
  ㉡ 30세대 이상 증가 → 사업계획승인
    50세대 이상 증가 → 도시계획위원회 심의
  ㉢ 리모델링 기본계획 [특광, 대도시 시장이 수립]
    ⓐ 10년 단위 수립 / 5년마다 검토 / 14일 이상 주민공람
    ⓑ 대도시 아닌 시장은 도지사 필요 인정시 수립해야 한다.
    ⓒ 대도시 시장(대도시 아닌 시 포함)은 도지사 승인
  ㉣ 권리변동 계획 수립하여 사업계획 승인 또는 행위허가 받아야 한다.
    → 조합원 비용분담, 사업비, 조합원 외의 자에 대한 분양계획등 포함

[필수지문 정리 빵구노트]

01 (   )란 도시개발법에 따른 도시개발사업(공공시행자가 수용 사용방식으로 시행하는 사업과 혼용 중 수용 사용방식만 해당), 택지개발사업, 산업단지개발사업 등 공공사업에 의하여 개발 조성되는 공동주택이 건설되는 용지를 말한다.

02 (   )란 주택건설사업 또는 대지조성사업계획의 승인을 받아 주택과 그 부대시설 및 복리시설을 건설하거나 대지를 조성하는데 사용되는 일단의 토지를 말한다. 다만, 폭 (   )m 이상인 일반도로, 폭 (   )m 이상인 도시계획예정도로, 고속도로, 자동차 전용도로, 철도로 분리된 토지는 각각 별개의 주택단지로 본다.

03 (   )란 하나의 주택단지에서 둘 이상으로 구분되는 일단의 구역으로 착공신고 및 사용검사를 별도로 수행할 수 있는 구역을 말하며, 공구별 세대수는 (   )세대 이상으로 한다. 또한, 전체 세대수가 (   )세대 이상인 경우에는 공구별로 분할시행 할 수 있다.

04 주택법령상 주택으로서 단독주택의 종류는 단독주택, 다중주택, (   )이며, 공동주택의 종류는 (   ), 연립주택, (   )이다.

05 (   )이란 ① 국가, 지방자치단체, 한국토지주택공사 또는 지방공사가 건설하는 주택, ② 국가 지방자치단체의 재정 또는 주택도시기금으로부터 자금을 지원받아 건설되거나 개량되는 주택으로서 ③ 국민주택규모 이하의 주택을 말한다. [국민주택규모는 주거전용면적 (   ) 이하, 수도권 제외 도시지역 아닌 읍 면 지역은 (   ) 이하]

06 주차장·관리사무소·담장 및 주택단지 안의 도로는 (   )이고, 어린이놀이터·근린생활시설·유치원·주민운동시설 및 경로당은 (   )이다.

07 (   )이란 도로·상하수도·전기시설·가스시설·통신시설·지역난방시설 등을 말하며, (   )이란 주택단지 안의 기간시설을 그 주택단지 밖에 있는 같은 종류의 기간시설에 연결시키는 시설을 말한다.

08 도시형생활주택이란 (   )세대 미만의 (   )규모에 해당하는 주택으로서 도시지역에 건설하는 주택을 말하며, 도시형생활주택은 "(   ), (   ), (   )"으로 구분한다.

09 (   )이란 공동주택의 주택 내부 공간의 일부를 세대별로 구분하여 생활이 가능한 구조로 하되, 그 구분된 공간의 일부를 구분 소유할 수 없는 주택으로서 대통령령으로 정하는 건설기준, 설치기준, 면적기준 등에 적합한 주택을 말한다. 사업계획의 승인을 받아 건설하는 공동주택의 경우에는 다음 각 목의 요건을 모두 충족하여야 한다.

가. 세대별로 구분된 각각의 공간마다 별도의 (   ), (   )과 현관을 설치할 것

나. 하나의 세대가 (   )하여 사용할 수 있도록 세대 간에 연결문 또는 경량구조의 경계벽 등을 설치할 것

다. 세대구분형 공동주택의 세대수가 해당 주택단지 안의 공동주택 전체 세대수의 (   )을 넘지 않을 것

라. 세대별로 구분된 각각의 공간의 주거전용면적 합계가 해당 주택단지 전체 주거전용면적 합계의 (   )을 넘지 않는 등 국토교통부장관이 정하여 고시하는 주거전용면적의 비율에 관한 기준을 충족할 것

10 (   )이란 주택 외의 건축물과 그 부속 토지로서 주거시설로 이용 가능한 시설을 말하며, 오피스텔, (   ), 노인복지주택, (   )를 말한다.

11 리모델링이란 노후화 억제 또는 기능향상 등을 위한 대수선 내지는 증축[주거전용면적 (　　)이내, 85㎡ 미만의 경우에는 (　　)이내]하는 행위를 말하며, 수직으로 증축하는 경우 그 행위의 대상이 되는 기존 건축물의 층수가 15층 이상인 때에는 (　　)층 범위에서 증축할 수 있다.

12 세대수 증가형 리모델링은 각 세대의 증축가능 면적을 합산한 면적의 범위에서 기존 세대수의 (　　) 이내에서 할 수 있다.

13 세대수가 증가되는 리모델링을 하는 경우에는 기존 주택의 권리변동, 비용분담 등 대통령령으로 정하는 사항에 대한 계획(　　　)을 수립하여 사업계획승인 또는 행위허가를 받아야 한다.

14 (　　　) 리모델링을 하려는 자는 시장·군수·구청장에게 안전진단을 요청하여야 하며, 안전진단을 요청받은 시장·군수·구청장은 해당 건축물의 증축 가능 여부의 확인 등을 위하여 안전진단을 실시하여야 한다.

15 (　　　)의 소유자가 리모델링에 의하여 전유부분의 면적이 늘거나 줄어드는 경우에는 「집합건물의 소유 및 관리에 관한 법률」에도 불구하고 대지사용권은 변하지 아니하는 것으로 본다. 다만, 세대수 증가를 수반하는 리모델링의 경우에는 (　　)에 따른다.

정답 및 해설

01	공공택지
02	주택단지/ 20/ 8
03	공구/ 300/ 600
04	다가구 주택/ 아파트/ 다세대 주택
05	국민주택, 85㎡, 100㎡
06	부대시설/ 복리시설
07	기간시설, 간선시설
08	300/ 국민주택/ 단지형 연립주택, 단지형 다세대주택, 아파트형주택
09	세대 구분형 공동주택/ 가. 욕실·부엌/ 나. 통합/ 다. 3분의 1/라. 3분의 1
10	준주택/ 다중생활시설/ 기숙사
11	30%, 40%, 3개
12	15%
13	권리변동계획
14	증축형
15	공동주택, 권리변동계획

[기출지문 정리]

01 [28회] 산업입지 및 개발에 관한 법률에 따른 산업단지 개발사업에 의하여 개발·조성되는 공동주택이 건설되는 용지는 공공택지에 해당한다. (O / ×)

02 [30회] 주택단지에 해당하는 토지가 폭 8m 이상인 도시계획예정도로로 분리된 경우, 그 분리된 토지를 각각 별개의 주택단지로 본다. (O / ×)

03 [28회] 폭 15m의 일반도로로 분리된 토지는 각각 별개의 주택단지로 보며, 주택에 딸린 주차장은 복리시설에 속한다. (O / ×)

04 [28회] 공구란 하나의 주택단지에서 둘 이상으로 구분되는 일단의 구역으로서 공구별 세대수는 200세대 이상으로 하여야 한다. (O / ×)

05 [30회] 주택이란 세대의 구성원이 장기간 독립된 주거생활을 할 수 있는 구조로 된 건축물의 전부 또는 일부를 말하며, 그 부속토지는 제외한다. (O / ×)

06 [29회] 공관, 오피스텔, 다중생활시설, 노인복지주택, 기숙사는 주택법상 주택에 해당하지 아니한다. (O / ×)

07 [30회] 주택단지에 딸린 어린이놀이터, 근린생활시설, 유치원, 주민운동시설, 지역난방공급시설 등은 부대시설에 포함된다. (O / ×)

08 [30회] 주택법령상 단독주택에는 건축법 시행령에 따른 다가구 주택이 포함되지 않으며, 공동주택에는 건축법 시행령에 따른 아파트, 연립주택, 기숙사 등이 포함된다. (O / ×)

09 [22회] 수도권에 소재한 읍 또는 면 지역의 경우 국민주택규모의 주택이란 1호 또는 1세대당 주거전용면적이 100㎡ 이하인 주택을 말한다. (O / ×)

10 [29회] 한국토지주택공사가 수도권에 건설한 주거전용면적이 1세대당 80㎡인 아파트는 국민주택이다. (O / ×)

---

01 O

02 O

03 × 폭 20m 이상의 일반도로로 분리된 토지는 각각 별개의 주택단지로 보며, 주택에 딸린 주차장은 부대시설에 속한다.

04 × 공고별 세대수는 300세대 이상으로 하여야 한다.

05 × 부속토지를 포함한다.

06 O

07 × 어린이놀이터, 근린생활시설, 유치원, 주민운동시설은 복리시설이다. 또한 지역난방공급시설은 기간시설이고 단지 안 밖의 기간시설을 연결하는 기간시설은 간선시설이다.

08 × 다가구 주택은 단독주택에 포함되고, 기숙사는 공동주택이 아니라 준주택에 해당한다.

09 × 수도권에 소재하므로 국민주택규모의 주택이란 1호 1세대당 85㎡ 이하인 주택을 말한다.

10 O

11	[23회] 준주거지역에서 도시형 생활주택인 아파트형 주택과 도시형 생활주택이 아닌 주택은 하나의 건축물에 함께 건축할 수 없다. (O / ×)	11 × 하나의 건축물에 함께 건축할 수 있다.
12	[28회] 세대 구분형 공동주택이란 공동주택의 주택내부 공간의 일부를 세대별로 구분하여 생활이 가능한 구조로 하되, 그 구분된 공간의 일부를 구분소유할 수 있는 주택이다. (O / ×)	12 × 구분소유할 수 없는 주택이다.
13	[25회] 기존 14층 건축물에 수직 증축형 리모델링이 허용되는 경우 2개층까지 증축할 수 있다. (O / ×)	13 O
14	[31회] 공동주택의 리모델링의 경우 사업비에 관한 사항은 세대수가 증가되는 리모델링을 하는 경우 수립하여야 하는 권리변동계획에 포함되지 않는다. (O / ×)	14 × 포함된다.
15	[31회] 주택법령의 규정상 「건축법 시행령」에 따른 다중생활시설은 "준주택"에 해당하며, 주택도시기금으로부터 자금을 지원받아 건설되는 1세대당 주거전용면적 84㎡인 주택은 "국민주택"에 해당한다. (O / ×)	15 O
16	[31회] "간선시설"이란 도로·상하수도·전기시설·가스시설·통신시설·지역난방시설 등을 말하며, 방범설비는 "복리시설"에 해당한다. 또한 주민공동시설은 "부대시설"에 해당한다. (O / ×)	16 × "기간시설"이란 도로·상하수도·전기시설·가스시설·통신시설·지역난방시설 등을 말하며, 방범설비는 "부대시설"에 해당하고, 주민공동시설은 "복리시설"에 해당한다.
17	[33회] 도시형생활주택 중 아파트형 주택은 세대별 주거전용면적은 60㎡ 이하일 것, 세대별로 독립된 주거가 가능하도록 욕실 및 부엌을 설치할 것 (O / ×)	17 × 아파트형 주택은 국민주택규모이면 되며, 60㎡ 이하일 것은 요구되지 아니한다.
18	[33회] 대수선은 리모델링에 포함되지 않으며, 공동주택의 리모델링은 동별로 할 수 없다. 또한 주택단지 전체를 리모델링하고자 주택조합을 설립하기 위해서는 주택단지 전체의 구분소유자와 의결권의 각 과반수의 결의가 필요하다. (O / ×)	18 × 대수선은 리모델링에 포함되고, 공동주택의 리모델링은 동별로 할 수 있다. 또한 전체 구분소유자와 의결권의 3분의 2 이상 및 각동 구분소유자와 의결권의 과반수 결의가 필요하다.
19	[33회] 공동주택 리모델링의 허가는 시·도지사가 하며, 리모델링주택조합 설립에 동의한 자로부터 건축물을 취득하였더라도 리모델링주택조합 설립에 동의한 것으로 보지 않는다. (O / ×)	19 × 리모델링 허가는 시장·군수·구청장이 하며, 동의한 것으로 본다.

20	[34회] 「공동주택관리법」에 따른 행위의 허가를 받거나 신고를 하고 설치하는 세대구분형 공동주택은 하나의 세대가 통합하여 사용할 수 있도록 세대 간에 연결문 또는 경량 구조의 경계벽 등을 설치하여야 한다. (O / ×)	20　× 사업계획승인을 받아 건설하는 세대구분형 공동주택의 요건이다.
21	[34회] 주택에 딸린 자전거보관소는 복리시설에 해당하며, 도로·상하수도·전기시설·가스시설·통신시설·지역난방시설은 기간시설(基幹施設)에 해당한다. (O / ×)	21　× 자전거보관소는 부대시설이다.
22	[34회] 세대수 증가형 리모델링으로 인한 도시과밀, 이주수요집중 등을 체계적으로 관리하기 위하여 수립하는 계획을 리모델링 기본계획이라 한다. (O / ×)	22　○
23	[34회] 리모델링에 동의한 소유자는 리모델링 결의를 한 리모델링주택조합이나 소유자 전원의 동의를 받은 입주자대표회의가 시장·군수·구청장에게 리모델링 허가신청서를 제출하기 전까지 서면으로 동의를 철회할 수 있다. (O / ×)	23　○
24	[34회] 대수선인 리모델링을 하려는 자는 시장·군수·구청장에게 안전진단을 요청하여야 한다. (O / ×)	24　× 증축형 리모델링을 하려는 자는 시장·군수·구청장에게 안전진단을 요청하여야 한다(법 제68조).
25	[35회] 전기시설, 통신시설, 상하수도, 어린이놀이터, 지역난방시설은 기간시설에 해당한다. (O / ×)	25　× 어린이놀이터는 복리시설이다.
26	[35회] 수직증축형 리모델링의 허용요건: 기존 건축물의 층수가 15층 이상인 경우에는 3개층, 기존 건축물의 층수가 14층 이하인 경우에는 2개층을 수직 증축할 수 있다. (O / ×)	26　○
27	[35회] 하나의 건축물에는 단지형 연립주택 또는 단지형 다세대 주택과 아파트형 주택을 함께 건축할 수 없다. (O / ×)	27　○

[제36회 기출문제]

01 주택법령상 리모델링주택조합이 공동주택의 리모델링허가를 받기 위한 동의비율에 관한 내용이다. ( )에 들어갈 숫자로 옳은 것은?

> 주택단지 전체를 리모델링하는 경우에는 주택단지 전체 구분소유자 및 의결권의 각 (ㄱ)퍼센트 이상의 동의와 각 동별 구분소유자 및 의결권의 각 (ㄴ)퍼센트 이상의 동의를 받아야 하며, 동을 리모델링하는 경우에는 그 동의 구분소유자 및 의결권의 각 (ㄷ)퍼센트 이상의 동의를 받아야 한다.

① ㄱ: 50,   ㄴ: 50,   ㄷ: 75
② ㄱ: 50,   ㄴ: 75,   ㄷ: 50
③ ㄱ: 75,   ㄴ: 50,   ㄷ: 50
④ ㄱ: 75,   ㄴ: 50,   ㄷ: 75
⑤ ㄱ: 75,   ㄴ: 75,   ㄷ: 50

02 주택법령상 모집주체가 지역주택조합의 조합원을 모집하기 위하여 광고를 하는 경우 포함되어야 하는 내용을 모두 고른 것은?

> ㄱ. "지역주택조합의 조합원 모집을 위한 광고"라는 문구
> ㄴ. 주택조합의 설립 인가일
> ㄷ. 조합임원의 대표권을 제한하는 경우에는 그 내용
> ㄹ. 주택건설대지의 사용권원 및 소유권을 확보한 비율

① ㄱ, ㄴ
② ㄱ, ㄹ
③ ㄱ, ㄴ, ㄷ
④ ㄴ, ㄷ, ㄹ
⑤ ㄱ, ㄴ, ㄷ, ㄹ

정답 및 해설

01 ④ ㄱ: 75,   ㄴ: 50,   ㄷ: 75

02 ② ㄱ, ㄹ이 옳다. ㄴ ㄷ은 규정 없다.

제2장 주택의 건설

제1절 사업주체 34회 36회

→ 등록자본금: 법인 3억(개인 6억)/ 등록사항 변경: 30일 내 국장에게 신고하여야 한다.

(1) 등록사업자 – 다음의 사업을 시행하려는 자는 국토교통부장관에게 등록하여야 한다.
　　　　　　　　　　　　　　　　　　　　→ 시·도지사에게 위임할 수 없다. 33회
1) 주택 ① 연간 단독주택 20호,
　　　　② 연간 공동주택 20세대 이상 (도시형생활주택 등은 30세대 이상)
2) 대지 – 연간 1만㎡ 이상 대지조성사업
* 부정등록 및 대여의 경우는 등록을 말소하여야 한다. (말소 전 사업계획 승인받은 사업은 할 수 있다.)
　　　　　　　　　　　　→ 후 2년 지나지 아니한 자는 등록할 수 없다. 36회

(2) 비등록사업자 31회
1) 공공
　① 국가 지방자치단체 / 한국토지주택공사 / 지방공사
　② 공익법인
2) 민간
　① 주택조합(등록사업자등과 공동으로 주택건설사업을 하는 주택조합만 해당한다.)
　② 고용자(등록사업자와 공동으로 주택건설사업을 하는 고용자만 해당한다.)

(3) 공동사업주체 – 등록사업자는 자신의 귀책사유로 사업추진 불가능 지연으로 인한 손해배상책임 있다.

① 토지소유자 + 등록사업자(can)
② 주택조합 + 등록사업자 등(can)
③ 고용자 + + 등록사업자(must)

→ 36회
㉠ 세대수를 증가하지 않는 리모델링 조합제외
㉡ 주택조합은 지방자치단체, 토지주택공사, 지방공사와 공동사업주체 할 수 있다.

제2절 주택조합

→ 발기인은 조합원 모집 신고하는 날 조합가입 간주

광고 – 조합설립인가일 x, 임원 대표권 제한 x

구분	의의	조합원 모집신고 34회 36회	가입철회 등
지역조합 (시군구장 인가) *변경해산 또한 같다	지역에 거주하는 주민이 주택을 마련하기 위하여 설립한 조합을 말한다. :서울특별시, 인천광역시 및 경기도 / 대전광역시, 충청남도 및 세종특별자치시 / 등	① **시군구장에게 신고** 설립인가를 받거나 내용을 변경하기 위하여 조합원을 모집하려는 자는 주택건설대지의 **50% 이상 토지사용권**원을 확보하여 시군구장에 신고하고 공개모집의 방법으로 모집해야 한다.	(1) 예치기관에 예치 모집 주체는 조합가입 신청자가 납부하여야 하는 가입비 등은 예치기관에 예치해야 한다. (2) 철회 가입비 등은 예치한 날부터 30일 이내 청약 철회 할 수 있다.
직장조합 (시군구장 인가)	같은 직장의 근로자가 주택을 마련하기 위하여 설립한 조합 ↔ 국민주택 공급받을 목적은 신고 한다.	② 예외 29회 조합원의 사망, 자격상실, 탈퇴 등으로 인한 결원을 충원하거나 미달된 조합원을 재모집하는 경우는 신고하지 않고 **선착순의 방법**으로 조합원을 모집할 수 있다.	(3) 철회 효력발생 서면 발송한 때부터 효력은 발생하며, 위약금 등 손해배상 청구할 수 없다.
리모델링 조합 (시군구장 인가)	공동주택의 소유자가 당해 주택을 리모델링하기 위하여 설립한 조합 (정비조합 법인격 준용)	* 시공자 선정은 경쟁입찰	(4) 절차 모집주체는 7일 이내 예치기관의 장에게 가입비 반환 요청 + 10일 이내 반환하여야 한다.

구분	탈퇴 등	구성	동의요건 등			자격기준	신규가입 교체 금지 (조합설립인가 후)
							* 위반시 - 공급질서 교란행위
지역조합	(1) 탈퇴 ① 조합원은 조합규약으로 정하는 바에 따라 조합에 탈퇴 의사를 알리고 탈퇴할 수 있다. ② 탈퇴한 조합원은 조합규약으로 정하는 바에 따라 부담한 비용의 환급[제명조합원 포함]을 청구할 수 있다. (2) 인가 취소 can ① 거짓이나 그 밖의 부정한 방법으로 설립인가를 받은 경우 ② 명령이나 처분을 위반한 경우	설립인가일 부터 사용검사시까지 주택건설 예정 세대수(임대주택 제외)의 **50% 이상**으로 **20명** 이상으로 구성한다. * 조합은 건설하는 주택을 조합원에게 우선 공급할 수 있다.	*설립: 주택건설 대지의 **80% 이상** 토지사용 권원 확보 + **15%** 이상 소유권확보 *해산: 동의 정산서 제출 30회 입주자 대표회의 등은 **전원동의**			① 조합설립인가신청일부터 입주 가능일까지 **주택을 소유하지 아니**하거나, **85㎡ 이하 주택 1채** 한하여 소유한 세대주(세대주 포함 세대원 중 1명에 한정) ② 질병 등 사유 세대주 자격 **일시상실** 시 시군구장이 인정 시에는 자격 있다. ③ 본인 등과 같은 세대별 주민등록표 상 등재되지 않은 배우자가 같은 또는 다른 조합원 아닐 것	**6월 이상 거주** 신고하는 **직장 조합**은 **무주택 세대주**에 한한다.	다음은 예외적 가능 31회 ① 조합원수가 건설예정세대수를 초과 않는 범위 내 시군구장 추가모집승인 얻은 때 ② **결원 범위 내 충원가능** ㉠ 조합원 사망(자격요건 없다.) ㉡ 사업계획승인 이후 양도 증여 판결 (투기과열지구 **전매제한 ×**) ㉢ 무자격자로 판명 ㉣ 탈퇴 등으로 50% 미만 ㉤ 주택건설예정 세대수 변경으로 조합원 수가 50% 미만이 되는 때 * 자격기준 - 조합설립인가 신청일 기준 * 변경인가 - 사업계획승인 신청일까지 신청하여야 한다.
직장조합							
리모델링 조합		**리모델링은 구성원 제한 없다.** 단, 동의한 자로부터 취득한 자는 동의한 것으로 본다. * 허가등 신청**전** 동의철회 가능	36회	조합 설립	허가 등	① 주택법상 사업계획승인을 얻어 건설한 공동주택 소유자 및 복리시설 소유자 ② 건축법상 분양목적 건축허가 받아 건축한 공동주택 및 그 외의 시설의 소유자 * 공유 - 수인 대표 1인	리모델링은 교체금지 등 규정없다. 다음의 서류를 제출 기존 공동주택 대수선(10년) 증축(15년)이상 경과 증명
			전체	각동 과반수 +전체 2/3	50% +75%		
			동	그 동 2/3 (이상)	75%		
			동의 ×: 매도청구				

→ 다른 주택조합 임원, 직원, 발기인 겸할 수 없다.

구분	조합임원의 결격사유 29회	총회의결	조합의 해산 등
지역 직장 리모 델링	(1) 다음 각 호의 어느 하나에 해당하는 사람은 조합의 임원이 될 수 없다. 　① 미성년자·피성년후견인 또는 피한정후견인 　② 파산선고를 받은 사람으로서 복권되지 아니한 사람 　③ 금고 이상의 실형을 선고받고 그 집행이 종료(종료된 것으로 보는 경우를 포함한다)되거나 집행이 면제된 날부터 2년이 경과되지 아니한 사람 　④ 금고 이상의 형의 집행유예를 선고받고 그 유예기간 중에 있는 사람 　⑤ 금고 이상의 형의 선고유예를 받고 그 선고 유예기간 중에 있는 사람 　⑥ 법원의 판결 또는 다른 법률에 따라 자격이 상실 또는 정지된 사람 　⑦ 해당 주택조합의 공동사업주체인 등록사업자 또는 업무대행사의 임직원 (2) 당연퇴직 등 　① 위 (1) 각 호의 사유가 발생하면 해당 임원은 당연히 퇴직된다. 　② 위에 따라 퇴직된 임원이 퇴직 전에 관여한 행위는 그 효력을 상실하지 아니한다.	(1) 의결사항 　① 조합규약변경 　② 자금의 차입 등 　③ 예산 밖의 조합원 부담 계약 체결 　④ 시공자 선정 변경 　⑤ 조합 임원 선 해임 　⑥ 사업비의 조합원별 분담내역 　⑦ 조합해산결의 보고 　　↔ 주택상환사채발행 방법의 변경 × (2) 직접출석 　① 10% 이상 직접 출석 　② 다음은 20% 이상 직접 출석 　　㉠ 창립총회, 조합규약 변경, 　　㉡ 임원의 선임및 해임 　　㉢ 시공자 선정변경 공사계약체결 　　㉣ 사업비의 조합원 분담명세 확정 　　㉤ 사업비 세부항목별 사용계획 　　㉥ 업무대행 계약체결 등	조합원 모집신고 → 50% 이상 사용권원 확보 ↓ 2년 × [지역 및 직장 주택조합] 2년 되는 날까지 조합설립인가를 받지 못하는 경우 신청자 전원구성되는 총회의결 거쳐 사업 종결여부 결정하여야 한다. (조합가입신청자 3분의 2 이상 찬성 +20% 이상 직접출석) 조합설립인가 → 80% 이상 사용권원 확보 + 15% 이상 소유권 확보 ↓ 3년 × 2년 내 사업계획승인을 신청하여야 한다. [영 제23조 제1항] [지역, 직장, 리모델링 조합] 3년 되는 날 까지 사업계획승인을 받지 못하는 경우 총회 의결을 거쳐 해산여부를 결정하여야 한다. ↓ 3개월내 개최 (7일 전 통지) 사업계획승인 (95% 이상 소유권 확보) ↔ 리모델링조합 제외

제3절 주택자금

(1) 주택상환사채 31회 36회

*사채 기재사항 33회
1. 발행기관
2. 발행금액
3. 발행조건
4. 상환시기 와 절차

① 발행자 (액면 또는 할인방법으로 발행한다)
한국토지주택공사와 등록사업자 (보증○)
㉠ 자본금 5억 이상 (등록사업자)
㉡ 최근 3년간 연평균 주택 건설 실적이 300세대 이상 (등록사업자)

32회 납입금 용도
ⓐ 주택건설 자재구입
ⓑ 택지의 구입 및 조성
ⓒ 건설공사비에의 충당 등
↔ 주택조합 운영비 등 ×

② 발행규모 - 최근 3년간 연평균 주택건설호수 이내로 한다(등록사업자).
③ 국장 승인 - 발행자가 국장에 계획제출
④ 상환기간 - 3년(공급계약 체결일까지)을 초과할 수 없다.
⑤ 양도하거나, 중도 해약 할 수 없다. (단, 세대원 전원이 근무생업상 사정, 상속, 해외이주 2년 이상 해외체류 등은 제외)→ 위반시 공급질서 교란행위
⑥ 기명증권, 명의변경은 취득자 성명 주소를 사채원부 기록하는 방법으로 하며, 채권에 성명을 기록하지 아니하면, 발행자 및 제3자에게 대항할 수 없다.
⑦ 등록이 말소된 경우에도 사채 효력에는 영향이 없다.
⑧ 이 법 규정된 것 외에는 상법 중 사채발행 규정 적용

(2) 국민주택사업특별회계의 설치

(3) 입주자 저축(청약종합저축) - 입주자저축정보를 제공하는 기관의 장은 입주자 저축정보의 명의인이 요구할 때에는 정보제공 사실을 통보해야 한다. 35회

---

* 공급질서 교란금지 32회

1] 금지행위
(주택을 공급받을 수 있는 증서, 지위의 규제)

① 입주자 저축 증서, 지위

양도, 양수, 알선, 광고 금지
(매매, 증여 포함)

(상속 저당은 제외하므로 가능)

② 지역및 직장주택조합원 지위 / 주택상환사채
③ 무허가건물확인서 / 건물철거예정증명서 등
④ 이주대책 대상자 확인서

2] 위반조치 ↔ 양도차익 전액몰수 ×
① 국장 사업주체는 지위무효, 계약취소하여야 한다.
② 사업주체 취득간주(환매조치)
③ 사업주체는 퇴거의 명을 할 수있다.
④ 국장이 10년 내 입주자 자격제한 할 수있다.
⑤ 행정벌 - 3년 이하 징역 또는 3천만원 이하 벌금

[필수지문 정리 빵구노트]

01 연간 단독주택의 경우 (　)호, 공동주택의 경우 (　)세대 이상의 주택건설 사업을 시행하려는 자 또는 연간 (　)㎡ 이상 대지조성사업을 시행하려는 자는 (　)에게 등록하여야 한다.

02 등록사업자와 (　)으로 주택건설사업을 하는 주택조합과 등록사업자와 (　)으로 주택건설사업을 시행하는 고용자는 연간 20호 20세대 이상의 주택건설 사업을 시행 또는 연간 1만㎡ 이상의 대지조성사업을 시행하여도 (　)에게 등록하지 아니하고 사업을 시행할 수 있다.

03 세대수를 증가하지 아니하는 (　) 조합을 제외한 주택조합이 그 구성원의 주택을 건설하는 경우에는 등록사업자(지방자치단체 한국토지주택공사 및 지방공사를 포함)와 공동으로 사업을 시행할 수 있다.

04 지역주택조합 또는 직장주택조합의 설립인가를 받기 위하여 조합원을 모집하려는 자는 해당 주택건설대지의 (　) 이상에 해당하는 토지의 사용권원을 확보하여 관할 시장·군수·구청장에게 신고하고, 공개모집의 방법으로 조합원을 모집하여야 한다.

05 주택조합(리모델링 조합을 제외)은 주택건설예정세대수의 (　)% 이상의 조합원으로 구성하되, 조합원은 (　)명 이상이어야 한다.

06 지역주택조합 또는 직장주택조합으로서 주택을 마련하기 위하여 주택조합설립인가를 받으려는 자는 다음 각 호의 요건을 모두 갖추어야 한다.
① 해당 주택건설대지의 (　) 이상에 해당하는 토지의 사용권원을 확보할 것
② 해당 주택건설대지의 (　) 이상에 해당하는 토지의 소유권을 확보할 것

07 조합원의 탈퇴 등으로 조합원 수가 주택건설 예정 세대수의 (　) 미만이 되는 경우 및 사업계획승인 등의 과정에서 주택건설 예정 세대수가 변경되어 조합원 수가 변경된 세대수의 (　) 미만이 되는 경우로서 결원이 발생한 범위에서 충원하는 경우에는 지역주택조합 또는 직장주택조합은 설립인가를 받은 후 해당 조합원을 교체하거나 신규로 가입하게 할 수 있다

08 법 제14조의2 (주택조합의 해산 등)
① 지역 및 직장주택조합의 발기인은 조합원 모집 신고가 수리된 날부터 (　) 이 되는 날까지 주택조합 설립인가를 받지 못하는 경우 대통령령으로 정하는 바에 따라 주택조합 가입 신청자 전원으로 구성되는 총회 의결을 거쳐 주택조합 사업의 종결 여부를 결정하도록 하여야 한다.
② 주택조합은 주택조합의 설립인가를 받은 날부터 (　)이 되는 날까지 사업계획승인을 받지 못하는 경우 대통령령으로 정하는 바에 따라 총회의 의결을 거쳐 해산 여부를 결정하여야 한다.

09 한국토지주택공사와 보증받은 (　)로서 주택상환사채를 발행하려는 자는 (　)의 승인을 받아야 하며, 주택상환사채의 상환기간은 (　)을 초과할 수 없다.

10 [공급질서 교란금지] – 지역 및 직장주택조합의 조합원으로 주택을 공급받을 수 있는 지위, 입주자저축증서, 주택상환사채 등은 누구든지 "양도·양수·(　)·광고·매매·증여"하여서는 아니되나, 상속·(　)은 할 수있다.

정답 및 해설

01	20/ 20/ 1만/ 국토교통부장관
02	공동, 공동, 국토교통부장관
03	리모델링
04	50%
05	50/ 20
06	① 80% ② 15%
07	50%, 50%
08	① 2년, ② 3년
09	등록사업자/ 국토교통부장관/ 3년
10	알선, 저당

[기출지문 정리]

01 [19회] 국민주택을 공급받기 위하여 직장주택조합을 설립하는 경우에는 관할 시장·군수·구청장의 인가를 받아야 한다. (O / ×)

02 [27회] 지역주택 및 직장주택조합의 조합원은 사용검사 받는 날까지 계속하여 주택건설예정세대수의 50% 이상으로서 20명 이상으로 한다. (O / ×)

03 [28회] 지역주택조합 설립인가를 받으려는 자는 해당 주택건설대지의 80% 이상에 해당하는 토지의 사용권원을 확보하고 15% 이상 소유권을 확보 하여야 한다. (O / ×)

04 [30회] 지역주택조합의 설립인가 신청을 위하여는 조합장선출동의서, 조합원의 동의를 받은 정산서, 조합원 전원이 자필로 연명한 조합규약, 조합원 자격이 있는 자임을 확인하는 서류, 해당 주택건설대지의 80% 이상에 해당하는 토지의 사용권원과 15% 이상 소유권을 확보하였음을 증명하는 서류를 제출하여야 한다. (O / ×)

05 [25회] 리모델링 조합은 그 리모델링 허가 등을 위한 결의에 찬성하지 아니하는 자의 주택 및 토지에 대하여는 매도청구 할 수 없다. (O / ×)

06 [29회] 조합 임원의 선임을 의결하는 총회의 경우에는 조합원의 100분의 20 이상이 직접 출석하여야 한다. (O / ×)

07 [19회] 주택조합과 등록사업자가 공동으로 사업을 시행·시공할 경우 등록사업자는 자신의 귀책사유로 사업추진이 지연됨으로 인해 조합원에게 발생한 손해를 배상하여야 한다. (O / ×)

08 [19회] 리모델링주택조합은 그 구성원을 위하여 건설하는 주택을 조합원에게 우선공급 해야 하고, 신고하고 설립한 직장주택조합에 대하여는 사업주체가 국민주택을 조합원에게 우선공급 하여야 한다. (O / ×)

09 [28회] 조합원이 근무로 인하여 세대주 자격을 일시적으로 상실한 경우로서 시장·군수·구청장이 인정하는 경우에는 조합원 자격이 있는 것으로 본다. (O / ×)

10 [28회] 조합설립인가 후에 조합원의 탈퇴로 조합원 수가 주택건설예정세대수의 50% 미만이 되는 경우에는 결원이 발생한 범위에서 조합원을 신규로 가입하게 할 수 있다. (O / ×)

11 [28회] 조합설립 인가 후에 조합원으로 추가모집되는 자가 조합원 자격요건을 갖추었는지를 판단할 때에는 추가모집공고일을 기준으로 한다. (O / ×)

---

01 × 시장·군수·구청장에게 신고하여야 한다.

02 ○

03 ○

04 × 조합원의 동의를 받은 정산서는 지역주택조합 설립인가 신청제출 서류가 아니라, 해산하는 경우의 제출서류이다.

05 × 리모델링 조합은 결의에 찬성하지 아니하는 자의 주택 및 토지에 대하여 매도청구 할 수 있다.

06 ○

07 ○

08 × 지역 및 직장주택조합의 조합원에게 우선공급 할 수 있다. 리모델링 조합의 경우 우선공급 할 수 있다는 규정이 없다.

09 ○

10 ○

11 × 조합원 자격요건을 갖추었는지를 판단할 때에는 조합설립인가신청일을 기준으로 한다.

12	[28회]	조합원 추가모집에 따른 주택조합의 변경인가 신청은 사업계획승인신청일까지 하여야 한다. (O / ×)
13	[27회]	지역주택조합의 설립인가 후 조합원이 사망하였더라도 조합원의 수가 주택건설예정세대수의 50% 이상을 유지하고 있다면 조합원을 충원할 수 없다. (O / ×)
14	[29회]	조합원의 공개모집 이후 조합원의 사망, 자격상실 탈퇴 등으로 인한 결원을 충원하거나 미달된 조합원을 재모집하는 경우에는 신고하지 아니하고 선착순 방법으로 조합원을 모집할 수 있다. (O / ×)
15	[28회]	리모델링에 동의한 소유자는 입주자대표회의가 시장·군수·구청장에게 허가신청서를 제출한 이후에도 서면으로 동의를 철회할 수 있다. (O / ×)
16	[27회]	등록사업자가 주택상환사채를 발행하려면 금융기관 또는 주택도시보증공사의 보증을 받아야 하며, 등록사업자의 등록이 말소된 경우에는 등록 사업자가 발행한 주택상환사채의 효력은 상실된다. (O / ×)
17	[27회]	주택상환사채를 발행하려는 자는 주택상환사채발행계획을 수립하고 국토교통부장관의 승인을 받아야 하며, 주택상환사채는 취득자의 성명을 채권에 기록하지 아니하면 사채발행자 및 제3자에게 대항할 수 없다. (O / ×)
18	[31회]	한국토지주택공사가 연간 10만㎡ 이상의 대지조성사업을 시행하려는 경우에는 대지조성사업의 등록을 하여야 한다. (O / ×)
19	[31회]	세대수를 증가하는 리모델링주택조합이 그 구성원의 주택을 건설하는 경우에는 등록사업자와 공동으로 사업을 시행할 수 없다. (O / ×)
20	[31회]	지역주택조합이 설립인가를 받은 후 조합원의 탈퇴 등으로 조합원 수가 주택건설 예정 세대수의 60퍼센트가 된 경우 조합원을 신규로 가입하게 할 수 있다. (O / ×)
21	[31회]	지역주택조합이 설립인가를 받은 후 사업계획승인의 과정에서 주택건설 예정 세대수가 변경되어 조합원 수가 변경된 세대수의 40퍼센트가 된 경우 결원의 범위에서 충원할 수 있다. (O / ×)
22	[33회]	발행조건은 주택상환사채권에 적어야 하는 사항에 포함되지 않으며, 주택상환사채는 액면으로 발행하고, 할인의 방법으로는 발행할 수 없다. 또한 주택상환사채는 무기명증권(無記名證券)으로 발행한다. (O / ×)

12	O
13	× 조합원의 사망으로 조합원을 결원 범위 내 충원하는 경우 조합원 수가 주택건설예정세대수의 50% 미만이어야 하는 요건은 없다. 따라서 50% 이상이어도 조합원을 충원할 수 있다.
14	O
15	× 리모델링의 허가신청서를 제출한 이후에는 동의를 철회할 수 없다.
16	× 등록사업자의 등록이 말소된 경우라도 등록사업자가 발행한 주택상환사채는 효력을 잃지 아니한다.
17	O
18	× 한국토지주택공사는 등록하지 아니한다.
19	× 세대수를 증가하지 않는 리모델링주택조합이 그 구성원의 주택을 건설하는 경우에는 등록사업자와 공동으로 사업을 시행할 수 없다.
20	× 조합원의 탈퇴 등으로 조합원 수가 주택건설 예정 세대수의 50% 미만이 된 경우이다.
21	O
22	× 발행조건은 채권에 적어야 하는 사항에 포함되며, 할인의 방법으로도 발행할 수 있으며, 기명증권으로 발행한다.

23	[34회] 「공익법인의 설립·운영에 관한 법률」에 따라 주택건설사업을 목적으로 설립된 공익법인이 연간 20호 이상의 단독주택건설사업을 시행하려는 경우, 국토교통부장관에게 등록하여야 한다. (O / ×)	23 × 공익법인은 등록 의무가 없다.
24	[34회] 세대수를 증가하는 리모델링 주택조합이 그 구성원의 주택을 건설하는 경우에는 국가와 공동으로 사업을 시행할 수 있다. (O / ×)	24 × 등록사업자, 지방자치단체, 한국토지주택공사, 지방공사와 공동으로 시행할 수 있다.
25	[34회] 고용자가 그 근로자의 주택을 건설하는 경우에는 대통령령으로 정하는 바에 따라 등록사업자와 공동으로 사업을 시행하여야 한다. (O / ×)	25 O
26	[34회] 국토교통부장관은 등록사업자가 타인에게 등록증을 대여한 경우에는 1년 이내의 기간을 정하여 영업의 정지를 명할 수 있다. (O / ×)	26 × 등록증을 대여한 경우에는 등록을 말소하여야 한다.
27	[34회] 영업정지 처분을 받은 등록사업자는 그 처분 전에 사업계획승인을 받은 사업을 계속 수행할 수 없다. (O / ×)	27 × 처분 전에 사업계획승인을 받은 사업은 계속 수행할 수 있다.
28	[34회] 지역주택조합의 조합원을 모집하기 위하여 모집주체가 광고를 하는 경우, 조합의 명칭 및 사무소의 소재지, 조합원의 자격 기준에 관한 내용, 조합설립인가일, 조합원모집신고 수리일은 광고에 포함되어야 하는 내용이다. (O / ×)	28 × 조합설립인가일은 광고에 포함되어야 하는 내용이 아니다(영 제24조의4).
29	[35회] 입주자저축정보를 제공하는 입주자저축 취급기관의 장은 입주자저축정보의 명의인이 요구하더라도 입주자 저축정보의 제공 사실을 통보하지 아니할 수 있다. (O / ×)	29 × 통보하여야 한다.

[제36회 기출문제]

정답 및 해설

01 주택법령상 주택건설사업의 등록과 주택건설사업자에 관한 설명으로 옳은 것은?
① 지방자치단체가 30호의 단독주택을 건설하는 주택건설사업을 시행하려면 국토교통부장관에게 등록하여야 한다.
② 지방공사가 20세대의 도시형 생활주택을 건설하는 주택건설사업을 시행하려면 국토교통부장관에게 등록하여야 한다.
③ 등록사업자는 등록사항에 변경이 있으면 변경 사유가 발생한 날부터 60일 이내에 국토교통부장관에게 신고하여야 한다.
④ 세대수를 증가하지 않는 리모델링주택조합이 그 구성원의 주택을 건설하는 경우에는 한국토지주택공사와 공동으로 사업을 시행하여야 한다.
⑤ 거짓으로 주택건설사업을 등록하여 그 등록이 말소된 후 2년이 지나지 아니한 자는 주택건설사업의 등록을 할 수 없다.

01
① 지방자치단체는 등록의무가 없다.
② 지방공사는 등록의무가 없으며, 도시형 생활주택은 30세대 이상이다.
③ 30일 이내에 국토교통부장관에게 신고하여야 한다.
④ 세대수를 증가하지 않는 리모델링 조합은 공동사업주체로 할 수 없다.
⑤ 정답

02 주택법령상 주택상환사채에 관한 설명으로 옳은 것은?
① 주택상환사채의 납입금은 주택건설자재의 구입을 위하여 사용할 수 있다.
② 주택상환사채는 무기명증권으로 한다.
③ 등록사업자의 등록이 말소된 경우에는 등록사업자가 발행한 주택상환사채의 효력도 소멸한다.
④ 등록사업자가 발행할 수 있는 주택상환사채의 규모는 최근 5년간의 연평균 주택건설 호수 이내로 한다.
⑤ 주택상환사채의 상환기간은 5년 이내로 한다.

02
① 정답
② 기명증권으로 한다.
③ 사채의 효력에는 영향이 없다.
④ 최근 3년간 연평균 주택건설 호수 이내로 한다.
⑤ 3년을 초과할 수 없다.

제4절 사업의 시행 (주택의 건설)

사업계획승인 대상 → **사업계획승인** →

35회 공공시설 설치계획 변경은 승인 O
: 사업주체는 승인받은 날부터 14일 내 예정자에게 통보하여야 한다.

(1) 원칙

1) 주택건설사업

다음 호수 이상 주택건설사업을 시행하려는 자는 사업계획승인을 받아야 한다.
① 단독주택 - 30호
② 공동주택 - 30세대 (리모델링은 증가 세대가 30세대 이상인 경우)

2) 대지조성사업
: 1만㎡ 이상 대지 조성사업을 시행하려는 자

(2) 예외

① 단독 (50호):
  ㉠ 공공택지를 개별 필지로 구분하지 아니하고 일단 토지를 공급받아 건설하는 단독주택,
  ㉡ 한옥
② 공동 (50세대)
  ㉠ 단지형연립주택 및 단지형 다세대주택
    : 세대별 주거전용면적 30㎡ 이상 + 진입도로 6m 이상
  ㉡ 주거환경개선사업의 공동주택

(1) 사업계획승인권자 - 60일 이내 승인 여부 통보하여야 한다. 32회

① 원칙 - ㉠ 대지면적 10만㎡ 이상 (시도지사, 대도시 시장)
         ㉡ 대지면적 10만㎡ 미만 (특광, 특시, 특도, 시군)

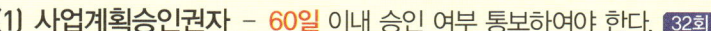 : 계획서 첨부제출 (부대 복리시설 설치 등)

② 예외 - 국토교통부장관 // 승인권자는 사업주체에게 과도한 기부채납 요구할 수 없다.
  ㉠ 국가 및 한국토지주택공사가 시행하는 경우
  ㉡ 330만㎡ 이상 규모로 도시개발사업 등 추진지역 중 국장이 지정·고시하는 지역에서 주택건설사업을 시행하는 경우
  ㉢ 수도권 광역시 지역의 긴급한 주택난 해소 or 지역균형개발 등 국장이 지정·고시하는 지역에서 주택건설사업을 시행하는 경우
  ㉣ 국가, 지방자치단체, 토지주택공사, 지방공사가 단독 or 공동 총지분 50% 초과 출자한 위탁관리 부동산 투자회사가 공공주택건설 사업을 시행하는 경우

(2) 대지소유권 확보 - 다음은 예외로 한다. 35회

① 지구단위계획 + 80/100 이상 사용권원 확보 + 나머지 매도청구 대상
② 사업주체가 소유권을 확보하지 못했으나 사용권원 확보한 경우
③ 국가, 지방자치단체, 토지주택공사, 지방공사가 주택건설사업을 하는 경우
④ 리모델링 결의를 한 리모델링 조합이 매도청구하는 경우

(3) 사업계획승인 제외사항

주택 외의 시설과 주택을 동일 건축물로 건축하는 경우 다음의 어느 하나
① 준주거지역, 상업지역(유통×) + 300세대 미만 주택 + 주택 외의 시설 + 주택의 연면적이 차지하는 비율이 90% 미만
② 농협협동조합 중앙회가 조달하는 자금으로 시행하는 사업

사업계획승인 —5년→ 착공 신고 → 사용검사 34회

착공 신고: **20일 이내**에 신고 수리여부를 신고인에게 통지하여야 한다.(2021.01.05) 32회

(4) 공구별 분할 건설 공급
전체 세대수가 600세대 이상인 주택건설사업을 시행하려는 자는 공구별로 분할하여 주택을 건설 공급할 수 있다. 35회

(5) 매도청구 : 3월 이상 협의 / 건축물 포함 / 시가
① 95%이상 사용권 확보 [모든 소유자에게 매도청구]
② 그 외 [10년 전부터 보유한 자를 제외한 소유자에게 매도청구]

(6) 공사의 시작 – 사업주체는 다음의 구분에 따라 공사를 시작하여야 한다.
① 사업계획승인을 받은 날부터 5년 이내 32회
② 공구별로 분할 시행하는 사업계획승인을 받은 경우
  ㉠ 최초로 공사를 진행하는 공구 : 승인받은 날부터 5년 이내
  ㉡ 최초 외의 공구 : 해당 주택단지에 대한 최초 착공신고일부터 2년 이내

[사업계획 승인] →5년→ [착공신고] →2년→ [공사시작]
최초공구 / 최초외공구

연장 – 1년 내 연장 할 수 있다.[최초 외 공구 제외] 제30회
ⓐ 국가유산청장의 매장유산 발굴허가를 받은 경우/ 천재지변 등으로 지연되는 경우
ⓑ 해당 사업시행지에 대한 소유권 분쟁[소송절차 진행 중인 경우만 해당]으로 공사착수가 지연되는 경우 등
ⓒ 사업계획승인의 조건으로 부과된 사항 이행함에 따라 공사착수가 지연되는 경우

(7) 승인취소 할 수 있다.
① 사업주체가 5년 이내 [최초 외의 공구 제외] 공사를 시작하지 아니한 경우
② 사업주체가 경매 공매 등으로 인하여 대지 소유권을 상실한 경우 → 주택 도시기금법에 따라 주택분양 보증이 된 사업은 제외
③ 사업주체가 부도 파산 등으로 공사의 완료가 불가능한 경우 →

(1) 사용검사권자
① 원칙 – **시장 군수 구청장**의 사용검사 받아야 한다.
② 예외 – 국토교통부장관의 사업계획승인을 받는 경우에는 **국토교통부장관**이 사용검사권자이다. 36회

(2) 특례
① 공구별 사용검사 가능
② 동별 사용검사 가능 [부과된 조건 미이행]

(3) 기간
15일 이내에 사용검사를 하여야 한다.

(4) 신청
① 사업주체 신청
② 파산 등 검사 불가능 시
  ㉠ 시공 보증자 [우선신청]
  ㉡ ×면 입주예정자대표회의 [신청]
③ 정당사유 없이 사용검사 이행하지 않는 경우
  : 시공 보증자, 시공자, 입주예정자

(5) 임시사용승인
공동주택은 세대별로 가능, 대지는 구획별로 가능

(6) 사용검사 후 매도청구 28회 29회 30회

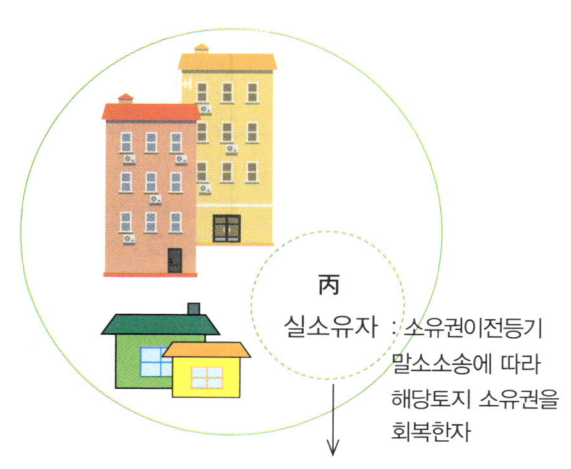

丙
실소유자 : 소유권이전등기
말소소송에 따라
해당토지 소유권을
회복한자

① **매도청구** : 주택 소유자(복리시설포함) 들은 단지 전체 대지 중 일부 토지를 실소유자에게 시가로 매도할 것을 청구할 수 있다.
② **소송제기** - 소유자 전체 4분의 3 이상 동의 얻어 대표자 선정
③ **판결효력** - 단지 전체에 효력 발생
④ **요건** - 면적의 5% 미만
⑤ **송달시한** - 실소유자가 소유권 회복한 날 부터 2년 내
⑥ **구상권 행사** - 비용 전부를 사업주체에게 구상할 수 있다.

사업시행조치

(1) 간선시설 설치 - 100호, 세대 또는 16500㎡ 이상
① 도로, 상하수도 (50% 내 국가보조 can) → 지방자치단체가 설치
② 전기, 통신, 가스, 지역난방 → 지역 공급자
③ 우체통 → 국가
* 사용검사일까지 설치(비용은 설치의무자가 부담)

(2) 타인토지 출입, 토지 등 수용 (국가 지방자치단체, 토지주택공사, 지방공사인 사업주체)
① 타인토지 출입 - 사업주체는 국민주택 사업 등의 시행을 위하여 타인토지 출입행위 등을 할 수 있다.
② 토지 등의 수용 - 사업주체는 국민주택을 건설하는 경우 등일 때, 사업계획승인 받으면 공익사업의 인정이 간주되어 토지 등을 수용 할 수 있다.

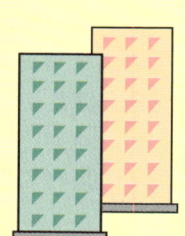

(3) 국 공유지 우선매각 임대
1) 국가, 지방자치단체는 다음 자에게 우선매각 임대할 수 있다.
① 국민주택규모 주택 50% 이상 건설
② 주택조합이 건설
③ 위의 주택 건설을 위한 대지 조성
2) 2년 내 시행 → 위반시 환매, 임대계약 취소할 수 있다.

(4) 환지방식으로 조성된 대지의 활용
① 사업주체가 국민주택 용지로 사용하기 위하여 도시개발사업의 시행자에게 체비지 매각을 요구한 경우 총면적 50% 범위에서 우선매각 할 수 있다.
② 양도가격 - 감정가격(단, 85㎡ 이하 임대주택, 60㎡ 이하 국민주택을 건설하는 경우 등은 조성원가)

(5) 국민주택규모 주택건설 등 35회
① 국토교통부장관은 적정한 주택수급을 위하여 필요하다고 인정하는 경우에는 사업주체가 건설하는 주택의 75퍼센트(주택조합이나 고용자가 건설하는 주택은 100퍼센트) 이하의 범위에서 일정 비율 이상을 국민주택규모로 건설하게 할 수 있다.
② 사업계획승인을 받은 주택의 건설공사는 「건설산업기본법」 제9조에 따른 건설사업자로서 대통령령으로 정하는 자 또는 제7조에 따라 건설사업자로 간주하는 등록사업자가 아니면 이를 시공할 수 없다.

[필수지문 정리 빵구노트]

01 단독주택은 (　　)호 이상, 공동주택은 (　　)세대 이상 주택건설사업을 시행하려는 자, (　　)㎡ 이상 대지조성사업을 시행하려는 자는 사업계획승인권자에게 사업계획승인을 받아야 한다.

02 단독주택으로서 한옥은 (　　)호 이상 주택건설사업을 시행할 때 대지면적이 (　　)㎡ 이상인 경우 시·도지사 대도시 시장의 사업계획승인을 받아야 하며, 국가·토지주택공사가 시행하는 경우 등에는 (　　)의 사업계획승인을 받아야 한다.

03 사업주체는 공구별로 분할 시행하는 경우 최초로 공사를 진행하는 공구는 사업계획승인을 받은 날부터 (　　)년 이내 공사를 시작하여야 하며, 최초 외의 공구는 최초 착공신고일부터 (　　)년 이내에 공사를 시작하여야 한다. 이 경우 기간 내 (최초 외 공구 제외) 시작하지 아니하면 승인권자는 사업계획승인을 (　　)할 수 있다.

04 사업계획승인을 받은 사업주체는 다음 각 호에 따라 해당 주택건설대지 중 사용할 수 있는 권원을 확보하지 못한 대지(건축물을 포함한다.)의 소유자에게 그 대지를 시가(市價)로 매도할 것을 청구할 수 있다. 이 경우 매도청구 대상이 되는 대지의 소유자와 매도청구를 하기 전에 (ㄱ) 이상 협의를 하여야 한다.
1) 주택건설대지면적의 95퍼센트 이상의 사용권원을 확보한 경우: 사용권원을 확보하지 못한 대지의 (ㄴ) 소유자에게 매도청구 가능
2) 위 1) 외의 경우: 사용권원을 확보하지 못한 대지의 소유자 중 지구단위계획구역 결정고시일 (ㄷ) 이전에 해당 대지의 소유권을 취득하여 계속 보유하고 있는 자를 제외한 소유자에게 매도청구 가능

05 국가 또는 지방자치단체는 국가 또는 지방자치단체로부터 토지를 매수하거나 임차한 자가 그 매수일 또는 임차일부터 (　　) 이내에 국민주택규모의 주택 또는 조합주택을 건설하지 아니하거나 그 주택을 건설하기 위한 대지조성사업을 시행하지 아니한 경우에는 (　　)하거나 임대계약을 (　　)할 수 있다.

06 환지 방식에 의한 도시개발사업으로 조성된 (　　)의 양도가격은 국토교통부령으로 정하는 바에 따라 「감정평가 및 감정평가사에 관한 법률」에 따른 감정평가법인등이 감정평가한 (　　)을 기준으로 한다. 다만, 주거전용면적 85제곱미터 이하의 임대주택을 건설하거나 주거전용면적 60제곱미터 이하의 국민주택을 건설하는 경우에는 (　　)를 기준으로 할 수 있다.

07 사업주체는 사업계획승인을 받아 시행하는 주택건설사업 또는 대지조성사업을 완료한 경우에는 주택 또는 대지에 대하여 국토교통부령으로 정하는 바에 따라 (ㄱ) [국가 또는 한국토지주택공사가 사업주체인 경우 등에는 (ㄴ)을 말한다.] 의 사용검사를 받아야 한다.

08 사업계획을 승인받은 경우에는 완공된 주택에 대하여 (　　) 사용검사를 받을 수 있고, 사업계획승인 조건의 미이행 등의 사유가 있는 경우에는 공사가 완료된 주택에 대하여 (　　)로 사용검사를 받을 수 있다. 이 경우 임시 사용승인의 대상이 공동주택인 경우에는 (　　)로 임시 사용승인을 할 수 있다.

정답 및 해설

01　30/ 30/ 1만
02　50, 10만, 국토교통부장관
03　5, 2, 취소
04　ㄱ 3개월, ㄴ 모든, ㄷ 10년
05　2년, 환매, 취소
06　체비지, 감정가격, 조성원가
07　ㄱ 시장·군수·구청장, ㄴ 국토교통부장관
08　공구별, 동별, 세대별

[기출지문 정리]

01 [26회] 한국토지주택공사가 서울특별시 A구에서 대지면적 10만㎡에 50호의 한옥 건설사업을 시행하려는 경우 국토교통부장관으로부터 사업계획승인을 받아야 한다. (O / ×)

02 [28회] 사업주체가 주택건설대지면적 중 100분의 90에 대하여 사용권원을 확보한 경우 사용권원을 확보하지 못한 대지의 모든 소유자에게 매도청구를 할 수 있다. (O / ×)

03 [30회] 주택단지의 전체 세대수가 500세대인 주택건설사업을 시행하려는 자는 주택단지를 공구별로 분할하여 주택을 건설 공급할 수 있다. (O / ×)

04 [30회] 사업계획승인권자는 사업계획을 승인할 때 사업주체가 제출하는 사업계획에 해당 주택건설사업과 직접적으로 관련이 없거나 과도한 기반시설의 기부채납을 요구하여서는 아니된다. (O / ×)

05 [30회] 사업계획승인권자는 사업계획승인의 신청을 받았을 때에는 정당한 사유가 없으면 신청받은 날부터 60일 이내에 사업주체에게 승인 여부를 통보하여야 한다. (O / ×)

06 [30회] 해당 사업시행지에 대한 소유권 분쟁을 사업주체가 소송 이외의 방법으로 해결하는 과정에서 공사의 착수가 지연되는 경우 사업계획승인권자는 사업주체의 신청을 받아 공사의 착수기간을 연장할 수 있다. (O / ×)

07 [26회] 갑은 최초로 공사를 진행하는 공구 외의 공구에서 해당 주택단지에 대한 최초 착공신고일부터 2년 이내에 공사를 시작하여야 한다. (O / ×)

---

01 ○

02 × 100분의 95 이상에 대하여 사용권원을 확보한 경우 확보하지 못한 모든 소유자에게 매도청구 할 수 있다.

03 × 주택단지 전체 세대수가 600세대 이상인 경우 주택단지를 공구별로 분할하여 주택을 건설 공급할 수 있다.

04 ○

05 ○

06 × 해당 사업시행지에 대한 소유권 분쟁은 소송절차가 진행되는 경우에만 1년 이내 공사의 착수기간을 연장할 수 있다.

07 ○

08	26회	갑이 소송 진행으로 인하여 공사착수가 지연되어 연장신청을 한 경우, 을은 그 분쟁이 종료된 날부터 2년의 범위에서 공사착수기간을 연장할 수 있다. (O / X)	08	× 1년의 범위에서 공사착수기간을 연장할 수 있다.
09	24회	주택건설사업계획 승인의 조건이 이행되지 않은 경우에는 공사가 완료된 주택에 대하여 동별로 사용검사를 받을 수 없다. (O / X)	09	× 공사가 완료된 주택에 대하여 동별로 사용검사를 받을 수 있다.
10	29회	사용검사 후 매도청구 시 소송을 하는 경우 대표자는 주택의 소유자 전체의 4분의 3 이상의 동의를 받아 선정한다. (O / X)	10	○
11	30회	주택법령상 사용검사 후 매도청구에서 매도청구를 하려는 경우에는 해당 토지의 면적이 주택단지 전체 대지면적의 (ㄱ)% 미만이어야 하며, 매도청구의 의사표시는 실소유자가 해당 토지소유권을 회복한 날부터 (ㄴ)년 이내에 해당 실소유자에게 송달되어야 한다.	11	ㄱ 5, ㄴ 2
12	34회	하나의 주택단지의 입주자를 분할 모집하여 전체 단지의 사용검사를 마치기 전에 입주가 필요한 경우에는 공사가 완료된 주택에 대하여 동별로 사용검사를 받을 수 있다. (O / X)	12	○
13	34회	사업주체가 파산 등으로 사용검사를 받을 수 없는 경우에는 해당 주택의 시공을 보증한 자, 해당 주택의 시공자 또는 입주예정자는 사용검사를 받을 수 있다. (O / X)	13	× 사업주체가 파산 등으로 사용검사를 받을 수 없는 경우에는 해당 주택의 시공을 보증한 자, 입주예정자는 사용검사를 받을 수 있다. 다만, 해당 주택의 시공자가 사용검사를 받을 수 있는 경우는 사업주체가 정당한 사유 없이 사용검사를 신청하지 아니하는 경우이다(영 제54조).
14	35회	사업계획승인 받은 사업계획 중 공공시설 설치계획의 변경이 필요한 경우에는 사업계획승인권자로부터 변경승인을 받지 않아도 된다. (O / X)	14	× 경미한 사항에서 제외되는 사유로 변경승인을 받아야 한다.
15	35회	주택건설사업계획의 승인을 받으려는 한국토지주택공사는 해당 주택건설대지의 소유권을 확보하지 않아도 된다. (O / X)	15	○

[제36회 기출문제]

01 주택법령상 사용검사에 관한 설명으로 틀린 것은?

① 한국토지주택공사가 사업주체인 경우 시장·군수·구청장의 사용검사를 받아야 한다.
② 사업주체가 파산 등으로 사용검사를 받을 수 없는 경우에는 해당 주택의 시공을 보증한 자 또는 입주예정자는 대통령령으로 정하는 바에 따라 사용검사를 받을 수 있다.
③ 사용검사는 그 신청일부터 15일 이내에 하여야 한다.
④ 사업주체는 구획별로 공사가 완료된 대지조성사업의 경우로서 사용검사권자의 임시 사용승인을 받은 경우에는 사용검사를 받기 전에 대지를 사용하게 할 수 있다.
⑤ 사용검사권자가 임시사용을 승인하는 경우 임시 사용승인의 대상이 공동주택인 경우에는 세대별로 임시 사용승인을 할 수 있다.

정답 및 해설

01 ① 한국토지주택공사가 사업주체인 경우에는 국토교통부장관의 승인을 받아야 하므로 사용검사권자는 국토교통부장관이다.

제3장 주택의 공급

공급규칙 및 분양가 제한

* **주택공급 규칙23조**: 주택의 공급, 입주자 저축, 견본주택 건설기준, 입주자 자격제한 ↔ 분양가 산정방식 X [35회]

(1) 사업주체가 입주자를 모집하려는 경우
  ① 시장 군수 구청장의 승인(복리시설의 경우에는 신고)을 받을 것
  ② 사업주체가 마감자재 목록표와 견본주택영상물 시군구장에게 제출(사용검사 있는 날부터 2년 이상 보관해야 한다.) 단, **공공주택사업자**는 승인·신고 필요 없으며, 견본주택을 건설하려는 경우 목록표와 영상물을 제출하여야 한다.
  ③ 분양가 심사위원회 : 시장·군수·구청장이 사업계획승인 신청일부터 20일 이내 설치 운영하여야 한다.

(2) <u>분양가</u> 제한(택지비 + 건축비) → <u>전매제한</u> ○ [33회]

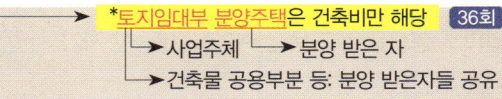

- *토지임대부 분양주택은 건축비만 해당 [36회]
  - 사업주체 → 분양 받은 자
  - 건축물 공용부분 등: 분양 받은자들 공유

일반인에 공급하는 공동주택

*거주의무(5년 이내)
  └ 아래 1은 3년내 입주
  1. 수도권에서 건설 공급하는 분양가 상한제적용주택
  2. 토지임대부 분양주택(5년) [36회]

공공택지
  *입주자 모집공고 → 택지비, 공사비, 간접비 (사업주체가 분양가격공시)

민간택지
  분양가상한제 적용지역 (국장 지정할 수 있다.)
  투기과열지구에서 다음의 요건 중 충족하는 경우
  ㉠ 12개월간 평균 아파트 분양가격상승률이 물가상승률 2배 초과
  ㉡ 직전 2개월간 청약경쟁률 일반 5:1, 국민주택규모이하 10:1 초과
  ㉢ 3개월간 주택매매거래량이 전년동기대비 20% 이상 증가
  *입주자 모집공고 → 택지비, 직접 및 간접공사비, 설계비, 감리비 등
  (시장 군수 구청장 분양가격공시)

  *절차
  ㉠ 국장은 미리 시도지사의 의견청취하여야 한다.
  ㉡ 해제 요청 시는 40일 내 통보하여야 한다.

전매제한

(3) **전매제한 [입주자로 선정된 지위 포함] – 10년 이내** 다음의 대통령령

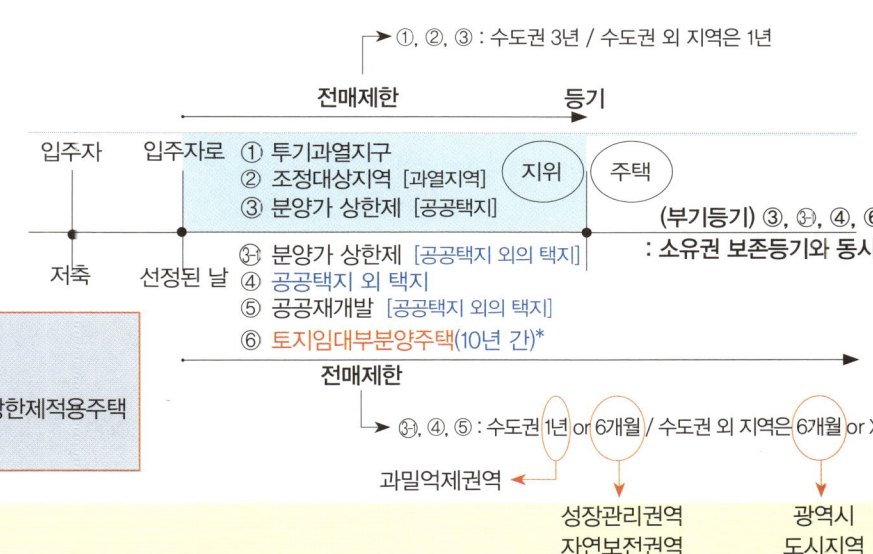

①, ②, ③ : 수도권 3년 / 수도권 외 지역은 1년

① 투기과열지구
② 조정대상지역 [과열지역]
③ 분양가 상한제 [공공택지]
㉢ 분양가 상한제 [공공택지 외의 택지]
④ 공공택지 외 택지
⑤ 공공재개발 [공공택지 외의 택지]
⑥ 토지임대부분양주택(10년 간)*

(부기등기) ③, ㉢, ④, ⑥ : 소유권 보존등기와 동시

㉢, ④, ⑤ : 수도권 1년 or 6개월 / 수도권 외 지역은 6개월 or X

과밀억제권역 ←
성장관리권역 자연보전권역
광역시 도시지역

분양가 제한 제외사항

① 도시형생활주택
② 경제자유 구역에서 건설공급되는 공동주택(심의 의결)
③ 관광특구에서 건설공급하는 공동주택으로서 50층 이상 or 높이가 150m 이상인 경우
④ 한국토지주택공사 또는 지방공사가 정비사업 시행자로 참여하는 등 공공성 요건을 충족하는 경우. (2만㎡ or 200세대 미만 등 정비사업, 빈집 등 소규모 정비사업)
⑤ 주거환경 개선사업, 공공재개발사업에서 건설 공급하는 주택
⑥ 주거재생 혁신지구에서 시행하는 혁신지구 재생사업에서 건설 공급하는 주택
⑦ 도심공공복합사업에서 건설 공급하는 주택

전매제한 사유 : 매매, 증여, 모든 행위 포함, 상속제외

① 투기과열지구 [29회]
투기과열지구에서 건설 공급되는 주택 (**지정기간 없다**)
㉠ 국장(시도 의견청취-검토의견 회신), 시·도(국장 협의)는
주거정책심의위원회 심의를 거쳐 지정 해제할 수 있다.
　ⓐ **국장은 반기마다 재검토하여야 한다.**
　ⓑ 시·도지사, 시·군·구청장은 국장 시·도에게 해제요청
　　할 수 있다. [40일 내 통보]
㉡ 기준 [32회]
　ⓐ 주택분양실적이 지난달보다 30% 이상 감소한 곳에 지정
　ⓑ 주택보급률, 자가주택비율 전국평균 이하인 곳에 지정
　ⓒ 직전 2개월 간 청약경쟁률 5대 1 (국민주택규모 이하는 10대1) 초과

> 시군구 또는 읍면동 단위로 지정 등

② 조정대상지역 - 과열지역[목적달성 최소한도]과 위축지역으로 지정할 수 있다.
: 조정대상지역에서 건설 공급되는 주택 (주거정책 심의위원회 심의)
㉠ 국장이 지정하는 경우 시도지사 의견 청취하여야 한다.
㉡ 국장은 조정대상지역을 지정하였을 때에는 지체없이 이를 공고하고, 시장, 군수, 구청장에게 내용을 통보하여야 한다. [국장은 반기마다 재검토 의무]
㉢ 시도, 시군구장이 국장에게 해제 요청할 수 있다. [40일 내 통보]
㉣ [과열지역] 3월간 주택가격 상승률이 물가상승률의 1.3배 초과
: 다음 각 호의 지역: 위 ①㉡의 ⓑ, ⓒ,
+ 3개월 간의 분양권 전매 거래량이 30% 이상 증가한 지역
㉤ [위축지역] 지정직전월부터 소급하여 6개월간의 평균 주택가격상승률이 마이너스 1% 이하인 지역 + 지정 직전월부터 소급하여 3개월 연속 주택매매거래량이 직전 연도의 같은 기간보다 20% 이상 감소한 지역 등 [34회]

③ 분양가상한제 적용주택 (공공택지, 공공택지 외의 택지)
④ 공공택지 외의 택지에서 건설 공급되는 주택 (광역시 중 도시지역)
⑤ 정비법에따른 공공재개발사업에서 건설공급하는주택 (공공택지 외의 택지)
⑥ 토지임대부 분양주택 (10년간 전매 제한)

허용행위 (토지임대부 분양주택 제외) - 한국토지주택공사의 동의받은 경우 전매 허용

다만, 분양가 상한제 적용주택은 한국토지주택공사가 그 주택을 우선 매입할 수 있다.

① 세대원이 근무 생업상의 사정이나 질병치료 취학 결혼으로 인하여 세대원 전원이 다른 광역시·특시·특도·시군으로 이전하는 경우(수도권안에서 이전은 제외)
② 상속에 의해 취득한 주택으로 세대원 전원이 이전하는 경우
③ 세대원 전원이 해외로 이주하거나, 2년 이상 해외 체류
④ 이혼으로 인하여 입주자로 선정된 지위 등을 그 배우자에게 이전하는 경우
⑤ 보상법에 따른 공익사업의 시행으로 주거용 건축물을 제공한 자가 사업시행자로부터 이주대책용 주택을 공급받은 경우
⑥ 주택 소유자가 국가 지방자치단체, 금융기관, 주택도시보증공사에 채무불이행으로 경 공매가 시행되는 경우 [왼쪽 전매제한 사유중 ③④⑤]
⑦ 입주자로 선정된 지위 또는 주택의 일부를 배우자에게 증여하는 경우
⑧ 실직, 파산 또는 신용불량으로 경제적어려움이 발생한 경우 (2021.02.19)

기간 등 기존주택 [전매제한 없다]

① 전매제한기간
㉠ 투기우려 등을 고려하여 지역별로 달리 정할 수 있다.
㉡ 10년 이내 - 해당 주택의 입주자로 선정된 날부터 기산한다.
㉢ 공공 재개발 전매제한 기간은 분양가 상한제 주택 준용
② 위반 시에는 환매 조치할 수 있다. 행정형별[3년 징역, 3천 벌금]
③ 국토교통부장관은 10년 내 입주자 자격을 제한 할 수 있다.

토지임대부 분양주택의 토지에 관한 임대차 관계 (법 제78조) 33회 36회

① 토지임대부 분양주택의 토지에 대한 임대차기간은 40년 이내로 한다. 75퍼센트 이상이 계약갱신을 청구 시 40년의 범위에서 이를 갱신가능
② 토지소유자와 임대차계약을 체결한 경우 해당 주택의 구분소유권을 목적으로 그 토지 위에 임대차기간 동안 지상권이 설정된 것으로 본다.
③ 토지임대부 분양주택을 양수한 자 또는 상속받은 자는 임대차계약을 승계한다.
④ 토지임대료는 월별 임대료를 원칙으로 하되, 합의한 경우 임대료를 선납하거나 보증금으로 전환하여 납부할 수 있다.(이자율은 3년만기 정기예금 평균 이자율 이상)
⑤ 토지임대부 분양주택에 관하여 이 법에서 정하지 아니한 사항은 「집합건물의 소유 및 관리에 관한 법률」, 「민법」 순으로 적용한다.
⑥ 토지임대부 분양주택을 양도하려는 경우 전매제한기간 지나기 전에 한국토지주택공사에 매입을 신청할 수 있다. → 한국토지주택공사는 매입신청을 받거나 이 법을 위반하여 토지임대부 분양주택의 전매가 이루어진 경우 대통령령으로 정하는 특별한 사유가 없으면 대통령령으로 정하는 절차를 거쳐 해당 주택을 매입하여야 한다(양도한 자에게 비용을 지급한 때 공사가 취득한 것으로 간주).

Tip 저당권 설정 등 제한

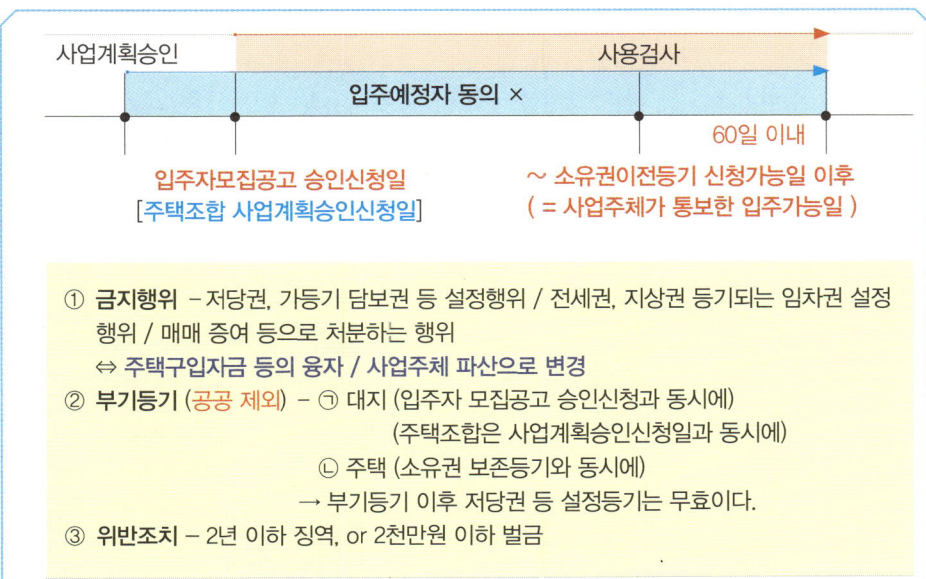

① **금지행위** – 저당권, 가등기 담보권 등 설정행위 / 전세권, 지상권 등기되는 임차권 설정행위 / 매매 증여 등으로 처분하는 행위
⇔ 주택구입자금 등의 융자 / 사업주체 파산으로 변경
② **부기등기** (공공 제외) – ㉠ 대지 (입주자 모집공고 승인신청과 동시에)
(주택조합은 사업계획승인신청일과 동시에)
㉡ 주택 (소유권 보존등기와 동시에)
→ 부기등기 이후 저당권 등 설정등기는 무효이다.
③ **위반조치** – 2년 이하 징역, or 2천만원 이하 벌금

제4장 보칙 및 벌칙

(1) 청문 30회

국토교통부장관 또는 지방자치단체의 장은 다음 각 호의 어느 하나에 해당하는 처분을 하려면 청문을 하여야 한다.
① 주택건설사업 등의 등록말소
② 주택조합의 설립인가취소
③ 사업계획승인의 취소
④ 공동주택 리모델링 행위허가의 취소
⇄ 공업화 주택의 인정취소 ×

(2) 심의 30회

주거기본법상 주거정책심의위원회 심의를 거쳐야 하는 경우
① 공공택지 외의 택지에서 분양가상한제 적용지역의 지정의 경우
② 투기과열지구의 지정 및 해제
③ 조정대상지역의 지정 및 해제
④ 세대수 증가형 리모델링의 시기 조정 (리모델링 기본계획 변경요청)
⇄ 국장이 임대주택 인수자 지정 ×

(3) 벌칙 33회

① 지방자치단체의 장이 관계 공무원으로 하여금 사업장에 출입하여 필요한 검사를 하게 한 경우, 그 검사를 방해한 자 [1년 이하 징역 또는 1천만원 이하 벌금]
② 공동주택 품질점검단의 점검에 따르지 아니한 사업주체 [2천만원 이하 과태료]
③ 주택조합의 임원으로서 다른 주택조합의 발기인을 겸직한 자 [1천만원 이하 과태료]
④ 국토교통부장관이 거주의무자의 실제 거주 여부를 확인하기 위하여 소속공무원으로 하여금 분양가상한제 적용주택에 출입하여 조사하게 한 경우, 그 조사를 기피한 자 [3백만원 이하 과태료]
⑤ 공동주택 품질점검단의 점검결과에 따라 사용검사권자로부터 보수·보강 등의 조치명령을 받았으나 이를 이행하지 아니한 사업주체 [5백만원 이하 과태료]

[필수지문 정리 빵구노트]

01 사업주체(공공주택사업자는 제외한다)가 입주자를 모집하려는 경우에는 국토교통부령으로 정하는 바에 따라 시장·군수·구청장의 (　)[복리시설의 경우에는 (　)를 말한다]을 받을 것

02 사업주체가 일반인에게 공급하는 공동주택 중 공공택지 또는 공공택지 외의 택지에서 주택가격 상승 우려가 있어 주거정책심의위원회의 심의를 거쳐 지정하는 지역의 어느 하나에 해당하는 지역에서 공급하는 주택의 경우에는 이 조에서 정하는 기준에 따라 산정되는 분양가격 이하로 공급 [이에 따라 공급되는 주택을 (　　　)이라 한다.]하여야 한다.

03 (　　　　　), 관광특구에서 건설 공급하는 공동주택으로 층수가 (　)층 이상이거나 높이가 (　　)m 이상인 경우, (　　　　　) 및 공공재개발사업에서 건설 공급하는 주택 등에는 분양가 상한제를 적용하지 아니한다.

04 다음 각 호의 어느 하나에 해당하는 주택의 입주자(상속받은 자는 제외한다. 이하 "거주의무자"라 한다)는 해당 주택의 최초 입주가능일부터 (　) 이내(토지임대부 분양주택의 경우에는 최초 입주가능일)에 입주하여야 하고, 해당 주택의 분양가격과 국토교통부장관이 고시한 방법으로 결정된 인근지역 주택매매가격의 비율에 따라 (　　) 이내의 범위에서 거주의무기간 동안 계속하여 해당 주택에 거주하여야 한다. 다만, 해외 체류 등 대통령령으로 정하는 부득이한 사유가 있는 경우 그 기간은 해당 주택에 거주한 것으로 본다.
1) 사업주체가 수도권에서 건설·공급하는 (　　　)
2) 토지임대부 분양주택

05 투기과열지구의 공공택지 외 택지의 분양가상한제 적용지역 지정 기준 :
1) 분양가상한제적용직전월부터 소급하여 12개월간의 아파트 분양가격 상승률이 물가상승률의 (　)를 초과한 지역.
2) 분양가상한제적용직전월부터 소급하여 3개월간의 주택매매거래량이 전년 동기 대비 (　) 이상 증가한 지역
3) 분양가상한제적용직전월부터 소급하여 주택공급이 있었던 2개월 동안 해당 지역에서 공급되는 주택의 월평균 청약경쟁률이 모두 (　　)을 초과하였거나 해당 지역에서 공급되는 국민주택규모 주택의 월평균 청약경쟁률이 모두 10대 1을 초과한 지역

06 (　　) 또는 (　　　)는 주택가격의 안정을 위하여 주거정책심의위원회의 심의를 거쳐 일정한 지역을 투기과열지구로 지정하거나 이를 해제할 수 있다.

07 투기과열지구는 그 지정 목적을 달성할 수 있는 최소한의 범위에서 시·군·구 또는 (　　)의 지역 단위로 지정하되, 택지개발지구 등 해당 지역 여건을 고려하여 지정 단위를 조정할 수 있다.

08 투기과열지구 지정의 해제를 요청받은 국토교통부장관 또는 시·도지사는 요청받은 날부터 (　　) 이내에 주거정책심의위원회의 심의를 거쳐 투기과열지구 지정의 해제 여부를 결정하여 그 투기과열지구를 관할하는 지방자치단체의 장에게 심의결과를 통보하여야 한다.

09 국토교통부장관은 (　　　)마다 주거정책심의위원회의 회의를 소집하여 투기과열지구로 지정된 지역별로 해당 지역의 주택가격 안정 여건의 변화 등을 고려하여 투기과열지구 지정의 유지 여부를 재검토하여야 한다.

정답 및 해설

10 (　　　)은 다음의 지역에 주거정책심의위원회의 심의를 거쳐 조정대상지역(과열지역)으로 지정할 수 있다. → 조정대상지역지정직전월부터 소급하여 (　　)간의 해당 지역 주택가격상승률이 그 지역이 속하는 시·도 소비자물가상승률의 (　　)를 초과한 지역으로서 + 조정대상지역지정직전월부터 소급하여 3개월간의 분양권 전매거래량이 직전 연도의 같은 기간보다 (　　) 이상 증가한 지역 등이다.

11 분양가 상한제 적용주택의 세대원이 근무 또는 생업상의 사정이나 질병치료·취학·결혼으로 인하여 세대원 (　　)이 다른 광역시, 특별자치시, 특별자치도, 시 또는 군(광역시의 관할구역에 있는 군은 제외한다)으로 이전하는 경우로서 한국토지주택공사의 (　　)를 받아 전매할 수 있다. 다만, (　　) 안에서 이전하는 경우는 제외한다.

12 토지임대부 분양주택의 토지에 대한 임대차기간은 (ㄱ) 이내로 한다. 이 경우 토지임대부 분양주택 소유자의 (ㄴ) 이상이 계약갱신을 청구하는 경우 (ㄱ)의 범위에서 이를 갱신할 수 있다.

01	승인, 신고
02	분양가상한제 적용주택
03	도시형생활주택, 50, 150, 주거환경개선사업
04	3년, 5년, 1) 분양가상한제 적용주택
05	1) 2배, 2) 20%, 3) 5대 1
06	국토교통부장관/ 시·도지사
07	읍·면·동
08	40일
09	반기
10	국토교통부장관, 3개월, 1.3배, 30%
11	전원, 동의, 수도권
12	ㄱ 40년, ㄴ 75%

[기출지문 정리]

01 [30회] 주택법에 따라 국토교통부장관이 공공택지 외의 택지에서 분양가상한제 적용지역을 지정하는 경우, 국토교통부장관이 투기과열지구의 지정을 해제하는 경우 주거정책심의위원회의 심의를 거쳐야 한다. (O / ×)

02 [25회] 주택상환사채 및 입주자저축증서의 저당, 도시개발채권의 양도는 공급질서 교란행위에 해당한다. (O / ×)

03 [22회] 공공주택사업자가 사업주체가 되어 입주자를 모집하려는 경우 시장 군수 구청장의 승인을 받아야 한다. (O / ×)

04 [27회] 도시형생활주택과 관광특구에서 건설 공급하는 층수가 51층이고 높이가 140m인 아파트는 분양가 상한제의 적용대상이다. (O / ×)

05 [25회] 국토교통부장관, 시도지사는 주택의 분양실적이 지난 달 보다 30% 이상 증가한 곳을 투기과열지구로 지정하여야 한다. (O / ×)

06 [27회] 분양가 상한제 적용을 받아 건설 공급되는 주택의 소유자가 국가에 대한 채무를 이행하지 못하여 공매가 시행되는 경우에는 토지주택공사의 동의 없이도 전매를 할 수 있다. (O / ×)

07 [23회] 전매제한을 받는 경우라도 갑은 세대원 전원과 함께 해외로 이주하거나 1년 이상 해외에 체류하고자 하는 경우 사업주체 동의를 받아 전매할 수 있다. (O / ×)

08 [30회] 주택법령상 공업화 주택의 인정취소, 주택조합의 설립인가취소, 주택건설 사업계획승인의 취소, 공동주택 리모델링 허가의 취소, 주택건설 사업의 등록말소의 처분을 하려는 자는 청문하여야 한다. (O / ×)

09 [33회] 토지임대부 분양주택의 토지에 대한 임대차 기간은 50년 이내로 하며, 토지임대부 분양주택의 토지에 대한 임대차 기간을 갱신하기 위해서는 토지임대부 분양주택의 소유자의 3분의 2 이상이 계약갱신을 청구하여야 한다. (O / ×)

---

01 O

02 × 입주자저축증서의 저당은 공급질서 교란행위가 아니고, 도시개발채권은 주택을 얻을 수 있는 지위 증서가 아니다.

03 × 공공주택사업자가 입주자를 모집하려는 경우에는 시장·군수·구청장의 승인받지 아니한다.

04 × 도시형생활주택, 관광특구의 50층 이상이거나 150m 이상인 공동주택은 분양가 상한제 적용대상이 아니다.

05 × 주택의 분양계획이 지난 달보다 30% 이상 감소한 곳을 투기과열지구로 지정할 수 있다.

06 × 토지주택공사의 동의를 받아야 전매할 수 있다.

07 × 세대원 전원이 2년이상 해외에 체류하고자 하는 경우 토지주택공사의 동의를 받아 전매할 수 있다.

08 × 주택법령상 공업화 주택의 인정취소는 청문 사유가 아니다.

09 × 40년 이내로 하며, 75% 이상이 계약갱신을 청구하는 경우 40년의 범위에서 이를 갱신할 수 있다.

10 [33회] 토지임대료를 보증금으로 전환하여 납부하는 경우, 그 보증금을 산정할 때 적용되는 이자율은 「은행법」에 따른 은행의 3년 만기 정기예금 평균이자율 이상이어야 한다. (O / X)

11 [33회] 토지임대부 분양주택을 공급받은 자가 토지임대부 분양주택을 양도하려는 경우에는 시·도지사에게 해당 주택의 매입을 신청하여야 하며, 토지임대료는 분기별 임대료를 원칙으로 한다. (O / X)

12 [33회] 도시형 생활주택은 분양가상한제 적용주택에 해당하며, 토지임대부 분양주택의 분양가격은 택지비와 건축비로 구성된다. (O / X)

13 [33회] 사업주체는 분양가상한제 적용주택으로서 공공택지에서 공급하는 주택에 대하여 입주자모집공고에 분양가격을 공시해야 하는데, 간접비는 공시해야 하는 분양가격에 포함되지 않는다. (O / X)

14 [34회] 조정대상지역 지정직전월부터 소급하여 6개월간의 평균 주택가격상승률이 마이너스 (ㄱ)% 이하인 지역으로서 조정대상지역 지정 직전월부터 소급하여 (ㄴ)개월 연속주택 매매거래량이 직전 연도의 같은 기간보다 (ㄷ)% 이상 감소한 지역 [위축지역 지정기준]

10 O

11 X 토지주택공사에게 해당 주택의 매입을 신청하여야 하며, 토지임대료는 월별 임대료를 원칙으로 한다.

12 X 도시형생활주택은 분양가상한제 적용주택에 해당하지 않으며, 토지임대부 분양주택의 분양가격은 건축비로만 구성된다.

13 X 택지비, 공사비, 간접비를 분양가격에 공시하여야 한다.

14 ㄱ 1, ㄴ 3, ㄷ 20

[제36회 기출문제]

01 주택법령상 분양가상한제가 적용되는 <u>토지임대부 분양주택</u>에 관한 설명으로 옳은 것은?

① 토지임대부 분양주택 입주자의 거주의무기간은 10년이다.
② 토지임대부 분양주택의 건축물의 공용부분·부속건물 및 복리시설은 토지임대부 분양주택 건설사업을 시행하는 자와 분양받은 자들이 공유한다.
③ 토지임대부 분양주택의 분양가격은 건축비로 구성한다.
④ 토지임대부 분양주택의 입주자는 해당 주택의 최초 입주가능일부터 3년 이내에 입주하여야 한다.
⑤ 토지임대부 분양주택의 토지에 대한 임대차기간은 50년 이내로 한다.

정답 및 해설

01 ① 5년이다.
② 공용부분 등은 분양받은 자들이 공유한다.
③ 정답
④ 토지임대부 분양주택 외의 경우로 수도권의 분양가상한제 적용주택에 관한 설명이다.
⑤ 40년 이내로 한다.

제7편 농지법 (2문제)

* 농지 [30회] [35회]

① 전·답·과수원 법적 지목을 불문하고 실제로 농작물 경작지, 다음의 다년생 식물의 재배지로 이용되는 토지
  ㉠ 목초, 종묘, 인삼, 약초, 잔디 및 조림용 묘목
  ㉡ 과수, 뽕나무, 유실수 그 밖의 생육기간이 2년 이상인 식물
  ㉢ 조경 또는 관상용 수목과 그 묘목 (조경목적으로 식재한 것 제외)
② 토지개량시설 – 유지(웅덩이), 양·배수시설, 수로, 농로, 제방, 방풍림 등
③ 농축산물생산시설 – 고정식온실, 버섯재배사, 비닐하우스, 축사, 곤충사육사, 간이퇴비장, 농막(연면적 20㎡ 이하), 농촌체류형쉼터(연면적 33㎡ 이하), 간이저온저장고(연면적 33㎡ 이하), 간이 액비 저장조 (200t 이하) 등
④ 제외 – ㉠ 지목이 전·답·과수원 아닌 토지 농작물 재배지 계속이용 기간이 3년 미만
  ㉡ 지목이 임야인 토지로서 산지전용허가 거치지 않고 농작물 경작등 이용토지
  ㉢ 초지법상 초지

* 농업인 [28회] 농업회사법인 – 업무집행권을 가진 자 중 3분의 1 이상 농업인

① 1천㎡ 이상 농지에서 경작 or 1년 중 90일 이상 농업 종사자
② 330㎡ 이상 고정식 온실 등에서 농작물 경작자 등
③ 대 2, 중10, 소가축 100두, 가금 1천수, 꿀벌 10군 이상 사육 or 1년 중 120일 이상 축산업 종사자
④ 농산물 연간판매액 120만 원 이상인 자

* 주말체험영농 (2021.8.17)

농업인이 아닌 개인이 주말 등을 이용하여 취미 생활이나 여가 활동으로 농작물을 경작하거나 다년생 식물을 재배하는 것을 말한다.

농지개량

농지의 생산성을 높이기 위하여 농지의 형질을 변경하는 다음 각 목의 어느 하나에 해당하는 행위를 말한다.
① 농지의 이용가치를 높이기 위하여 농지의 구획을 정리하거나 개량시설을 설치하는 행위
② 농지의 토양개량이나 관개, 배수, 농업기계 이용의 개선을 위하여 해당 농지에서 객토·성토 또는 절토하거나 암석을 채굴하는 행위

위탁경영 [29회] [30회] [34회] [36회]

농지 소유자가 타인에게 일정한 보수를 지급하기로 약정하고 농작업의 전부 또는 일부를 위탁하여 행하는 농업경영을 말한다.

⇩

① 병역법에 따라 징집 소집
② 3개월 이상 국외여행 중
③ 농업법인의 청산 중
④ 질병, 취학, 선거, 부상으로 3월 이상 치료 / 구치소, 교도소 등 수용 중인 경우 / 임신 중이거나 분만후 6개월 미만인 경우
⑤ 농업이용증진사업 위탁경영
⑥ 자기 노동력 부족 일부 위탁 [35회]
[주요농작업 3분의 1 또는 1년 중 30일 이상 직접 종사하는 자]

자경 농작업의 2분의 1 이상을 자기 노동력으로 경작 또는 재배

소유
- 농지소유제한
- 농지취득자격증명 (시구읍면 장)

이용
- 대리경작제도 (시군구장 지정)
- 임대차 등

농업진흥지역 (녹·관·농·자)

녹지지역 (특별시 제외)

보전
- 농업진흥지역 (시도지사 지정)
- 농지 전용허가 등 (농장 등)

농지의 소유
농지법 이외 소유특례 정할 수 없다.
농지를 임대, 무상사용하게 하는 기간 동안 계속 소유할 수 있다.

(1) 농지소유제한 [33회]
농지는 자기의 농업경영에 이용하거나 이용할 자가 아니면 이를 소유하지 못한다. 다만, 다음의 어느 하나의 경우에는 소유할 수 있다. (②③제외한 소유농지는 농업경영에 이용되도록 하여야 한다.)

① 국가, 지방자치단체
② 시험지, 연구지, 실습지
③ 주말체험영농 (농업진흥지역 외의 지역)
④ 상속으로 농지를 취득하여 소유
⑤ 8년 이상 농업 경영하던 자가 이농당시 기존농지 소유
⑥ 담보농지취득(농어촌공사 등이 2회 이상 유찰 시)
⑦ 농지전용허가, 전용신고
⑧ 농지전용협의를 마친 농지
⑨ 농지의 개발사업지구에 있는 농지로서 1천500제곱미터 미만의 농지나 「농어촌정비법」에 따른 농지를 취득하여 소유하는 경우
⑨의2. 제28조에 따른 농업진흥지역 밖의 농지 중 최상단부부터 최하단부까지의 평균경사율이 15퍼센트 이상인 농지를 소유하는 경우
⑩ 다음 각 목의 어느 하나에 해당하는 경우
  가. 한국농어촌공사가 농지를 취득하여 소유하는 경우
  나. 「농어촌정비법」에 따라 농지를 취득하여 소유하는 경우
  다. 공유수면 매립농지를 취득하여 소유하는 경우
  라. 토지수용으로 농지를 취득하여 소유하는 경우
  마. 농림축산식품부장관과 협의를 마치고 「공익사업을 위한 토지 등의 취득 및 보상에 관한 법률」에 따라 농지를 취득하여 소유하는 경우
  바. 공공토지비축심의위원회가 비축이 필요하다고 인정하는 토지로서 계획관리지역과 자연녹지지역 안의 농지를 한국토지주택공사가 취득하여 소유하는 경우.

(2) 농지소유상한
1) 상속(농업경영을 하지 아니하는 자 1만㎡ 까지만)
2) 8년 (1만㎡ 까지만)
3) 주말체험영농(1천㎡ 미만 – 세대원 전부 소유 총면적)

* 1) 2)는 농어촌공사에 위탁하여 임대 사용대하는 경우는 소유상한 초과하는 농지도 소유할 수 있다.

농지취득자격증명
(부정발급 – 징역 5년 이하, 벌금 토지가액 이하)

[1] 신청
농지를 취득하려는 자는 농지 소재지를 관할하는 "시·구·읍·면의 장"에서 농지취득 자격증명을 발급받아야 한다.(7일 이내 발급)

[2] 발급제외 [32회]
다만, 다음 각 호의 어느 하나에 해당하면 농지취득자격증명을 발급받지 아니하고 농지를 취득할 수 있다. → ① ④ ⑥ ⑧ ⑩ (바목 제외) / 농업법인의 합병으로 농지를 취득하는 경우 / 공유 농지의 분할 / 시효의 완성으로 농지를 취득하는 경우 등 사유

[3] 농업경영계획서 등
농지취득자격증명을 발급받으려는 자는 취득대상 농지의 면적(노동력, 농업기계, 장비, 시설확보방안) 등의 사항이 모두 포함된 농업경영계획서 또는 주말·체험영농계획서를 작성하고 농림축산식품부령으로 정하는 서류를 첨부하여 농지 소재지를 관할하는 시·구·읍·면의 장에게 발급신청을 하여야 한다.

[4] 농업경영계획서 제출 제외
②·⑦·⑨·⑨의 2 또는 ⑩호 바목에 따라 농지를 취득하는 자는 농업경영계획서를 작성하지 아니하고 발급신청을 할 수 있다. (4일 이내 발급)

[5] 농지위원회 심의
시·구·읍·면의 장은 농지 투기가 성행하거나 성행할 우려가 있는 지역의 농지를 취득하려는 자 등 농림축산식품부령으로 정하는 자가 농지취득자격증명 발급을 신청한 경우 농지위원회의 심의를 거쳐야 한다. (14일 이내 발급)

[6] 농지취득자격증명의 발급제한
① 시·구·읍·면의 장은 농지취득자격증명을 발급받으려는 자가 농업경영계획서 또는 주말·체험영농계획서에 포함하여야 할 사항을 기재하지 아니하거나 첨부하여야 할 서류를 제출하지 아니한 경우 농지취득자격증명을 발급하여서는 아니 된다.
② 시·구·읍·면의 장은 1필지를 공유로 취득하려는 자가 시·군·구의 조례로 정한 수(7인 이하)를 초과한 경우에는 농지취득자격증명을 발급하지 아니할 수 있다.
③ 시·구·읍·면의 장은 영농조합법인 또는 농업회사법인이 같은 해산명령 청구 요건에 해당하는 것으로 인정하는 경우에는 농지취득자격증명을 발급하지 아니할 수 있다.

[7] 농업경영계획서 등 보존기간
① 농업경영계획서, 주말체험, 영농계획서 – 10년간 보존하여야 한다.
② 그 오의 신청서류 – 10년간 보존하여야 한다.

농지 처분의무

(1) 농지처분의무 - 다음 사유 시 1년 내 처분 must
① 소유농지 (주말체험 영농)를 자연재해 등 정당사유(징집, 질병, 선거, 연작피해방지, 출하조절 휴경, 가축사육시설 폐쇄, 임대 등) 없이 이용하지 아니 하게 되었다고 시군구장이 인정하는 경우
② 농지전용허가 및 전용신고 취득 후 2년 내 착수하지 아니한 경우
③ 농지소유상한을 초과하여 소유(초과면적에 한정),
④ 농업회사 법인이 요건에 맞지않게 된 후 3개월이 지난 경우 등

(2) 농지처분명령 및 매수청구
① 시장·군수 또는 구청장은 다음 각 호의 어느 하나에 해당하는 농지소유자에게 6개월 이내에 그 농지를 처분할 것을 명할 수 있다. → 3년 간 직권유예 할 수 있다.
　㉠ 거짓이나 그 밖의 부정한 방법으로 농지취득자격증명을 발급받아 농지를 소유한 것으로 시장·군수 또는 구청장이 인정한 경우
　㉡ 처분의무 기간에 처분 대상 농지를 처분하지 아니한 경우
　㉢ 농업법인이 법령을 위반하여 부동산업을 영위한 것으로 시장·군수 또는 구청장이 인정한 경우
② 매수청구 할 수 있다.
　㉠ 처분명령 받으면 한국농어촌 공사에 매수청구
　㉡ 공시지가 기준. 단, 낮은 실제거래가격 can

(3) 이행강제금
① 시장·군수 또는 구청장은 다음 각 호의 어느 하나에 해당하는 자에게 해당 감정평가법인 등이 감정평가한 감정가격 또는 개별공시지가 중 더 높은 가액의 100분의 25에 해당하는 이행강제금을 부과한다.
　㉠ 처분명령을 받은 후 매수를 청구하여 협의 중인 경우 등 대통령령으로 정하는 정당한 사유 없이 지정기간까지 그 처분명령을 이행하지 아니한 자
　㉡ 원상회복 명령을 받은 후 그 기간 내에 원상회복 명령을 이행하지 아니한 자
　㉢ 시정명령 이행하지 아니한 자

➡

② 처분명령 또는 원상회복명령, 시정명령 이행기간 만료 다음날 기준으로 이행 될때까지 매년 1회 부과 징수
③ 이행하면 새로운 부과 즉시 중지하되, 이미 부과된 이행강제금은 징수하여야 한다.
④ 시군구장에게 30일 내 이의제기할 수 있다. (비송사건절차법준용)
⑤ 강제징수 - 지방행정제재 부과금 징수 등법률

---

* 농지관리위원회
① 농지의 이용 보전 정책 등 수립, 농지의 전용허가 신고 협의 등의 자문에 응하기 위해 농림축산식품부에 둔다.
② 위원장 1명을 포함한 20명 이내의 위원으로 구성한다.
③ 위원장 및 위원의 임기는 2년으로 한다.

* 농지위원회 - 시 구 읍 면에 각각 둔다.
① 농지위원회는 위원장 1명을 포함한 10명 이상 20명 이하의 위원으로 구성하며 위원장은 위원 중에서 호선한다.
② 농지위원회의 효율적 운영을 위하여 필요한 경우에는 각 10명 이내의 위원으로 구성되는 분과위원회를 둘 수 있다.

* 농지대장
① 시·구·읍·면의 장은 농지 소유 실태와 농지 이용 실태를 파악하여 이를 효율적으로 이용하고 관리하기 위하여 대통령령으로 정하는 바에 따라 농지대장(農地臺帳)을 작성하여 갖추어 두어야 한다.
② 농지대장(農地臺帳)은 모든 농지에 대해 필지별로 작성한다.

농지의 이용 32회

(1) 대리경작제도 (스스로 경작위해 기간 만료 3개월 전까지 대리경작 중지신청할 수 있다.)
시장 군수 구청장은 유휴농지(지력 증진등 사유 농지제외)에 대하여 그 농지의 소유권자나 임차권자를 대신하여 대리경작자를 직권으로 지정하거나 신청을 받아 지정할 수 있다.
→ 게을리한 경우 해지할 수 있다.
① 기간 : 대리경작기간은 따로 정하지 아니하면 3년으로 한다.
② 사용료 : 대리경작자는 토지사용료로 수확량의 10/100을 그 농지의 소유자나 임차권자에게 2개월 이내에 지급하여야 한다.
③ 지정예고통지 → 10일이내 시군구장에게 이의신청 가능 → 7일내 심사통지

(2) 임대차 등 - 이법 위반 약정으로 임차인에게 불리한 것은 효력없다.
1) 임대차 등 사유 34회 - 임대농지 양수인은 임대인 지위 승계 간주.
① 농지 소유제한 예외사유 중 ②(시험지 등) ③(주말체험)제외한 사유
② 60세 이상인 사람으로서 농업경영 5년 초과 농지 임대 등
③ 자경농지를 이모작을 위하여 8개월 이내 임대 등
④ 개인소유농지를 3년 이상 소유한 자가 주말체험 영농하려는 자에게 임대 무상사용 하게하거나, 주말체험 영농을 하려는 자에게 임대하는 것을 업으로 하는 자에게 임대 무상사용 하게하는 경우
⑤ 3월 이상의 국외여행으로 인하여 일시적으로 농업경영에 종사하지 아니하게 된 자가 소유하고 있는 농지 등
2) 기간 - 단, 징집, 질병 등 사유 제외 31회
① 임대차 기간은 3년 이상으로 하여야 한다. (이모작 8월이내)
② 다년생 식물재배지(고정식 온실 or 비닐하우스를 설치한 농지 포함) 5년 이상
③ 임대차 기간을 정하지 아니하거나, 위 기간 미만으로 정한 경우는 위 기간으로 약정된 것으로 본다. [임차인은 기간 미만으로 유효함을 주장할 수 있다.]
3) 대항력 - 등기가 없는 경우라도, 시구읍면장 확인받고, 농지 인도받은 날 다음날부터 제3자에게 대항할 수 있다.
4) 시군구장의 임대차 종료의 명 - 임차인 등이 정당한 사유없이 농업경영하지 아니하면 시군구장이 임대차 종료를 명할 수 있다.
5) 국유농지 및 공유농지 임대차 특례 - [임대차 기간 등 위 규정 적용 제외]

농지의 보전

(1) 농업진흥지역 - 시도지사가 농림축산식품부장관(농장)의 승인을 받아 지정한다.
1) 지정대상지역 - 녹지, 계획관리지역에서 농장은 승인 전 국장과 협의
   : 녹지지역(특별시 제외), 관리지역, 농림지역, 자연환경보전지역 32회
2) 구분 ① 농업진흥구역 - 농지가 집단화되어 농업 목적으로 이용
       ② 농업보호구역 - 농업진흥구역 용수원확보, 수질보전 농업환경보호
3) 절차 - 소유자 개별통지하고 주민의 의견청취 하여야 한다.
4) 매수청구 - 농업진흥지역에 농지를 소유하고 있는 농업인 농업법인은 한국농어촌공사에 매수청구 할 수 있다.(감정평가법인 등이 평가한 금액 기준)
5) 허용행위
   ① 농업진흥구역 - 국가유산, 도로 등, 지하자원 등
   ② 농업보호구역 - 3만㎡ 미만 관광농원사업
                   3천㎡ 미만 주말농원사업
                   1만㎡ 미만 태양에너지
                   3천㎡ 미만 양수장 등

(2) 농지의 전용 - [조치명령위반 사유 → 전용허가 취소하여야 한다.]
1) 농지전용허가 - 농림축산식품부장관(시도, 시군구에 위임)/ 변경허가
   허가제외 : 산지전용허가 ×[불법개간] → 산림복구
2) 농지전용신고 - 시장 군수 자치구 구청장(마을회관, 연구시설, 농업인주택, 놀이터 / 농수산물, 유통가공시설 등
3) 농지전용협의 - 주무부장관, 지방자치단체 장이 농장과 협의
   * 허가 전 농지보전부담금 농업진흥지역 개별공시지가의 30%, 그 외지역은 20% 납부
   * 용도변경승인 → 허가등 받고 5년내 다른목적 사용시 시군구장 승인

○ 타용도 일시사용허가
① 건축법상 허가 신고 × → 농수축산업용시설, 농수산물간이처리시설 → 7년 이내
② 주목적 사업 현장사무소 설치 → 사업시행기간 내, ③ 위 ①② 외 - 5년이내.
○ 타용도 일시사용신고 [썰매장, 지역축제장, 허가사항 중 ①②] → (6개월 내) 35회
○ 시장 군수 자치구 구청장 허가, 신고 [복구비용 예치]

4) 농지개량행위의 신고 [법 제41조의3]

① 농지를 개량하려는 자 중 성토 또는 절토를 하려는 자는 농림축산식품부령으로 정하는 바에 따라 시장·군수 또는 자치구 구청장에게 신고하여야 하며, 신고한 사항을 변경하려는 경우에도 또한 같다. 다만, 다음 각 호의 어느 하나에 해당하는 경우에는 그러하지 아니하다. 36회
  ㉠ 「국토의 계획 및 이용에 관한 법률」 제56조에 따라 개발행위의 허가를 받은 경우
  ㉡ 국가 또는 지방자치단체가 공익상의 필요에 따라 직접 시행하는 사업을 위하여 성토 또는 절토하는 경우
  ㉢ 재해복구나 재난수습에 필요한 응급조치를 위한 경우
  ㉣ 면적 1천m² 이하의 성토·절토, 높이 50cm 이하 성토·절토
② 시장·군수 또는 자치구 구청장은 제1항에 따라 신고를 받은 경우 그 내용을 검토하여 이 법에 적합하면 신고를 수리하여야 한다.

5) 원상회복 등 [법 제42조]

① 농림축산식품부장관, 시장·군수 또는 자치구구청장은 다음 각 호의 어느 하나에 해당하면 그 행위를 한 자, 해당 농지의 소유자·점유자 또는 관리자에게 기간을 정하여 원상회복을 명할 수 있다.
  ㉠ 농지전용허가 또는 농지의 타용도 일시사용허가를 받지 아니하고 농지를 전용하거나 다른 용도로 사용한 경우
  ㉡ 농지전용신고 또는 농지의 타용도 일시사용신고를 하지 아니하고 농지를 전용하거나 다른 용도로 사용한 경우
  ㉢ 농지전용허가가 취소된 경우
  ㉣ 농지전용신고를 한 자가 조치명령을 위반한 경우
  ㉤ 농지개량 기준을 준수하지 아니하고 농지를 개량한 경우
  ㉥ 신고 또는 변경신고를 하지 아니하고 농지를 성토 또는 절토한 경우
② 농림축산식품부장관, 시장·군수 또는 자치구 구청장은 제1항에 따른 원상회복명령을 위반하여 원상회복을 하지 아니하면 대집행(代執行)으로 원상회복을 할 수 있다.
③ 대집행의 절차에 관하여는 「행정대집행법」을 적용한다.

벌칙

1) 농지전용허가 위반
① 농업진흥지역 안 – 5년 이하 징역, 해당 토지가액 이하 벌금
② 농업진흥지역 밖 – 3년 이하 징역, 해당 토지가액 50% 이하 벌금

2) 일시사용허가 등 위반
① 허가위반 – 5년 이하 징역, 5천만원 이하 벌금
② 신고위반 – 3년 이하 징역, 3천만원 이하 벌금

3) 농지개량기준 위반 등
농지개량기준을 준수하지 아니하고 농지를 개량한 자, 농지개량신고 또는 변경신고를 하지 아니하고 농지를 성토 또는 절토한 자 – 3년 이하의 징역 또는 3천만원 이하의 벌금

[필수지문 정리 빵구노트]

01 (   )란 전·답·과수원, 그 밖에 법적 지목에 불문하고 실제로 농작물 경작지로 이용되고 있는 토지 또는 조경 또는 관상용 수목과 그 묘목(조경목적으로 식재한 것 제외) 등 다년생 식물의 재배지로 이용되는 토지를 말한다. (토지개량시설 및 농축산물 생산시설 포함)

02 지목이 전·답·과수원이 아닌 토지로서, 농작물 경작지 또는 다년생식물 재배지로 계속하여 이용되는 기간이 (   )년 미만인 토지/지목이 (   )인 토지로서 산지전용허가 등을 거치지 아니하고 농작물의 경작 또는 다년생식물의 재배지로 이용되는 토지/초지법에 따라 조성된 (   )는 농지에서 제외한다.

03 대가축 (   )두, 중가축 (   )두, 소가축 (   )두, 가금 (   )수, 꿀벌 (   )군 이상 사육하거나, 1년 중 (   )일 이상 축산업에 종사하는 자는 농업인이다.

04 위탁경영이란 농지 소유자가 타인에게 일정한 (   )를 지급하기로 약정하고 농작업의 전부 또는 일부를 위탁하여 행하는 농업경영을 말한다. (   )개월 이상 국외여행 중인 경우 등에 위탁경영할 수 있다.

05 (   )이란 농지의 생산성을 높이기 위하여 농지의 형질을 변경하는 다음 각 목의 어느 하나에 해당하는 행위를 말한다.
    가. 농지의 이용가치를 높이기 위하여 농지의 구획을 정리하거나 개량시설을 설치하는 행위
    나. 농지의 토양개량이나 관개, 배수, 농업기계 이용의 개선을 위하여 해당 농지에서 객토·성토 또는 절토하거나 암석을 채굴하는 행위

06 상속으로 농지를 취득한 자로서 농업경영을 하지 아니하는 자는 그 상속농지 중에서 총 (   )㎡까지만 소유할 수 있으며, 8년 이상 농업경영을 한 후 이농한 사람은 이농 당시 소유 농지 중에서 총 (   )㎡까지만 소유할 수 있다. 또한, 주말 체험 영농을 하려는 자는 총 (   )㎡ [세대원 전부 소유하는 총면적] 미만의 농지를 소유할 수 있다.

07 농지를 취득하려는 자는 농지 소재지를 관할하는 (㉠)에게 농지취득자격증명을 발급받아야 한다. 농지취득자격증명을 발급받으려는 자는 농업경영계획서 또는 주말체험영농계획서를 작성하여 농지 소재지를 관할하는 (㉠)에게 발급신청을 하여야 한다. (㉠)은 제출되는 농업경영계획서 등을 (㉡)년간 보존하여야 한다.

08 시장(구를 두지 아니한 시의 시장을 말한다.)·군수 또는 구청장은 다음 각 호의 어느 하나에 해당하는 자에게 해당 농지의 감정평가법인등이 감정평가한 감정가격 또는 개별공시지가(해당 토지의 개별공시지가가 없는 경우에는 같은 법 제8조에 따른 표준지공시지가를 기준으로 산정한 금액을 말한다) 중 더 높은 가액의 (   )에 해당하는 이행강제금을 부과한다.

    1) 처분명령을 받은 후 매수를 청구하여 협의 중인 경우 등 대통령령으로 정하는 정당한 사유 없이 지정기간까지 그 처분명령을 이행하지 아니한 자

    2) 원상회복 명령을 받은 후 그 기간 내에 원상회복 명령을 이행하지 아니하여 시장·군수·구청장이 그 원상회복 명령의 이행에 필요한 상당한 기간을 정하였음에도 그 기한까지 원상회복을 아니한 자

    3) 시정명령 받은 후 기간 내 시정명령 이행하지 아니한자

09 농업진흥지역 지정은 국토의 계획 및 이용에 관한 법률에 따른 녹지지역, 관리지역, 농림지역, 자연환경보전지역을 대상으로 한다. 다만, (   )의 녹지지역은 제외한다.

10 (　　)의 농지를 소유하고 있는 농업인 또는 농업법인은 한국농어촌공사에 그 농지의 매수를 청구할 수 있고, 한국농어촌공사는 매수청구를 받으면 「감정평가 및 감정평가사에 관한 법률」에 따른 (　　)이 평가한 금액을 기준으로 해당 농지를 매수할 수 있다.

11 농지를 전용하려는 자는 농림축산식품부장관의 (　　)를 받아야 하고, 주무부장관이나 지방자치단체의 장은 농림축산식품부장관과 미리 농지전용에 관한 (　　)를 하여야 한다. 또한, 농지를 농업인 주택, 어업인 주택, 농축산업용 시설(개량시설과 농축산물 생산시설은 제외한다), 농수산물 유통·가공 시설/어린이놀이터·마을회관 등 농업인의 공동생활 편의시설/농수산 관련 연구 시설과 양어장·양식장 등 어업용 시설에 해당하는 시설의 부지로 전용하려는 자는 대통령령으로 정하는 바에 따라 시장·군수 또는 자치구구청장에게 (　　)하여야 한다.

12 농지를 썰매장, 지역축제장 등으로 일시적으로 사용하는 경우 등에 해당하는 용도로 (　　)하려는 자는 지력을 훼손하지 아니하는 범위에서 일정 기간 사용한 후 농지로 원상복구한다는 조건으로 시장·군수 또는 자치구구청장에게 (　　)하여야 한다.

13 농지전용허가를 받는 자, 농지전용협의를 거친 농지를 전용하려는 자, 농지전용신고를 하고 농지를 전용하려는 자 등은 (　　)농지관리기금을 운용·관리하는 자에게 내야 한다.

14 농림축산식품부장관, 시장·군수 또는 자치구구청장은 농지전용허가를 받은 자가 관계 공사의 중지 등 이 조 본문에 따른 (　　)을 위반한 경우 그 허가를 취소하여야 한다.

정답 및 해설

01	농지
02	3, 임야, 초지
03	2 / 10 / 100/ 1천/ 10 / 120
04	보수, 3
05	농지개량
06	1만, 1만, 1천
07	㉠ 시·구·읍·면의 장/ ㉡ 10
08	100분의 25
09	특별시
10	농업진흥지역, 감정평가법인 등
11	허가, 협의, 신고
12	일시사용, 신고
13	농지보전부담금
14	조치명령

[기출지문 정리]

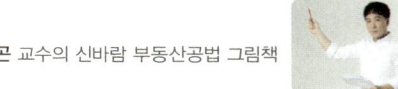

01 [30회] 다년생식물 재배지로 실제로 이용되는 토지(초지법에 따라 조성된 초지 등 제외), 관상용 수목의 묘목을 조경목적으로 식재한 재배지로 실제로 이용되는 토지, 공간정보 구축 및 관리에 관한 법률에 따른 지목이 답이고 농작물 경작지로 실제로 이용되는 토지의 개량시설에 해당하는 양배수 시설의 부지는 농지법상 농지에 해당한다. (O / X)

02 [27회] 실제로 농작물 경작지로 이용되는 토지이더라도 법적 지목이 과수원인 경우는 농지에 해당하지 아니한다. (O / X)

03 [27회] 꿀벌 10군을 사육하는 자 또는 소가축 80두를 사육하면서 1년 중 150일을 축산업에 종사하는 개인은 농업인에 해당한다. (O / X)

04 [29회] 교통사고로 2개월간 치료가 필요한 경우로서 농지소유자가 타인에게 일정한 보수를 지급하기로 약정하는 경우 위탁경영 할 수 있다. (O / X)

05 [30회] 과수를 가지치기 또는 열매솎기, 재배관리 및 수확하는 농작업에 1년 중 4주간을 직접 종사하는 경우, 6개월간 대한민국 전역을 일주하는 여행 중인 경우, 선거에 따른 공직취임으로 자경할 수 없는 경우 농지의 소유자는 소유농지를 위탁경영할 수 있다. (O / X)

06 [21회] 상속으로 농지를 취득한 자로서 농업경영을 하는 자는 그 상속농지 중에서 총 1만㎡까지만 소유할 수 있다. (O / X)

07 [26회] 농지를 취득한 자가 징집으로 인하여 그 농지를 주말체험영농에 이용하지 못하게 되면 1년 이내에 그 농지를 처분하여야 한다. (O / X)

08 [28회] 군수는 농지처분명령을 받은 후 정당한 사유없이 지정 기간까지 그 처분명령을 이행하지 아니한 자에게 해당 농지의 토지가액의 100분의 20에 해당하는 이행강제금을 부과한다. (O / X)

01 X 관상용 수목의 묘목을 조경목적으로 식재한 경우는 농지에 해당하지 아니한다.

02 X 과수원은 농지에 해당한다.

03 O

04 X 3개월 이상 치료가 필요한 경우 위탁경영할 수 있다.

05 X 1년 중 30일 이상을 농작업에 직접 종사하는 경우, 3개월 이상 국외여행 중인 경우 등에 위탁경영 할 수 있다. 즉, 1년 중 4주는 28일이므로 위탁경영할 수 없고, 6개월간 대한민국 전역을 일주하는 여행 중인 경우도 위탁경영할 수 없다.

06 X 상속으로 농업경영을 하지 아니하는 자는 상속농지 중에서 총 1만㎡까지만 소유할 수 있다.

07 X 징집으로 인한 경우는 1년 내에 농지를 처분하여야하는 것은 아니다.

08 X 감정가격 또는 개별공시지가 중 더 높은 가액의 100분의 25에 해당하는 이행 강제금을 부과한다.

09 [26회] 농지를 농업인 주택의 부지로 전용하려고 농지전용신고를 한 자가 그 농지를 취득하는 경우에는 농지취득자격증명을 발급받지 아니하고 농지를 취득할 수 있다. (O / ×)

09 × 농지전용신고한 자가 농지를 취득하는 경우에는 농지취득자격증명을 발급받아야 하나, 농업경영계획서의 제출은 필요없다.

10 [23회] 유휴농지를 대리경작하는 경우 대리경작자는 수확량의 100분의 10을 그 농지의 소유권자나 임차권자에게 토지사용료로 지급하여야 하며, 대리경작 기간은 따로 정하지 아니한 경우에는 3년으로 한다. (O / ×)

10 ○

11 [27회] 다년생 식물의 재배지(고정식 온실 또는 비닐하우스를 설치한 농지 등)로서 임대차 기간을 정하지 아니하거나, 5년 미만으로 정한 경우에는 5년 이상으로 약정된 것으로 본다. (O / ×)

11 ○

12 [22회] 광역시의 녹지지역은 농업진흥지역의 지정대상이 아니며, 농업보호구역에서는 매장유산의 발굴 행위를 할 수 없다. (O / ×)

12 × 특별시의 녹지지역은 농업진흥지역의 지정대상 아니다. 따라서 광역시의 녹지지역은 농업진흥지역의 지정대상이 되며 매장유산 발굴 등 행위할 수있다.

13 [24회] 농지전용허가를 받은 자가 조업의 정지명령을 위반한 경우에는 그 허가를 취소하여야 한다. (O / ×)

13 ○

14 [29회] 과수원인 토지를 재해로 인한 농작물의 피해를 방지하기 위한 방풍림 부지로 사용하는 것은 농지의 전용에 해당하지 않는다. (O / ×)

14 ○

15 [31회] 농업진흥지역은 특별시의 녹지지역, 관리지역, 농림지역, 자연환경보전지역에 지정할 수 있다. (O / ×)

15 × 특별시의 녹지지역에는 농업진흥지역을 지정할 수 없다.

16 [31회] 농지의 임차인이 농작물의 재배시설로서 비닐하우스를 설치한 농지의 임대차기간은 10년 이상으로 하여야 한다. (O / ×)

16 × 농지의 임차인이 농작물의 재배시설로서 비닐하우스를 설치한 농지의 임대차 기간은 5년 이상으로 하여야 한다.

17 [33회] 농지법령상 주말·체험 영농을 하려고 농업진흥지역 내의 농지를 취득하는 경우 농지를 소유할 수 있다. (O / ×)

17 × 주말·체험영농을 하려고 농업진흥지역 외의 지역 농지를 소유하는 경우이다.

18 [33회] 농지대장은 모든 농지에 대해 필지별로 작성하는 것은 아니다. (O / ×)

18 × 농지대장(農地臺帳)은 모든 농지에 대해 필지별로 작성한다.

19 [34회]
- (ㄱ)세 이상인 농업인이 거주하는 시·군에 있는 소유농지 중에서 자기의 농업경영에 이용한 기간이 (ㄴ)년이 넘은 농지
- (ㄷ)월 이상의 국외여행으로 인하여 일시적으로 농업경영에 종사하지 아니하게 된 자가 소유하고 있는 농지는 임대하거나 무상 사용하게 할 수 있다.

19 ㄱ 60, ㄴ 5, ㄷ 3

20 [34회] 농업인이 자기 노동력이 부족하여 농작업의 전부를 위탁하는 경우 농지소유자가 소유농지를 위탁경영 할 수 있다. (O / ×)

20 × 농업인이 자기 노동력이 부족하여 농작업의 일부를 위탁하는 경우

21 [35회] 농지를 연면적 33㎡인 농막, 연면적 33㎡인 간이저온저장고, 저장 용량이 200t인 간이액비저장조의 농축산물 생산시설의 부지로 사용할 경우 농지의 전용으로 보지 아니한다. (O / ×)

21 × 연면적 20㎡이하인 농막은 농지로 보나, 33㎡의 농막은 농지가 아니므로 농지의 전용으로 본다. 또한 33㎡ 이하 간이저온저장고, 200t 이하 간이액비저장조는 농지이므로 농지의 전용으로 보지 아니한다.

22 [35회] 전기사업법상 전기사업을 영위하기 위한 목적으로 신에너지 및 재생에너지 개발 이용 보급촉진법에 따른 태양에너지 발전설비를 설치하는 경우에는 농지의 타용도 일시사용 신고하고 할 수 있다. (O / ×)

22 × 농지의 타용도 일시사용허가를 받는 사유이다.

[제36회 기출문제]

01 농지법령상 농지 소유자가 소유농지를 위탁경영할 수 있는 경우로서 옳은 것을 모두 고른 것은?

> ㄱ. 농업법인이 청산 중인 경우
> ㄴ. 「병역법」에 따라 징집된 경우
> ㄷ. 3월 이상의 치료가 필요한 부상으로 자경할 수 없는 경우
> ㄹ. 6개월간 국내 여행 중인 경우

① ㄱ, ㄴ
② ㄷ, ㄹ
③ ㄱ, ㄴ, ㄷ
④ ㄴ, ㄷ, ㄹ
⑤ ㄱ, ㄴ, ㄷ, ㄹ

02 농지법령상 농지를 개량하기 위하여 성토를 하려는 자가 농지개량행위의 신고를 하지 않아도 되는 경미한 행위에 관한 내용이다. ( )에 들어갈 숫자로 옳은 것은?(단, 조례는 고려하지 않음)

> ○ 면적(성토가 이루어지는 해당 필지의 총면적을 말한다) (ㄱ)천㎡ 이하인 농지에 대한 성토
> ○ 높이(성토가 이루어지는 해당 필지에서 최근 1년간 성토한 높이를 합산한 것을 말한다) (ㄴ)센티미터 이내의 성토

① ㄱ: 1, ㄴ: 50
② ㄱ: 1, ㄴ: 60
③ ㄱ: 3, ㄴ: 50
④ ㄱ: 3, ㄴ: 60
⑤ ㄱ: 3, ㄴ: 70

정답 및 해설

01 ③ ㄱ, ㄴ, ㄷ이 옳다. ㄹ은 3개월 이상 국외 여행 중인 경우이다.

02 ① ㄱ: 1, ㄴ: 50
(영 제59조의2)

Memo

Memo

이상곤
신바람 부동산공법 그림책

발행일 2025년 11월 30일 초판 1쇄
편　저 이상곤, 메가랜드 부동산교육연구소
발행인 윤용국
발행처 메가엠디㈜
등　록 제2018-000177호(2018.9.7.)
주　소 서울특별시 서초구 반포대로 81, 2층
전　화 1833-3329
팩　스 02-6918-3792
정　가 29,000원
ISBN 978-89-6634-974-6 (13320)

잘못 만들어진 책은 구입하신 서점에서 교환해 드립니다.
본 책의 내용은 사전고지 없이 변경될 수 있습니다.

Copyright ⓒ 메가엠디㈜

이 책에 대한 저작권은 메가엠디㈜에 있습니다.
이 책은 저작권법에 따라 보호받는 저작물이므로 무단전재와 무단복제 및 배포를 금지하며 책 내용의 전부 또는 일부를 이용하려면 반드시 저작권자와 출판권자의 서면동의를 받아야 합니다.
메가랜드는 메가엠디㈜의 부동산 교육 전문 브랜드입니다.